LE JOUR
LE PLUS LONG

CORNELIUS RYAN

LE JOUR LE PLUS LONG

(6 Juin 1944)

Traduit de l'anglais
par
France Marie WATKINS

FRANCE LOISIRS
123, boulevard de Grenelle, Paris

Une édition du Club France Loisirs, Paris,
réalisée avec l'autorisation des Éditions Laffont

ISBN 2-7242-7714-7

« Croyez-moi, Lang, les premières vingt-quatre heures de l'invasion seront décisives... Le sort de l'Allemagne en dépendra... Pour les Alliés, comme pour nous, ce sera le plus long jour. »

Feld-maréchal Erwin ROMMEL
à son aide de camp
22 avril 1944.

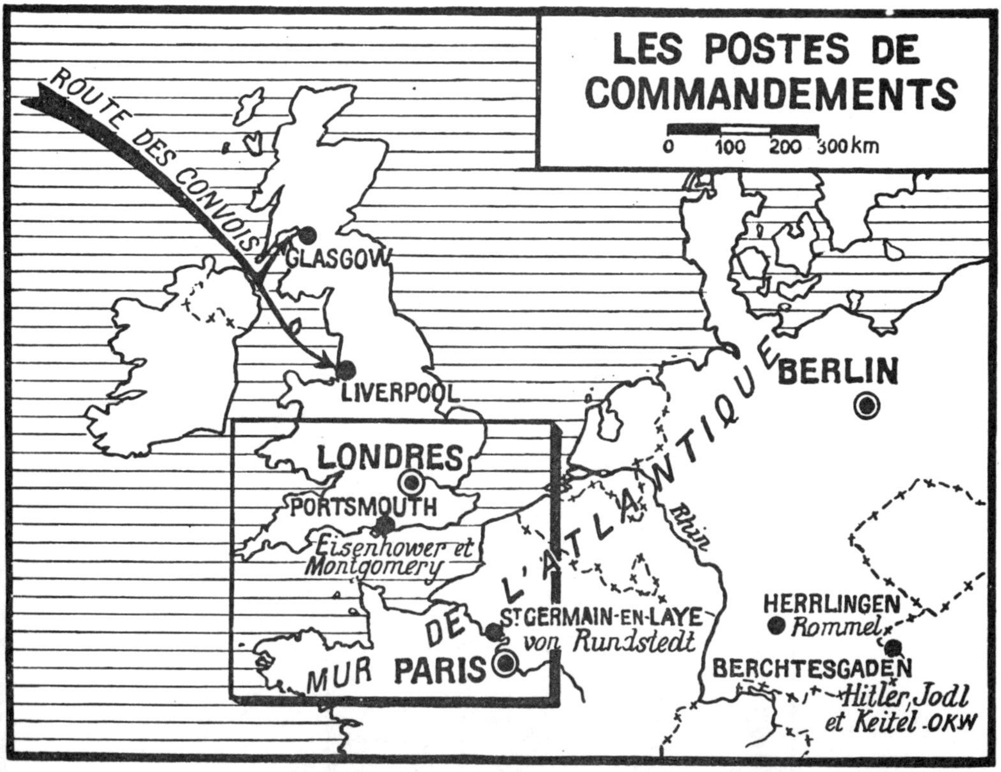
LES POSTES DE COMMANDEMENTS
0 100 200 300 km
ROUTE DES CONVOIS
GLASGOW
LIVERPOOL
LONDRES
PORTSMOUTH
Eisenhower et Montgomery
MUR DE L'ATLANTIQUE
BERLIN
Rhin
St GERMAIN-EN-LAYE
von Rundstedt
PARIS
HERRLINGEN
Rommel
BERCHTESGADEN
Hitler, Jodl et Keitel -OKW

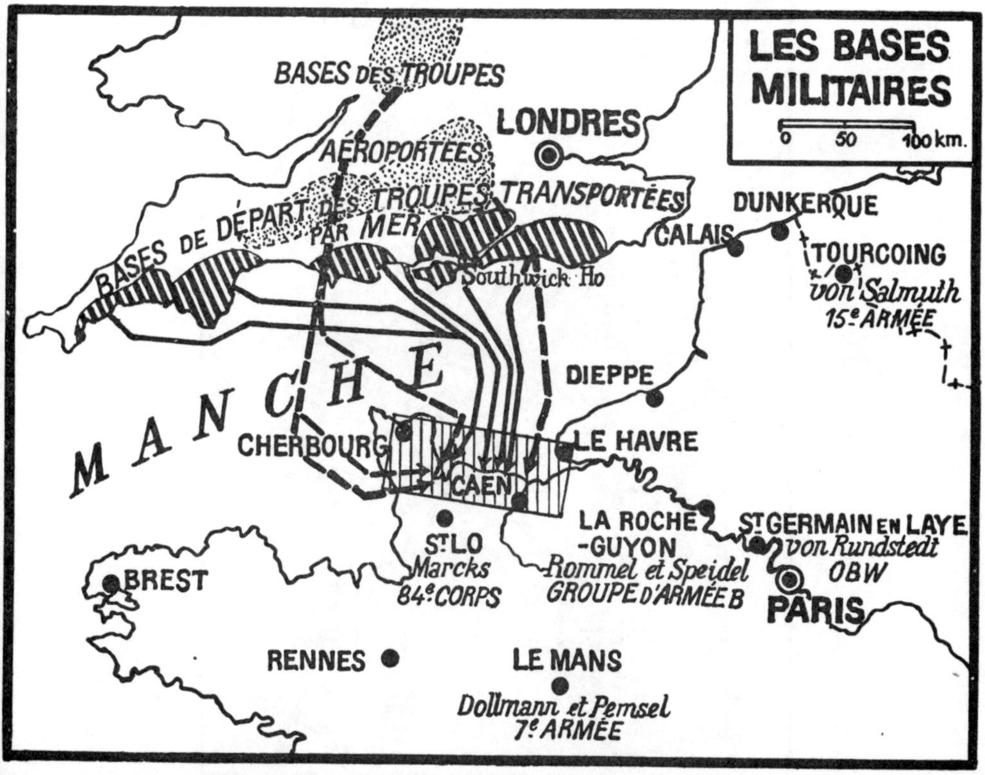
LES BASES MILITAIRES
0 50 100 km.
BASES DES TROUPES AÉROPORTÉES
LONDRES
BASES DE DÉPART DES TROUPES TRANSPORTÉES PAR MER
Southwick Ho
DUNKERQUE
CALAIS
TOURCOING
von Salmuth
15e ARMÉE
MANCHE
DIEPPE
CHERBOURG
LE HAVRE
CAEN
St LO
Marcks
84e CORPS
LA ROCHE -GUYON
Rommel et Speidel
GROUPE D'ARMÉE B
St GERMAIN EN LAYE
von Rundstedt
OBW
PARIS
BREST
RENNES
LE MANS
Dollmann et Pemsel
7e ARMÉE

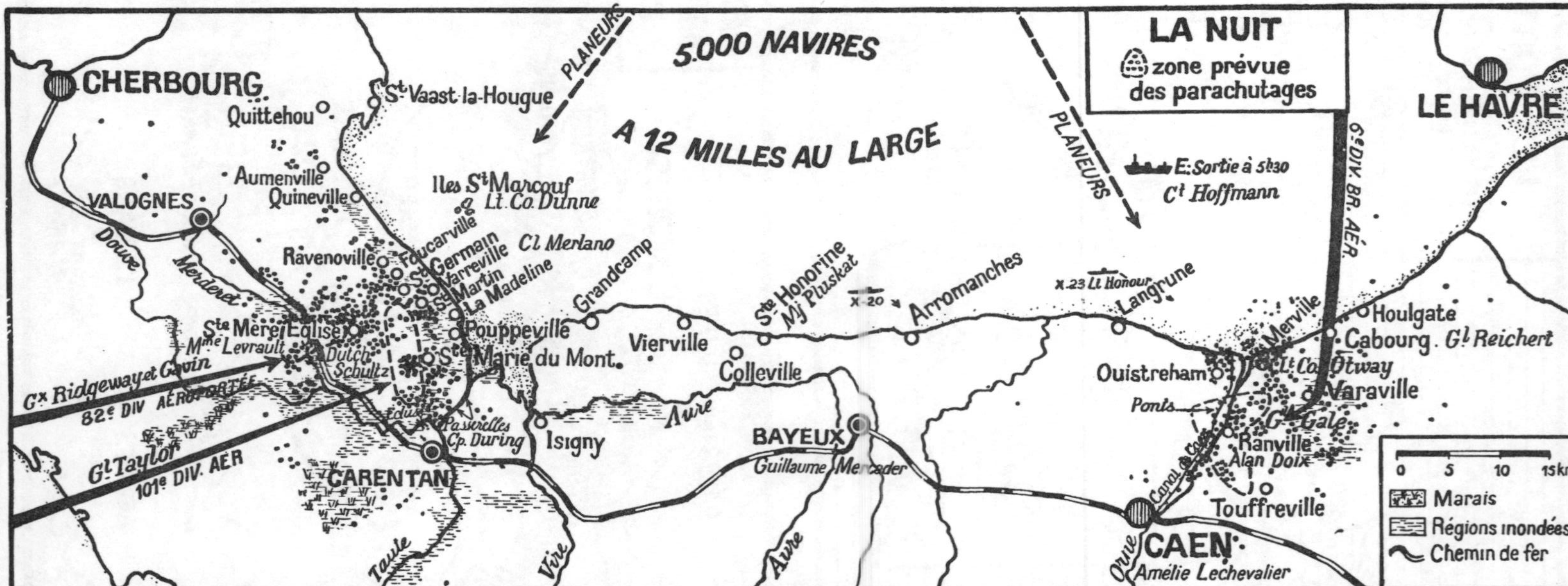
LA NUIT
zone prévue des parachutages
5.000 NAVIRES
A 12 MILLES AU LARGE
PLANEURS
PLANEURS
CHERBOURG
Quittehou
St Vaast-la-Hougue
Aumenville
Quineville
VALOGNES
Douve
Merderet
Iles St Marcouf
Lt. Co. Dunne
Ravenoville
Foucarville
St Germain
St Varreville
St Martin
La Madeline
Cl Merlano
Grandcamp
Ste Mère Eglise
Mme Levrault
Dutch Schultz
Pouppeville
Ste Marie du Mont
Vierville
Colleville
Ste Honorine
Mj Pluskat
X 20
Arromanches
X 23 Lt Honour
Langrune
E: Sortie à 5h30
Ct Hoffmann
6e DIV. BR. AÉR.
LE HAVRE
Houlgate
Cabourg. Gl Reichert
Merville
Lt Co Otway
Varaville
Ouistreham
Ponts
Gl Gale
Ranville
Alan Doix
Touffreville
Canal de Caen
CAEN
Amélie Lechevalier
Orne
Gx Ridgeway et Gavin
82e DIV AÉROPORTÉE
Gl Taylor
101e DIV. AÉR
Passerelles
Cp. During
CARENTAN
Isigny
Aure
BAYEUX
Guillaume Mercader
Aure
Vire
Taute
0 5 10 15km
Marais
Régions inondées
Chemin de fer

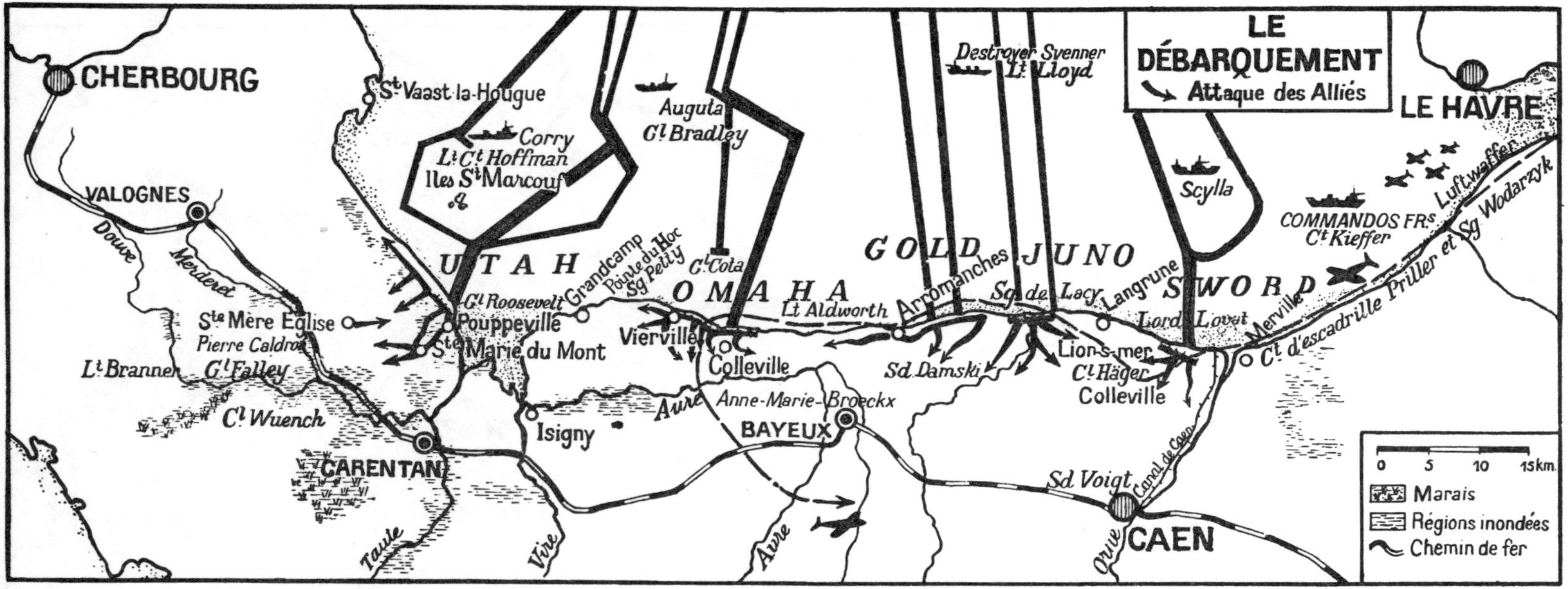
LE DÉBARQUEMENT
Attaque des Alliés
CHERBOURG
St Vaast-la-Hougue
VALOGNES
Douve
Merderet
Corry
Lt Ct Hoffman
Iles St Marcouf
Augusta
Gl Bradley
Destroyer Svenner
Lt Lloyd
Scylla
LE HAVRE
COMMANDOS FRs
Ct Kieffer
Luftwaffe
Sg Wodarzyk
Ct d'escadrille Priller et Sg Wodarzyk
UTAH
OMAHA
GOLD
JUNO
SWORD
Gl Roosevelt
Grandcamp
Pointe du Hoc
Sg Petty
Cl Cota
Lt Aldworth
Arromanches
Sg de Lacy
Langrune
Lord Lovat
Merville
Ste Mère Eglise
Pierre Caldron
Lt Branner
Gl Falley
Cl Wuench
Pouppeville
Ste Marie du Mont
Vierville
Colleville
Sd Damski
Lion-s-mer
Cl Häger
Colleville
Isigny
Aure
Anne-Marie-Broeckx
BAYEUX
CARENTAN
Taute
Vire
Aure
Sd Voigt
Canal de Caen
Orne
CAEN
0 5 10 15km
Marais
Régions inondées
Chemin de fer

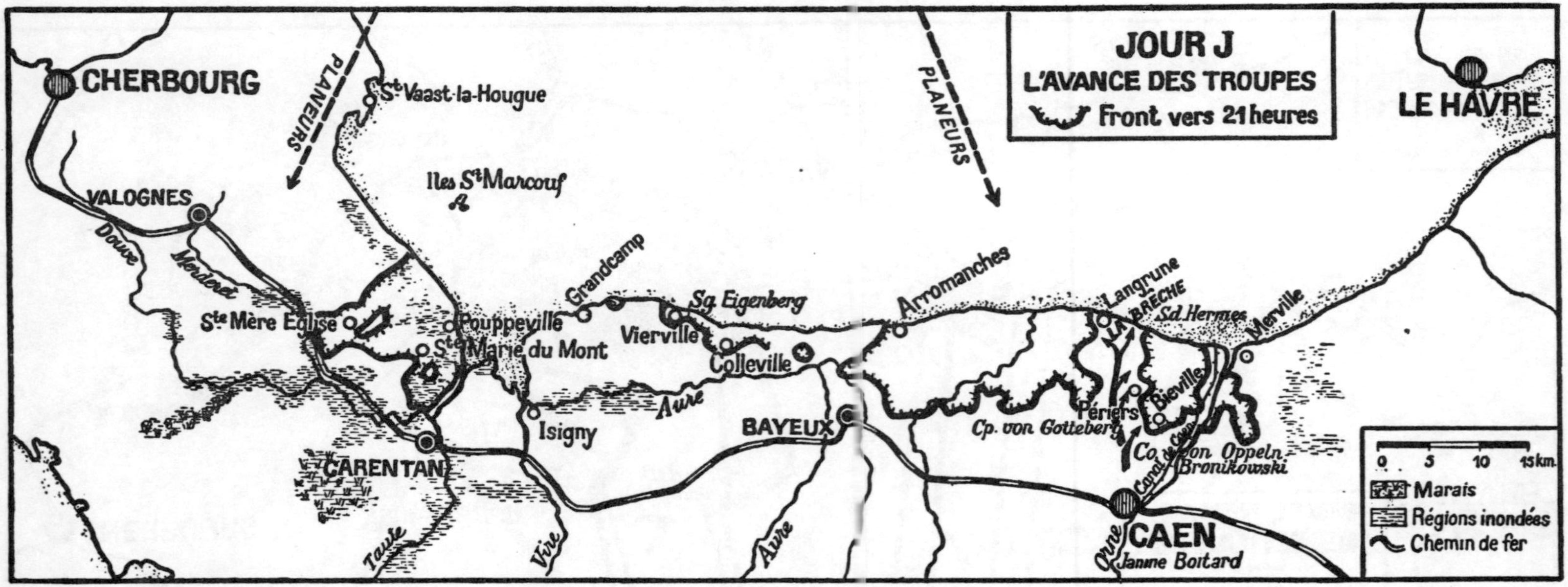
JOUR J
L'AVANCE DES TROUPES
Front vers 21 heures
CHERBOURG
LE HAVRE
PLANEURS
PLANEURS
St Vaast-la-Hougue
Iles St Marcouf
VALOGNES
Douve
Merderet
Ste Mère Eglise
Pouppeville
Ste Marie du Mont
Grandcamp
Vierville
Sg. Eigenberg
Colleville
Aure
Isigny
CARENTAN
Taute
Vire
BAYEUX
Aure
Arromanches
Langrune
LA BRÈCHE
Sd. Hermes
Merville
Périers
Bieville
Cp. von Gotteberg
Co. von Oppeln Bronikowski
Canal de Caen
CAEN
Orne
Janine Boitard
0
5
10
15 km.
Marais
Régions inondées
Chemin de fer

PRÉFACE

*L'invasion alliée de l'Europe, l'*Opération Overlord, *commença exactement quinze minutes après minuit, le 6 juin 1944, journée qui allait conserver éternellement dans l'Histoire l'appellation de « D-Day » (Jour J). A cet instant précis, quelques hommes soigneusement triés appartenant aux 101ᵉ et 82ᵉ divisions aéroportées américaines sautèrent de leurs avions dans le clair de lune de la nuit normande. Cinq minutes plus tard, à quelque soixante-quinze kilomètres de là, un petit groupe d'hommes de la 6ᵉ division aéroportée anglaise firent de même. C'étaient les éclaireurs, chargés de baliser les zones où descendraient les parachutistes et où se poseraient les planeurs amenant l'infanterie.*

Les armées aéroportées tracèrent ainsi les lignes du champ de bataille de Normandie. Entre elles, le long de la côte française, s'étendaient cinq plages de débarquement baptisées : Utah, Omaha, Gold, Juno et Sword. Pendant les heures qui précédèrent l'aurore, tandis que les paras se battaient dans les obscurs chemins creux de Normandie, la plus colossale armada que le monde eût jamais connue commençait à se rassembler au large de ces plages — près de cinq mille navires portant plus de deux cent mille soldats et marins. A partir de six heures trente, après un pilonnage massif naval et aérien, quelques milliers de ces hommes, constituant la première vague de l'invasion, avancèrent en pataugeant vers ces plages.

Ce qui suit n'est pas un récit militaire. C'est l'histoire des hommes des Forces Alliées, des ennemis qu'ils combattirent, des civils qui se trouvèrent surpris dans le chaos sanglant du Jour J — une histoire humaine — celle du Grand Jour qui marqua le début de la dernière bataille, celle qui mit fin à la tentative démentielle d'Hitler pour dominer le Monde.

PREMIÈRE PARTIE

L'ATTENTE

CHAPITRE PREMIER

Dans l'aube moite de juin le village était silencieux. Il s'appelait La Roche-Guyon et sommeillait doucement depuis près de douze siècles dans une boucle de la Seine, à peu près à mi-chemin de Paris et de la Normandie. Pendant des années, ce n'avait été qu'un village que l'on traversait. Sa seule curiosité était son château, berceau des ducs de La Rochefoucauld. Et ce fut ce château, perché sur un piton rocheux au-dessus du village, sur un arrière-plan de falaises, qui mit fin à la paisible existence de La Roche-Guyon.

En ce matin grisâtre, le château dominait tout, ses murailles de pierre luisantes d'humidité. Six heures allaient sonner, mais rien ne bougeait encore dans les deux grandes cours pavées. Au-delà des grilles, la route nationale s'étirait, large et déserte, et dans le village les contrevents des maisons aux tuiles rouges restaient fermés. La Roche-Guyon était calme — si calme qu'il paraissait abandonné. Pourtant ce silence était un leurre. Derrière les volets clos, des gens attendaient qu'une cloche tintât.

A six heures juste, la cloche de Saint-Samson, une chapelle du XVe siècle attenante au château, sonnerait l'angélus. En temps de paix, la voix de bronze avait une signification très simple — les villageois de La Roche-Guyon se signaient et murmuraient une prière. Depuis déjà longtemps, l'angélus ne lançait plus seulement un appel à la méditation. Ce matin-là, la cloche marquerait la fin du couvre-feu et le début du mille quatre cent cinquante et unième jour de l'occupation allemande.

Des sentinelles s'apercevaient partout. Emmitouflées dans leurs capes de camouflage, elles montaient la garde aux deux grilles du château, aux barrières dressées à chaque extrémité du village, dans des guérites adossées aux falaises crayeuses et dans les ruines croulantes d'un antique donjon, dominant le château. De là-haut, les mitrailleurs pouvaient voir tout ce qui se passait dans le village le plus occupé de toute la France occupée.

Derrière sa façade pastorale, La Roche-Guyon était en réalité une prison car, pour chacun des cinq cent quarante-trois habitants de l'agglomération et de la campagne environnante, il y avait plus de trois soldats allemands. L'un de ces soldats n'était autre que le feld-maréchal Erwin Rommel, commandant en chef du groupe d'Armées B, la plus puissante force dont l'Allemagne disposât à l'Occident. Il avait établi son quartier général au château de La Roche-Guyon.

En cette cinquième et cruciale année de la Seconde Guerre Mondiale, un Rommel tendu, presque désespéré, s'apprêtait à diriger la plus terrible bataille de sa carrière. Sous son commandement, plus d'un demi-million d'hommes tenaient le mur de l'Atlantique, défendant près de quinze cents kilomètres de côtes, depuis les digues de Hollande jusqu'aux grèves les plus méridionales de Bretagne. La 15e Armée, son unité la plus importante, était massée devant le Pas de Calais, au point le plus resserré entre la France et l'Angleterre.

Nuit après nuit, les bombardiers alliés pilonnaient la région. Les vétérans de la 15e Armée, aux nerfs usés par ces attaques incessantes, plaisantaient amèrement en répétant que la 7e Armée, cantonnée en Normandie, occupait un secteur de tout repos où elle n'était pour ainsi dire jamais bombardée.

Depuis des mois, retranchées derrière une inextricable jungle de défenses bétonnées et de champs de mines, les troupes de Rommel attendaient. Mais aucun navire ne venait labourer les eaux bleu grisâtre de la Manche. Il ne se passait rien. A La Roche-Guyon, en cette matinée paisible et brumeuse de dimanche, rien ne laissait soupçonner un débarquement prochain. C'était le 4 juin 1944.

CHAPITRE II

Dans le salon du rez-de-chaussée qui lui servait de bureau, Rommel se trouvait seul. Assis derrière un grand bureau Renaissance, il travaillait à la lumière d'une unique lampe. La pièce était vaste, haute de plafond. Une tapisserie des Gobelins aux tons passés recouvrait un des murs. Sur un autre, la figure altière du duc François de La Rochefoucauld — l'auteur des *Maximes* — toisait le monde du haut de son lourd cadre doré. Il y avait quelques fauteuils sur le parquet ciré, d'épais rideaux aux fenêtres, peu d'autres meubles.

Rien surtout de Rommel, que sa personne; pas de photos de sa femme Lucie-Maria ni de son fils de quinze ans, Manfred. Pas de souvenirs des victoires remportées dans les déserts d'Afrique, même pas le somptueux bâton de feld-maréchal qu'Hitler lui avait remis avec enthousiasme en 1942. (Rommel n'avait manié qu'une fois ce lourd bâton d'or, long de trente-cinq centimètres, recouvert de velours rouge, constellé d'aigles dorées et de croix gammées en émail noir, le jour où il l'avait reçu.) Il n'y avait même pas de cartes indiquant l'emplacement de ses troupes. Le légendaire « Renard du Désert » demeurait aussi mystérieux et lointain que jamais; sorti de la pièce il n'y aurait pas laissé la moindre trace de son passage.

A cinquante et un ans, Rommel paraissait plus vieux que son âge, mais il restait infatigable. Jamais personne, au groupe d'Armées B, ne l'avait vu dormir plus de cinq heures. Ce matin-là, comme d'habitude, il s'était levé avant quatre heures. Et maintenant, lui aussi, il attendait impatiemment six heures. Il déjeunerait alors avec son état-major, puis partirait pour l'Allemagne.

Ce serait sa première permission, depuis des mois. Il partirait en voiture. Hitler avait formellement interdit à ses officiers généraux de prendre l'avion, à moins que ce ne fût « un appareil trimoteur... et toujours escorté de chasseurs ». Rommel n'aimait d'ailleurs pas l'avion; il mettrait huit heures pour gagner Herrlingen, près d'Ulm, dans sa Horch décapotable noire.

Cette permission, il l'attendait avec impatience, mais ne s'était pas décidé sans peine à la prendre. Rommel portait sur ses épaules l'énorme responsabilité de repousser l'attaque alliée, où et quand elle aurait lieu. Le Troisième Reich d'Hitler courait de désastre en catastrophe; jour et nuit, des milliers d'avions alliés pilonnaient l'Allemagne, les forces russes envahissaient la Pologne, les armées alliées étaient aux portes de Rome — sur tous les fronts, la Wehrmacht, naguère si puissante, cédait du terrain, décimée. L'Allemagne était encore loin d'être vaincue, mais le débarquement allié déciderait de l'issue de la guerre. L'avenir de l'Allemagne allait se jouer, nul ne le savait mieux que Rommel.

Et cependant, ce matin-là, il s'apprêtait à rentrer chez lui. Depuis des mois, il rêvait de passer en Allemagne les premiers jours de juin. De nombreuses raisons le poussaient à croire qu'il pouvait alors s'absenter et, bien qu'il eût rougi de l'avouer, il se sentait un grand besoin de repos. Quelques jours plus tôt, il avait téléphoné à son supérieur, le vieux feld-maréchal Gerd von Rundstedt, Commandant en chef des armées de l'Ouest, pour lui demander l'autorisation, aussitôt accordée, de faire ce voyage. Il avait ensuite effectué une visite de courtoisie à Saint-Germain-en-Laye, quartier général de von Rundstedt, pour prendre congé. Von Rundstedt et son chef d'état-major, le général Günther Blumentritt, s'étonnèrent de la mine de Rommel. Blumentritt devait rappeler par la suite qu'il avait trouvé Rommel « las et tendu... un homme qui avait sérieusement besoin de passer quelques jours chez lui, avec les siens. »

Rommel était effectivement las et tendu. Depuis le jour où il avait mis le pied en France, vers la fin de 1943, la question de la date et du lieu de l'éventuel débarquement allié constituait un fardeau accablant. Comme tous ceux qui veillaient sur le front de l'invasion, il avait vécu un long cauchemar haletant. Jour et nuit, à toute heure, il cherchait à percer les intentions des Alliés — comment lanceraient-ils leur attaque... où tenteraient-ils de débarquer et, surtout, quand ?

Un seul être au monde connaissait l'étendue de cette épreuve. Rommel ne se confiait qu'à sa femme, Lucie-Maria. En moins de quatre mois, il lui avait écrit plus de quarante lettres et, dans presque toutes, il formulait une idée sur la prochaine attaque.

Le 30 mars, il écrivait : « Le mois de mars touche à sa fin et les Anglo-Américains n'amorcent pas leur attaque... Je commence à croire qu'ils perdent confiance. »

Le 6 avril : « Ici, la tension monte de jour en jour... J'ai idée que quelques semaines seulement nous séparent des événements décisifs... »

Le 26 avril : « En Angleterre, le moral est très bas... les grèves se succèdent, aux cris de « A bas Churchill et les Juifs », on réclame la paix de plus en plus fort. Ce sont de bien mauvais auspices pour lancer une offensive. »

Le 27 avril : « Les Britanniques et les Américains, semble-t-il, ne vont pas nous faire la grâce de venir dans un proche avenir. »

Le 6 mai : « Toujours aucun signe des Britanniques ni des Américains... Chaque jour, chaque semaine... nous devenons plus forts... J'attends la bataille avec confiance. Le 15 mai, peut-être, ou à la fin du mois... »

Le 15 mai : « Je ne puis plus me permettre d'importantes tournées (d'inspection)... parce que personne ne sait quand l'invasion peut avoir lieu. Il ne nous reste plus que quelques semaines, je crois, avant que les choses ne commencent à bouger, ici dans l'ouest. »

Le 19 mai : « J'espère pouvoir avancer un peu mes projets... (mais) je me demande si je pourrai distraire quelques jours en juin. Pour le moment, il n'en est pas question. »

Il en fut tout de même question. La décision de partir en permission fut avant tout motivée par l'idée qu'il se faisait des intentions alliées. Il avait alors devant lui le rapport hebdomadaire du groupe d'Armées B. Ces appréciations, méticuleusement établies, seraient expédiées à midi au quartier général de von Rundstedt ou plutôt, comme on disait dans le jargon militaire, à l'OB West (*Oberbefehlshaber West*). De là, après quelques rajouts et fioritures, le rapport serait joint à l'exposé général des théâtres d'opérations et envoyé au quartier général d'Hitler, à l'OKW (*Oberkommando der Wehrmacht*).

Dans ce rapport, Rommel annonçait que les Alliés avaient atteint un « très haut degré de préparation », et qu'il y avait un « net accroissement des messages destinés à la Résistance française ». Mais, ajoutait-il, « si j'en crois de précédentes expériences, cela n'indique pas qu'un débarquement soit imminent ».

Pour une fois, Rommel se trompait.

CHAPITRE III

DANS le bureau du chef d'état-major, situé au bout du couloir, le capitaine Hellmuth Lang, trente-six ans, aide de camp de Rommel, prit le rapport quotidien. C'était toujours son premier geste matinal. Rommel aimait recevoir ce rapport de bonne heure, afin de pouvoir en discuter avec son état-major au petit déjeuner. Mais ce matin-là, il n'y avait pas grand-chose; le front de l'Atlantique demeurait calme, à part les bombardements constants dans la région du Pas-de-Calais. On n'en pouvait plus douter : sans tenir compte des autres indications, ce pilonnage monstrueux montrait bien que c'était dans cette région que les Alliés choisiraient de lancer leur offensive. S'ils comptaient débarquer, ce serait là. Presque tout le monde en paraissait persuadé.

Lang consulta sa montre : six heures moins quelques minutes. Ils partiraient à sept heures juste et feraient une bonne moyenne. Il n'y aurait pas d'escorte, rien que deux voitures, celle de Rommel et celle du colonel Hans George von Tempelhof, chef du bureau des opérations du groupe d'Armées B, qui devait les accompagner. Comme d'habitude, les divers gouverneurs militaires des régions qu'ils devaient traverser n'avaient pas été prévenus du passage du feld-maréchal. Rommel préférait cela : il avait horreur d'être retardé par les simagrées protocolaires, les claquements de talons des commandants de secteurs et les escortes de motocyclistes à l'entrée et à la sortie des villes. Donc, avec un peu de chance, ils atteindraient facilement Ulm vers trois heures.

Un problème se posait en permanence, celui du déjeuner du feld-maréchal. Rommel ne fumait pas, buvait rarement et songeait si peu à la nourriture qu'il lui arrivait d'oublier de manger. Bien souvent, en vérifiant avec Lang les préparatifs d'un long voyage, Rommel barrait d'un trait de crayon le menu proposé et inscrivait en grosses lettres noires : *A prendre à la cuisine roulante.* Parfois, il mettait la gêne de Lang à son comble en lui disant :

— Si vous voulez faire ajouter une côtelette ou deux pour vous, ne vous gênez pas.

Le malheureux Lang ne savait jamais très bien ce qu'il convenait de demander aux cuisines. Ce matin, en plus d'un thermos de bouillon, il avait fait préparer des sandwiches. De toute façon, il était certain que Rommel ne penserait pas à déjeuner.

Lang quitta le bureau et suivit le long couloir lambrissé de chêne. De part et d'autre, derrière les portes fermées, il percevait le murmure des conversations et le cliquetis des machines à écrire. Le quartier général du groupe d'Armées B bourdonnait d'activité. Lang se demandait souvent comment le duc et la duchesse qui occupaient les appartements du premier pouvaient dormir avec tout ce bruit.

A l'extrémité du corridor, Lang s'arrêta devant une porte massive. Il frappa doucement, tourna la poignée et entra. Rommel ne leva pas les yeux. Il était tellement absorbé par les papiers étalés devant lui qu'il ne parut pas s'apercevoir de la présence de son aide de camp. Lang se garda de l'interrompre. Il attendit.

Rommel dressa enfin la tête.

— Bonjour, Lang.

— Bonjour, monsieur le maréchal. Le rapport.

Lang posa les papiers sur le bureau et sortit pour attendre Rommel dans le couloir. Le feld-maréchal paraissait fort occupé ce matin. Lang, qui connaissait les brusques changements d'avis et les impulsions de son chef, se demanda s'ils partiraient bien dans la matinée.

Rommel n'avait pas la moindre intention d'annuler son voyage. Bien qu'il n'eût pas pris de rendez-vous fixe, il espérait voir Hitler. Tous les maréchaux avaient accès auprès du Führer et Rommel avait téléphoné à son vieil ami le général Rudolf Schmundt, aide de camp d'Hitler, pour lui demander un rendez-vous. Schmundt pensait que l'entrevue pourrait avoir lieu entre le 6 et le 9. Fait caractérisque, personne en dehors de son état-major personnel, ne savait qu'il comptait rencontrer Hitler. Au quartier général de von Rundstedt, on avait simplement noté que Rommel passerait quelques jours de permission chez lui.

Rommel était désormais persuadé qu'il pouvait quitter son quartier général sans inconvénient. Le mois de mai était passé — et le temps avait été particulièrement favorable à une offensive alliée — aussi pensait-il que le débarquement n'aurait pas lieu avant plusieurs semaines. Il en était à ce point certain qu'il avait même fixé une date pour achever le programme de mise en défense. Sur son bureau, il y avait un ordre à l'intention des 7e et 15e Armées : « Il importe que tout soit mis en œuvre pour achever l'édification des obstacles afin qu'un débarquement à marée basse ne soit possible qu'au prix de lourdes pertes pour l'ennemi... activer les travaux... le rapport d'achèvement devra me parvenir à la date du 20 juin. »

Comme Hitler et le haut commandement allemand, il estimait que le débarquement se produirait en même temps que l'offensive d'été de l'Armée Rouge, ou immédiatement après. Cette offensive russe, ils le savaient, ne pourrait être lancée avant le dégel en Pologne, c'est-à-dire pas avant la fin de juin.

Dans l'ouest, le temps était mauvais depuis plusieurs jours et menaçait d'empirer. Le bulletin de cinq heures, préparé par le colonel-professeur Walter Ströbe, chef de la section météo de la Luftwaffe à Paris, prédisait un plafond bas, des vents forts et de la pluie. En ce moment même, des rafales balayaient la Manche à cinquante kilomètres à l'heure. Rommel doutait fort que les Alliés osassent lancer une offensive au cours des jours suivants.

A La Roche-Guyon aussi, le temps avait changé pendant la nuit. En face du bureau de Rommel, de hautes portes-fenêtres ouvraient sur une roseraie. Il ne restait pas grand-chose des roses, ce matin-là. Les allées étaient jonchées de pétales, de fleurs meurtries et de branches. Peu avant l'aube, un bref orage d'été, venu de la Manche, avait balayé les côtes françaises avant de se ruer vers l'intérieur.

Rommel ouvrit la porte de son bureau.

— Bonjour, Lang, dit-il comme s'il n'avait pas encore vu son adjoint. Nous sommes prêts à partir ?

Ensemble, les deux hommes allèrent déjeuner.

Dans le village de La Roche-Guyon, la cloche de Saint-Samson sonna l'angélus. Le vent éparpillait les sonorités du bronze. Il était six heures du matin.

CHAPITRE IV

Une certaine amitié existait entre Rommel et Lang et leurs rapports négligeaient tout protocole. Ils vivaient ensemble depuis de longs mois. Lang avait rejoint Rommel en février et il ne s'était presque pas passé de journée sans inspection. Ils prenaient en général la route vers quatre heures et demie du matin, et roulaient à tombeau ouvert jusqu'aux plus lointains postes contrôlés par Rommel : la Hollande ou la Belgique, le lendemain la Normandie ou la Bretagne. Le feld-maréchal, obstiné, ne laissait pas perdre une minute.

— Je n'ai qu'un ennemi, disait-il à Lang, et c'est le Temps.

Pour vaincre le Temps, Rommel n'épargnait personne, ni lui ni ses hommes. Et cela durait depuis le jour où il avait été envoyé en France, en novembre 1943.

Cet automne-là, von Rundstedt, responsable de la défense de l'Europe occidentale, avait demandé des renforts à Hitler. Au lieu de troupes, on lui octroya l'audacieux, l'ambitieux Rommel à la tête dure. Le Commandant en chef du front de l'Ouest, aristocrate de soixante-huit ans, fut profondément humilié de voir arriver Rommel avec un *Gummibefehl,* ou « ordre élastique », lui enjoignant d'inspecter les fortifications côtières — le célèbre Mur de l'Atlantique — et de faire son rapport directement à l'OKW, quartier général du Führer. Von Rundstedt fut si mortifié et si déçu par l'arrivée du jeune Rommel — il l'appelait *Marschall Bubi* (Maréchal Gosse) — qu'il demanda au feld-maréchal Wilhelm Keitel, chef de l'OKW, s'il devait considérer Rommel comme son successeur. Keitel lui fit répondre « de ne pas tirer de conclusions erronées », et que « malgré toutes ses hautes capacités, Rommel n'était pas de taille à assumer pareille tâche ».

Peu après son arrivée, Rommel procéda à une inspection éclair du Mur de l'Atlantique, et ce qu'il vit l'épouvanta. En de rares points seulement, les fortifications de béton et d'acier étaient achevées, c'est-à-dire dans les principaux ports et estuaires, et en face des détroits, depuis le nord du Havre, à peu près, jusqu'à la Hollande. Ailleurs, tout restait à faire. Dans certains endroits, les travaux n'étaient même pas commencés. Cependant, tel qu'il était, le Mur de l'Atlantique représentait une barrière formidable. Des canons énormes le hérissaient. Mais il n'y en avait pas assez, au gré de Rommel. Rien de tout cela ne lui paraissait suffisant pour arrêter le formidable assaut auquel Rommel — qui n'oubliait pas la cuisante défaite que lui avait infligée Montgomery en Afrique du Nord l'année précédente — s'attendait avec certitude. Sous son œil critique, le Mur de l'Atlantique prenait l'aspect d'une fortification de théâtre. Il le dénonçait comme une fantaisie sortie de l'imagination brumeuse d'Hitler.

Deux ans plus tôt, ce mur n'existait pour ainsi dire pas.

Jusqu'en 1942, le Führer et ses arrogants Nazis furent tellement certains de la victoire qu'ils n'éprouvèrent pas le besoin d'élever des fortifications. Les étendards à croix gammées flottaient partout. L'Autriche et la Tchécoslovaquie avaient été annexées avant que la guerre ne commençât. La Russie et l'Allemagne s'étaient partagé la Pologne dès 1939. La guerre n'avait pas un an que les pays de l'Europe occidentale tombaient à tour de rôle, comme des pommes trop mûres. Le Danemark fut envahi en une journée. La Norvège, sapée par l'intérieur, dura plus longtemps : six semaines. Puis, en mai et juin, sans avertissement d'aucune sorte, en vingt-sept jours exactement, les troupes d'Hitler envahirent la Hollande, la Belgique, le Luxembourg, la France et, sous les yeux incrédules du monde entier, jetèrent les Anglais à la mer, à Dunkerque. Après l'écrasement de la France, l'Angleterre restait seule. Qu'aurait fait Hitler d'un « mur » ?

Hitler n'envahit pas l'Angleterre. Ses généraux l'y poussaient, il préféra attendre, certain que les Britanniques demanderaient la paix à genoux. Le temps passa, et la situation changea rapidement. Avec l'aide américaine, la Grande-Bretagne commença de se relever, lentement mais sûrement. Hitler, profondément compromis sur le front russe — il avait attaqué l'Union Soviétique en juin 1941 — finit par comprendre que les côtes de France n'étaient plus un tremplin pour une offensive mais, désormais, un point faible, une faille dans sa cuirasse. Dès l'automne de 1941, le Führer proposa à ses généraux de faire de l'Europe une « forteresse inexpugnable ». Et en décembre, quand les Etats-Unis entrèrent en guerre, Hitler délira et hurla à la face du monde : « Une ceinture de bastions et de fortifications gigantesques couvre les côtes depuis Kirkenes (à la frontière finno-norvégienne) jusqu'aux Pyrénées... J'ai pris la décision inébranlable de rendre ce front impénétrable à tout ennemi ! »

Fanfaronnade démentielle, presque risible. Sans même tenir compte des échancrures, ce front, qui partait des glaces de l'Arctique pour aboutir aux côtes d'Espagne, s'étirait sur près de quatre mille cinq cents kilomètres.

Même à l'endroit le plus étroit de la Manche, en face de l'Angleterre, les fortifications étaient inexistantes. Mais son idée de forteresse obsédait désormais Hitler. Le général Franz Halder, alors chef du Haut état-major allemand, ne devait jamais oublier la première fois qu'Hitler lui fit part de son projet insensé. Halder, qui ne pardonnait pas au Führer d'avoir refusé d'envahir l'Angleterre, se montra extrêmement réticent. Il avança l'opinion que ces fortifications, « si elles étaient jamais nécessaires », devaient être édifiées « en retrait de la côte, hors d'atteinte des canons de marine à longue portée », sinon les troupes y seraient écrasées. Hitler se rua à travers la pièce, vers une table sur laquelle était dépliée une grande carte et, pendant cinq minutes, s'abandonna à une colère incroyable. Frappant des deux poings sur la carte, il glapit :

— Les bombes et les obus tomberont là, et là... et encore là, devant le mur, derrière, dessus... Mais les troupes seront parfaitement à l'abri à l'intérieur ! Ensuite, elles sortiront pour se battre !

Halder ne répondit pas, mais il savait, comme tous les autres officiers généraux du haut commandement, qu'en dépit des victoires enivrantes du Reich, le Führer craignait déjà un second front — un débarquement.

Malgré tout, on travailla sans ardeur à ces fortifications. En 1942, quand la fortune de la guerre commença à tourner, des commandos britanniques donnèrent l'assaut à la fameuse forteresse « inexpugnable » de l'Europe. Ce fut ensuite le raid de Dieppe, au cours duquel plus de cinq mille Canadiens héroïques mirent le pied sur la terre de France, lever de rideau sanglant du débarquement. Les Alliés apprirent ainsi jusqu'à quel point les Allemands avaient fortifié les ports. Les pertes canadiennes s'élevèrent à neuf cents morts, et près de trois mille blessés. Le raid fut désastreux mais Hitler eut du mal à s'en remettre. Il tonna devant ses généraux et glapit que le Mur de l'Atlantique devait être construit à toute vitesse. Il fallait « fanatiser » la construction.

Elle le fut. Des milliers de travailleurs requis s'activèrent jour et nuit. Des millions de tonnes de béton furent coulées, tant et si bien que dans toute l'Europe, il devint impossible de trouver du béton ou du ciment pour d'autres travaux. Des quantités astronomiques d'acier furent commandées, mais il en restait si peu de disponible que les ingénieurs durent s'en passer. En conséquence, peu de blockhaus furent pourvus de tourelles pivotantes, car ces tourelles nécessitaient de l'acier; le champ de tir des pièces demeura donc forcément restreint. Tant de matériaux étaient à la fois indispensables et introuvables, qu'on en vint à démanteler la ligne Maginot et la ligne Siegfried, au bénéfice du Mur de l'Atlantique. Vers la fin de 1943, bien que le Mur fût loin d'être achevé, plus d'un demimillion d'hommes y travaillaient; les fortifications devenaient une réalité menaçante.

Hitler n'ignorait pas que le débarquement était inévitable, et il lui fallut résoudre un autre problème angoissant : trouver des divisions pour occuper ces fortifications. En Russie, les divisions se faisaient hacher et décimer l'une après l'autre, tandis que la Wehrmacht essayait de tenir un front de trois mille kilomètres, face à d'incessantes offensives soviétiques. L'Italie, mise hors de combat après l'invasion de la Sicile, retenait encore des milliers de soldats allemands. Hitler fut donc obligé, en 1944, de renforcer ses garnisons de l'ouest avec de bien étranges troupes — de vieux réservistes et des enfants, les restes des divisions anéanties sur le front russe, des « volontaires » arrachés aux pays occupés (Polonais, Tchèques, Hongrois, Roumains, Yougoslaves, pour ne mentionner que ceux-là), et même deux divisions constituées par des Russes qui préféraient se battre pour les Nazis que de pourrir dans des camps de prisonniers. Si douteuse que fût la valeur de ces troupes, elles bouchaient les trous. Il existait tout de même un solide noyau de bataillons bien entraînés et de blindés. Au Jour J, les forces d'Hitler à l'ouest devaient s'élever au chiffre imposant de soixante divisions.

Toutes ces divisions n'étaient pas à plein effectif, tant s'en fallait, mais Hitler se fiait toujours à son fameux Mur. Ce Mur changeait tout. Cependant, des hommes comme Rommel qui s'étaient battus — et qui avaient été vaincus — sur d'autres fronts, furent atterrés quand ils le virent. Rommel avait quitté la France en 1941. Comme beaucoup d'autres généraux allemands, il avait cru à la propagande de Gœbbels et croyait ces fortifications presque achevées.

Sa dénonciation cinglante des insuffisances du « mur » n'étonna pas von Rundstedt, à l'*OB West*. Il se rangea à son avis. Ce fut même sans doute le seul moment où il se trouva d'accord avec Rommel. Le vieux von Rundstedt, dans sa sagacité, n'avait jamais fait confiance aux défenses fixes. Il avait dirigé le débordement magistral de la ligne Maginot, qui avait abouti à la défaite de la France en 1940. Pour lui, le Mur de l'Atlantique n'était qu'un bluff monumental « destiné davantage au peuple allemand qu'à l'ennemi... et l'ennemi, grâce à ses agents de renseignements, en sait plus long que nous sur le Mur ». Les fortifications « gêneraient temporairement » les Alliés mais n'arrêteraient pas leur offensive. Rien, von Rundstedt en était convaincu, ne pourrait empêcher les premiers débarquements de réussir. Son plan à lui, sa contre-offensive, consistait à masser le plus de troupes possibles relativement loin des côtes, et d'attaquer *après* le débarquement. C'était à ce moment qu'il faudrait frapper — alors que l'ennemi serait encore faible, que son ravitaillement ne serait pas organisé et qu'il n'aurait pas eu le temps de consolider sa tête de pont.

Rommel combattait énergiquement cette théorie. Pour lui, il n'existait qu'un moyen de repousser l'assaut : de front, tête baissée. On n'aurait pas le loisir de faire venir de l'arrière des renforts massifs. Les convois, il en était sûr, seraient détruits par des attaques aériennes incessantes et des bombardements navals. A son avis tout devait être prêt, sur place, depuis les troupes d'infanterie jusqu'aux divisions blindées. L'aide de camp de Rommel se rappelait bien le jour où le feld-maréchal lui avait exposé sa stratégie. Ils se trouvaient sur une plage déserte et Rommel, silhouette massive et trapue dans sa lourde capote, un foulard autour du cou, marchait de long en large en agitant son bâton de maréchal « officieux », une cravache noire au pommeau d'argent d'où pendait un gland de soie noire, blanche et rouge. Il montrait les sables du bout de son stick.

— La guerre sera gagnée ou perdue sur ces plages, dit-il. Nous n'avons qu'une seule chance de repousser l'ennemi, et c'est quand il sera dans l'eau, barbotant et luttant pour venir à terre. Nos renforts n'arriveront jamais sur les lieux de l'attaque et ce serait folie que de les attendre. La *Hauptkampflinie* (principale ligne de résistance) sera ici. Toutes nos forces doivent se trouver le long de ces côtes. Croyez-moi, Lang, les premières vingt-quatre heures de l'invasion seront décisives... pour les Alliés, comme pour l'Allemagne, ce sera le plus long jour.

Hitler avait approuvé le projet de Rommel dans son ensemble et, à dater de ce jour-là, von Rundstedt était passé à l'arrière-plan. Rommel exécutait les ordres de von Rundstedt seulement lorsqu'ils concordaient avec ses idées. Pour en faire à sa tête, il usait d'un argument sans réplique :

— Le Führer m'a donné personnellement des ordres explicites.

Il ne disait jamais cela directement au digne von Rundstedt, mais à son chef d'état-major Blumentritt.

Soutenu par Hitler et avec l'accord maussade et réticent de von Rundstedt (« Ce caporal bohémien d'Hitler, disait le chef de l'OB West, ne prend que des décisions qui lui soient contraires »), l'obstiné Rommel avait entrepris de reviser entièrement et de refaire tous les plans de défense contre l'invasion attendue.

En quelques mois à peine, son insistance têtue transforma tout. Sur toutes les plages qu'il jugeait propices à un débarquement éventuel, il fit ériger par ses hommes, aidés par de la main-d'œuvre recrutée localement, de vastes obstructions formées d'engins divers : tétraèdres en acier aux arêtes aiguës, estacades en dents de scie, pieux acérés en bois, cônes en béton, entre les baisses de haute et de basse mer. Des mines parsemaient le tout. Si elles manquaient, des obus, que le moindre contact ferait exploser, les remplaçaient.

Les étranges inventions de Rommel (il les avait presque toutes conçues lui-même) étaient à la fois simples et redoutables. Elles devaient empaler, crever les embarcations et les chalands de débarquement, ou les arrêter assez longtemps, pour permettre aux batteries côtières de les achever. D'une façon ou d'une autre, jugeait-il, les troupes ennemies seraient décimées bien avant d'atteindre la terre ferme. Plus d'un demi-million de ces obstacles sous-marins mortels bordaient désormais les côtes.

Cependant, Rommel le difficile n'était pas encore satisfait. Dans le sable, dans les dunes, dans tous les chemins et ravins montant des plages, il fit poser une infinité de mines de toutes sortes — depuis les larges soucoupes capables de faire sauter un char d'assaut jusqu'aux petites mines S contre le personnel qui, lorsqu'on mettait le pied dessus, bondissaient et explosaient à la hauteur de la ceinture. Plus de cinq millions de ces mines infestaient la côte. Rommel espérait qu'il en existerait six millions de plus au moment du débarquement. Son ambition était d'en installer soixante millions dans le secteur menacé [1].

Dominant les grèves, derrière cet enchevêtrement de mines et d'obstacles, les troupes de Rommel attendaient dans des *pillboxes,* des abris en béton, reliés par des boyaux de communication, et protégés par des barbelés. De ces positions, toutes les pièces d'artillerie que le feld-maréchal avait pu se procurer battaient les plages et la mer, leurs champs de tir se recouvrant. Certaines pièces étaient en batterie sur les plages mêmes, dans des abris bétonnés, sous des villas de vacances à l'aspect innocent, ne pouvant pas tirer vers le large, mais destinées à prendre d'enfilade les troupes qui débarqueraient.

Rommel tirait avantage de toutes les techniques et de toutes les inventions nouvelles. S'il se trouvait à court de canons, il installait des lance-fusées ou des mortiers. En un endroit, il disposa même de chars-robots en miniature appelés *Goliaths.* Ces engins, capables de transporter plus d'une demi-tonne d'explosif, seraient téléguidés depuis les fortifications et lancés sur les plages pour exploser au beau milieu de l'armée d'invasion.

Il ne manquait guère dans l'arsenal médiéval de Rommel que les creusets de plomb fondu pour verser sur les assaillants, mais il en avait l'équivalent moderne : des lance-flammes automatiques. Dans certains recoins de la côte, tout un réseau de tuyaux partait de citernes à pétrole dissimulées aux abords des grèves. En appuyant sur un bouton, on pouvait noyer dans les flammes les assaillants.

---

1. Rommel était fasciné par les mines, en tant qu'armes défensives. Lors d'une inspection, le général Alfred Gause, premier chef d'état-major de Rommel, montra un champ parsemé de fleurs sauvages et s'écria :

— N'est-ce pas ravissant ?

— Prenez note, Gause, répliqua le feld-maréchal avec un hochement de tête. Il faudra environ un millier de mines en cet endroit.

Une autre fois, sur la route de Paris, Gause proposa de visiter la manufacture de Sèvres et fut étonné de voir Rommel accepter. Mais Rommel ne s'intéressait pas aux porcelaines. En traversant au pas de charge les salles d'exposition, il se contenta de demander à Gause :

— Voyez s'ils ne peuvent fabriquer des revêtements étanches pour mes mines.

Rommel n'avait pas non plus oublié la menace des parachutistes ou des troupes amenées par des planeurs. En arrière de la zone fortifiée, les terres basses étaient inondées; jusqu'à dix kilomètres de la côte, des pieux énormes couvraient tous les espaces découverts. Des fils couraient entre ces pieux. Dès qu'on y touchait, des milliers de mines sautaient immédiatement.

Rommel avait préparé une réception sanglante aux troupes alliées. Jamais dans l'histoire des guerres modernes on n'avait vu plus puissant, plus menaçant, plus formidable déploiement de défenses. Et Rommel n'était pas encore satisfait. Il réclamait d'autres *pillboxes,* d'autres obstructions de plage, d'autres mines, d'autres canons, d'autres hommes. Par-dessus tout, il exigeait le rapprochement des divisions blindées stationnées plus à l'intérieur. Il avait gagné des batailles mémorables avec les *panzers,* dans les sables du désert africain. Mais à cette époque cruciale, ni lui ni von Rundstedt ne possédaient le pouvoir de déplacer les chars. Il fallait un ordre d'Hitler. Le Führer tenait à les garder sous sa seule autorité. Rommel avait besoin d'au moins cinq divisions blindées sur la côte, prêtes à contre-attaquer dès les premières heures de l'offensive alliée. Il n'existait qu'une seule façon de les obtenir — voir Hitler. Rommel avait bien souvent affirmé à Lang :

— Avec Hitler, le dernier qui parle a toujours raison.

En cette lourde matinée de juin, à La Roche-Guyon, tandis qu'il se préparait à prendre la longue route de l'Allemagne, de son foyer, Rommel était plus que jamais déterminé à avoir raison et à gagner la partie.

CHAPITRE V

A CENT QUATRE-VINGTS KILOMÈTRES de là, au quartier général de la 15e Armée, près de la frontière belge, un homme regardait avec joie se lever ce matin du 4 juin. Le lieutenant-colonel Hellmuth Meyer était assis dans son bureau, la mine défaite et les yeux rougis. Il n'avait pas dormi une nuit entière depuis le 1er juin. Mais celle qui s'achevait avait été la pire de toutes. Jamais il ne l'oublierait.

Meyer accomplissait une tâche ingrate, harassante, dangereuse pour les nerfs. En plus de ses fonctions d'officier de renseignements de la 15e Armée, il dirigeait aussi l'unique section de contre-espionnage du front d'invasion. Le cœur de cette organisation était un service d'interception radio de trente hommes qui travaillaient par équipes sans un instant de répit, dans un abri en béton bourré d'instruments de précision. Leur travail consistait à écouter, rien de plus. Mais chaque homme était un spécialiste parlant couramment trois langues et pas un seul mot, pas un seul balbutiement de morse lancé sur les ondes par les Alliés ne leur échappaient.

Les hommes de Meyer étaient de tels experts, et leur équipement si perfectionné, qu'ils réussissaient à capter les messages émis par les postes des jeeps militaires en Angleterre, à plus de quinze cents kilomètres de chez eux. Cela avait beaucoup aidé Meyer. Les MP américains et britanniques, bavardant entre eux par radio en dirigeant les colonnes de troupes, lui avaient été d'un grand secours pour dresser la liste des diverses divisions cantonnées en Angleterre. Mais depuis quelque temps, les radios de Meyer ne captaient plus aucun appel. Le fait ne laissait pas d'être significatif : le silence était imposé à la radio. Cela constituait un indice de plus, à ajouter à ceux qu'il possédait déjà, pour supposer que le débarquement ne tarderait plus.

En plus des nombreux rapports d'agents, des détails de ce genre permettaient à Meyer de se faire une idée des projets des Alliés. Et il connaissait son métier. Plusieurs fois par jour, il triait les liasses de rapports, cherchant l'insolite, l'anormal, le suspect — voire l'incroyable.

Or, au cours de la nuit précédente, ses hommes avaient justement capté l'incroyable, un télégramme de presse urgent, reçu au crépuscule : URGENT FLASH ASSOCIATED PRESS NYK QG EISENHOWER ANNONCE DÉBARQUEMENT ALLIÉ EN FRANCE.

Meyer en fut suffoqué. Son premier mouvement l'incita à alerter le quartier général. Mais il se ravisa, se calma, dans la certitude qu'il s'agissait d'une erreur.

Deux raisons lui dictaient cette certitude. D'abord, l'absence totale d'activité sur le front d'invasion — s'il y avait eu une offensive, il l'aurait appris tout de suite. Ensuite, au mois de janvier l'amiral Wilhelm Canaris, alors chef du Service allemand de renseignements, avait donné à Meyer les détails d'un incroyable message en deux parties que les Alliés emploieraient, il en était sûr, pour alerter les forces de la Résistance, avant le débarquement.

Les Alliés, affirmait Canaris, lanceraient des centaines de messages à la Résistance, au cours des mois qui précéderaient l'attaque. Seuls, quelques-uns auraient trait au Jour J; les autres seraient faux, destinés à tromper l'ennemi, à brouiller les pistes. Canaris était catégorique : Meyer devait capter tous ces messages, afin d'être sûr de ne pas laisser passer le bon.

Au début, Meyer était resté sceptique. Il lui semblait insensé de se fier à un seul et unique message. De plus, il savait par expérience que les sources de renseignements de Berlin se trompaient quatre-vingt-dix fois sur cent. Il possédait tout un dossier de faux rapports à l'appui de sa thèse; les Alliés semblaient avoir abreuvé tous les agents allemands, de Stockholm à Ankara, de « précisions » sur la date et le lieu du débarquement; aucun de ces rapports ne concordait.

Mais cette fois, Meyer était sûr que Berlin ne se trompait pas. Dans la nuit du 1er juin, ses hommes, après des mois d'écoute, venaient de capter la première partie du message des Alliés — tel que le lui avait annoncé Canaris. Ce message ne différait guère des centaines de phrases en code que les opérateurs de Meyer interceptaient depuis longtemps. Quotidiennement, après le bulletin d'informations, la BBC diffusait des instructions camouflées, en français, en hollandais, en danois et en norvégien, destinées à la Résistance. La plupart des messages étaient incompréhensibles pour Meyer et il trouvait tout à fait exaspérant de ne pouvoir réussir à déchiffrer des phrases aussi énigmatiques que « La guerre de Troie n'aura pas lieu », « Demain la mélasse sera au cognac », « Jean a de longues moustaches », ou « Sabine vient d'avoir la rougeole et les oreillons ». Mais le message personnel qui suivit le bulletin d'informations de vingt et une heures, dans la soirée du 1er juin, Meyer ne le comprit que trop bien.

— Veuillez maintenant écouter quelques messages personnels, annonça la voix du speaker en français.

Le sergent Walter Reichling mit immédiatement le magnétophone en marche. Il y eut une pause, puis on entendit :

— Les sanglots longs des violons de l'automne.

Reichling arracha ses écouteurs et se rua hors de l'abri, vers le bureau de Meyer. Le sergent fit irruption chez son chef et s'étira, au comble de l'excitation :

— La première partie du message ! Ça y est !

Ensemble, ils retournèrent à l'abri de la radio et Meyer écouta l'enregistrement. C'était bien cela — le message que Canaris lui avait annoncé, les premiers vers du célèbre poème de Verlaine. D'après Canaris, ces vers devaient être transmis le « premier ou le quinze du mois... et représenter la première partie d'un message annonçant le débarquement anglo-américain ».

La seconde partie du message serait la suite de la première stance du poème : « blessent mon cœur d'une langueur monotone ». Cette phrase, toujours d'après Canaris, signifierait que « l'invasion commencerait dans les quarante-huit heures... à partir du minuit suivant la transmission du message ».

Dès qu'il eut entendu l'enregistrement du premier vers de *Chanson d'Automne,* Meyer prévint le chef d'état-major de la 15e Armée, le général Rudolf Hofmann.

— La première partie du message a été émise, dit-il. Maintenant, il va se passer quelque chose.

— Vous en êtes tout à fait certain ? s'enquit Hofmann.

— Nous l'avons enregistré.

Hofmann lança immédiatement le signal d'alerte à la 15e Armée.

De son côté, Meyer expédia le message par télétype à l'OKW. Puis il téléphona au quartier général de von Rundstedt (OB West) et à celui de Rommel (groupe d'Armées B).

A l'OKW, le message fut remis au général Alfred Jodl, chef du bureau des opérations. Mais il resta sur sa table. Jodl ne donna pas l'alerte. Von Rundstedt, pensa-t-il, l'avait déjà fait, mais Rundstedt, de son côté, se dit que le quartier général de Rommel avait lancé l'ordre nécessaire [1].

Sur la côte, une seule armée se tint donc en alerte : la 15ᵉ. La 7ᵉ, qui tenait la côte de Normandie, n'entendit pas parler du message et ne prit aucune disposition.

Dans les soirées du 2 et du 3 juin, la BBC répéta la première partie du message. Cela inquiéta Meyer. D'après ses renseignements, elle n'aurait dû être transmise qu'une fois. Les Alliés, estima-t-il, répétaient le signal pour avoir la certitude que la Résistance l'entendrait bien.

Dans la nuit du 3 juin, une heure après la troisième diffusion du message, le télégramme de l'Associated Press, l'avertissement donné par Canaris était juste, ce flash devait être erroné. Son premier instant de panique passé, Meyer décida de faire confiance à Canaris. Il était épuisé mais il jubilait. L'approche de l'aube et le calme persistant du front lui donnaient cent fois raison.

Il n'y avait plus qu'à attendre la seconde partie du message capital, qui pouvait être lancée d'un moment à l'autre. Sa redoutable signification dépassait Meyer et le submergeait. L'écrasement des troupes d'invasion, la vie de centaines de milliers de ses compatriotes, la survivance même de sa patrie dépendaient de la rapidité avec laquelle ses hommes et lui capteraient le message et alerteraient la défense. Meyer et ses hommes se tenaient prêts, comme ils ne l'avaient jamais été. Meyer espérait de toute son âme que ses supérieurs comprendraient aussi l'importance du message.

Et, tandis qu'il attendait, à cent quatre-vingts kilomètres de là, le commandant en chef du groupe d'Armées B s'apprêtait à partir pour l'Allemagne.

---

1. Rommel dut avoir connaissance de ce message; mais se fiant à son idée sur les intentions des Alliés, il est manifeste qu'il n'en tint pas compte.

CHAPITRE VI

Le feld-maréchal Rommel étala soigneusement une fine couche de miel sur une tranche de pain beurré. En face de lui, à la table du petit déjeuner, il y avait son brillant chef d'état-major, le général Hans Speidel, et d'autres officiers. Le déjeuner n'était pas protocolaire. Aucune gêne ne restreignait la conversation; on aurait dit une table familiale, présidée par le père de famille. Et, dans un sens, c'était bien une famille. Chacun des officiers avait été choisi avec soin par Rommel et lui était entièrement dévoué. Ce matin-là, ils avaient, à tour de rôle, renseigné Rommel sur les diverses questions qu'ils espéraient le voir discuter avec Hitler. Rommel n'avait pas dit grand-chose, se contentant de les écouter. Maintenant, il avait hâte de partir. Il consulta sa montre :

— Messieurs, dit-il brusquement, il faut que je m'en aille.

Daniel, le chauffeur de Rommel, attendait devant le perron, à côté de la portière ouverte. Rommel invita le colonel von Tempelhof, seul officier de son état-major à l'accompagner avec Lang, à monter avec lui dans la Horch. La voiture de Tempelhof suivrait. Rommel serra les mains de ses officiers, dit quelques mots à son chef d'état-major et s'assit, comme à l'accoutumée, à côté du chauffeur. Lang et le colonel von Tempelhof s'installèrent à l'arrière.

— Allons-y, Daniel, dit Rommel.

La voiture fit lentement le tour de la grande cour d'honneur, passa sous les seize tilleuls, taillés en cubes, de la grande allée, franchit la grille et, dans le village, tourna à gauche pour prendre la route de Paris.

Il était sept heures. Rommel était tout à fait enchanté de quitter La Roche-Guyon par cette triste matinée brumeuse du dimanche 4 juin. La date du voyage n'aurait pu être mieux choisie. A côté de lui, sur le siège, il y avait une boîte de carton contenant une paire de chaussures de grand bottier, en antilope grise, pointure 37, pour sa femme. Il avait une raison spéciale, et bien humaine, pour vouloir être à ses côtés le mardi 6 juin. C'était son anniversaire[1].

En Angleterre, il était huit heures. (Il y avait une heure de différence entre l'heure d'été anglaise et l'heure allemande.) Dans une roulotte, au fond d'un bois près de Portsmouth, le général Dwight D. Eisenhower, commandant en chef des armées alliées, dormait profondément après avoir passé presque toute la nuit debout. Depuis quelques heures, des messages en code partaient par téléphone, par courrier et par radio, de son quartier général tout proche. Eisenhower, à peu près à l'heure à laquelle Rommel se levait, avait pris une décision fatidique : à cause des conditions météorologiques défavorables, il avait repoussé de vingt-quatre heures le débarquement allié. Si les conditions s'y prêtaient, le mardi 6 juin serait le Jour J.

CHAPITRE VII

LE CAPITAINE DE CORVETTE GEORGE D. HOFFMAN qui, à trente-trois an, commandait le destroyer américain *Corry*, contemplait à la jumelle l'interminable colonne de navires qui labouraient régulièrement les eaux

1. Depuis la guerre, bien des officiers supérieurs de Rommel se sont efforcés d'expliquer son absence du front, les 4 et 5 juin et au début du Jour J. Dans des livres, des articles, des interviews, ils ont déclaré que Rommel était parti le 5. Ce n'est pas vrai. La seule personne au quartier général d'Hitler à connaître la visite projetée de Rommel était l'aide de camp du Führer, le général Rudolf Schmundt. Le général Walter Warlimont, alors adjoint au commandant en chef de l'OKW, m'a dit que ni Jodl, ni Keitel, ni lui-même ne savaient même pas que Rommel était en Allemagne. Même au jour J, Warlimont était certain que Rommel se trouvait à son P.C., et dirigeait les opérations. Quant à la date à laquelle Rommel partit pour l'Allemagne et quitta la Normandie, ce fut bien le 4 juin; la preuve irréfutable se trouve dans l'agenda du groupe d'Armées B, méticuleusement tenu à jour, qui donne la date et l'heure exactes.

de la Manche, derrière lui. Il lui paraissait invraisemblable qu'ils fussent déjà parvenus si loin sans avoir essuyé la moindre attaque. Ils étaient à l'heure et suivaient la route prévue. Le convoi avançait lentement, à moins de quatre nœuds, suivant une route sinueuse, et avait couvert plus de quatre-vingts milles depuis l'appareillage de Portsmouth, la nuit précédente. Mais à présent, Hoffman s'attendait à du vilain, d'une minute à l'autre, attaque aérienne ou sous-marine, ou les deux à la fois. Il s'attendait au moins à rencontrer des champs de mines, car chaque minute qui passait les entraînait plus profondément dans les eaux ennemies. Les côtes de France se dressaient devant eux, à moins de quarante milles.

Le jeune commandant — de simple lieutenant de vaisseau, il était passé au commandement du *Corry* en moins de trois ans — était immensément fier de diriger ce magnifique convoi. Mais, tout en surveillant la mer à la jumelle, il savait qu'il offrait une cible de choix à l'ennemi.

Devant lui, il y avait des dragueurs, six petits bateaux formés en diagonale, traînant chacun, à tribord un long filin d'acier muni de cisailles, destinées à couper les orins des mines pour les faire exploser à la surface. Derrière les dragueurs, venaient les sveltes silhouettes des « bergers », les destroyers d'escorte. Et, plus loin, s'étirant à perte de vue, naviguait le convoi, une longue procession de navires de débarquement massifs et inesthétiques, transportant les troupes, les chars, les canons, les véhicules et les munitions. Chacun de ces bateaux lourdement chargés était muni d'un ballon retenu par un câble solide. Et ces ballons de protection, inclinés par le vent du large, flottant tous à la même altitude, donnaient l'impression que le convoi tout entier donnait de la bande.

Hoffman admirait ce spectacle. Evaluant les intervalles entre les navires et en connaissant le nombre, il calcula que la queue de ce défilé fantastique devait encore se trouver en Angleterre, sur la rade de Plymouth.

Et il existait bien d'autres convois semblables. Des dizaines d'autres devaient avoir appareillé en même temps que celui-ci, ou quitteraient l'Angleterre ce jour-là. Dans la nuit, ils convergeraient vers l'estuaire de la Seine. Au matin, une incroyable flotte de cinq mille navires paraîtrait au large des plages de Normandie.

Hoffman grillait d'impatience. Le convoi qu'il conduisait avait quitté la Grande-Bretagne de bonne heure, car c'était celui qui devait parcourir le plus long chemin. Il transportait une partie de la puissante 4e division américaine, destinée à débarquer en un lieu dont Hoffman, comme des millions d'autres Américains, n'avait jamais entendu parler — une étendue de sable battue des vents sur la côte orientale de la presqu'île du Cotentin, baptisée « Utah » en code. A vingt kilomètres au sud-est, devant les villages balnéaires de Vierville et de Colleville, se trouvait l'autre plage américaine, « Omaha », longue grève argentée en croissant de lune, où débarqueraient les hommes des 1re et 29e divisions.

Le commandant du *Corry* avait espéré voir d'autres convois à ses côtés, ce matin-là, mais la Manche semblait lui appartenir. Cependant, il ne s'inquiétait pas. Dans les parages, tout près, supposait-il, d'autres convois de la Force U ou de la Force O, se dirigeaient aussi vers la Normandie. Hoffman ignorait qu'en raison du temps incertain Eisenhower, inquiet, avait autorisé seulement une quinzaine de convois lents à prendre la mer durant la nuit.

Soudain, sur la passerelle, le téléphone sonna. Un des officiers de pont tendit le bras mais Hoffman, qui était plus près de l'appareil, décrocha. Il écouta quelques instants, puis demanda :

— Vous en êtes sûr ? Le message a-t-il été répété ?

Hoffman écouta encore un peu, puis raccrocha. Incroyable : le convoi tout entier devait regagner l'Angleterre — et sans raison donnée. Que se passait-il ? Le débarquement était-il annulé ?

Hoffman regarda les dragueurs à la jumelle. Ils ne changeaient pas de cap. Les destroyers non plus. Avaient-ils reçu le message ? Avant de prendre une décision, il résolut de voir le message de ses yeux pour en avoir le cœur net. Rapidement, il dévala l'échelle de fer, jusqu'au local de la radio, sur le pont inférieur.

Le radio Bennie Glisson ne s'était pas trompé. Il montra son registre au commandant en disant :

— J'ai vérifié deux fois pour être bien sûr.

Hoffman remonta quatre à quatre sur la passerelle. Son travail, et celui des destroyers, consistait à présent à faire exécuter un demi-tour au monstrueux convoi, sans perdre de temps. Comme il se trouvait en tête, Hoffman avait d'abord à s'occuper des dragueurs à plusieurs milles devant lui. Il ne pouvait les contacter par radio, puisque le silence absolu était prescrit.

— En avant toute ! commanda Hoffman. Rejoignez les dragueurs ! Armez le projecteur !

Tandis que le *Corry* augmentait de vitesse, Hoffman se retourna et vit derrière lui les destroyers changer de cap et évoluer sur les flancs du convoi. Puis, à grand renfort de signaux lumineux, ils s'attaquèrent à la tâche monumentale de faire virer le convoi cap pour cap. Soucieux, Hoffman se dit qu'ils se trouvaient dangereusement près des côtes de France — trente-huit milles à peine. Ne les avait-on pas déjà repérés ? Seul un miracle pouvait dissimuler la difficile évolution à l'attention de l'ennemi.

Au local de la radio, Bennie Glisson continuait à recevoir tous les quarts d'heure le message qui retardait le débarquement. Pour lui, c'était la plus mauvaise nouvelle qu'il eût reçue depuis longtemps, car elle lui paraissait confirmer un soupçon lancinant : les Allemands étaient au courant du plan d'invasion. Annulait-on le jour J parce qu'ils étaient renseignés ? Comme des milliers de ses semblables, Bennie avait vu les immenses préparatifs, les convois, les rassemblements extraordinaires d'hommes et de matériel dans tous les ports, dans tous les recoins de la côte, de Land's End à Portsmouth et pensé qu'ils ne pouvaient échapper à la vue des reconnaissances de la Luftwaffe. S'il s'agissait d'un simple ajournement, les Allemands auraient encore plus de temps pour découvrir l'armada alliée.

Le jeune opérateur de vingt-trois ans tourna le bouton d'un autre appareil pour écouter Radio-Paris, la station de propagande allemande. Il voulait entendre la voix chaude et rauque d'« Axis Sally ». Ses fanfaronnades étaient amusantes, à cause même de leur outrance ridicule, mais pouvait-on jamais savoir ? Bennie avait une autre raison pour prendre l'écoute. La « Salope de Berlin », comme on l'appelait grossièrement, semblait posséder une réserve inépuisable d'airs à la mode.

Bennie n'eut pas l'occasion de trop écouter parce qu'il dut d'abord prendre un interminable bulletin météorologique. Mais lorsqu'il eut fini de l'inscrire, Axis Sally fit jouer son premier disque de la journée. Bennie reconnut immédiatement les premières mesures d'une rengaine, *I Double Dare You* (Chiche et Re-chiche). Mais de nouvelles paroles avaient été écrites sur la musique. En les entendant, il comprit qu'elles justifiaient ses pires craintes. Ce matin-là, un peu avant huit heures, Bennie et des milliers de soldats alliés qui s'étaient préparés à débarquer en Normandie le 5 juin, et qui devaient attendre, dans l'angoisse, vingt-quatre heures de plus, entendirent sur l'air de *Chiche et Re-chiche,* ces paroles pertinentes, mais lourdes de menaces :

Chiche et re-chiche que tu viens pas ici.
T'as bien trop peur pour le relever le défi.
Laisse donc tes grands chevaux au vestiaire
Fais pas le malin, va te faire lanlaire,
Tu ne fais pas le poids
T'as bien trop peur pour attaquer
T'as trop les foies pour débarquer
Rengaine ta propagande à la noix
C'est pas chez nous que tu f'ras la loi
Mais je te dis chiche,
Chiche et re-chiche !

CHAPITRE VIII

Dans l'immense bureau des opérations, au quartier général naval allié de Southwick House, aux environs de Portsmouth, on attendait le retour des convois.

La vaste salle, haute de plafond, tapissée de papier blanc et or, bourdonnait d'une intense activité. Une gigantesque carte de la Manche recouvrait tout un mur. A chaque instant, deux auxiliaires féminines, des WREN, juchées sur des escabeaux mobiles, changeaient de place sur la carte des petits repères colorés, marquant la position des navires qui faisaient demi-tour. Des officiers d'état-major appartenant aux différents services alliés, groupés par deux ou trois, les regardaient faire en silence. Ils paraissaient calmes, mais leur tension était indéniable. Les convois devaient non seulement évoluer sous le nez de l'ennemi, et revenir à travers des eaux minées, mais faire face à un autre danger : le gros temps. Pour les lourds bâtiments chargés d'hommes et de matériel, lents et difficiles à manier, une tempête pouvait être désastreuse. La brise soufflait déjà dans la Manche à plus de cinquante kilomètres-heure, la mer se creusait et les vagues atteignaient près de deux mètres. Et la météo annonçait une aggravation des conditions atmosphériques.

La carte révélait, de minute en minute, le retour ordonné des convois. De longues files de repères remontant la mer d'Irlande, s'aggloméraient au voisinage de l'île de Wight, s'entassaient dans les divers ports et bases navales de la côte sud-ouest d'Angleterre. Certains mettraient certainement toute la journée pour regagner le port.

La carte révélait d'un seul coup d'œil la position de tous les bateaux alliés. Deux demeuraient cependant invisibles — deux sous-marins de poche. Ils semblaient avoir complètement disparu de la carte.

Dans un bureau voisin, une ravissante « lieutenant » WREN, âgée de vingt-quatre ans, se demandait dans combien de temps son mari regagnerait sa base. Naomi Coles Honour était légèrement soucieuse mais pas encore trop inquiète, bien que ses amies de la salle des Opérations ne parussent rien savoir de la position de son mari, le lieutenant de vaisseau George Honour, commandant d'un de ces sous-marins de dix-neuf mètres, le *X-23*.

☆

A un mille de la côte de France, un périscope émergea de l'eau. Dix mètres plus bas, recroquevillé dans l'inconfortable poste centrale du *X-23*, le lieutenant de vaisseau

George Honour repoussa sa casquette sur sa nuque. Il se rappelle avoir dit alors :

— Eh bien, Messieurs, si on jetait un coup d'œil ?

Un œil collé à l'œilleton en caoutchouc du périscope, il fit lentement pivoter celui-ci et, quand la couche déformante de l'eau scintillante eut dégagé l'objectif, le lieutenant de vaisseau distingua la petite ville endormie d'Ouistreham, à l'embouchure de l'Orne. Elle était si proche, et le périscope grossissait tellement, que Honour vit fumer les cheminées des maisons et, tout au fond, un avion qui décollait de l'aéroport de Carpiquet, près de Caen. Ce n'était pas tout : fasciné, il contempla des soldats allemands qui travaillaient tranquillement à installer des obstructions sur la grande plage de sable.

Ce fut un grand moment de l'existence du jeune lieutenant de vaisseau de réserve. S'écartant du périscope il s'adressa au lieutenant de vaisseau Lionel G. Lyne, embarqué spécialement pour l'opération :

— Jetez un coup d'œil, Thin — on est presque en plein dans la cible !

Dans un sens, l'invasion était déjà commencée. Le premier bateau et les premiers hommes des forces alliées étaient à leur poste, devant la côte normande. Devant le *X-23*, se trouvait le secteur anglo-canadien. Le lieutenant de vaisseau Honour et son équipage n'ignoraient pas la signification de la date. Un autre 4 juin, quatre ans plus tôt, à moins de trois cents kilomètres de là, les derniers des trois cent trente-huit mille soldats du corps expéditionnaire britannique quittaient un port en flammes nommé Dunkerque. Sur le *X-23*, cinq Anglais, soigneusement choisis, éprouvaient une émotion et une fierté intenses. Ils constituaient l'avant-garde britannique, venus en éclaireurs sur la côte de France, ils balisaient le chemin que des milliers de leurs compatriotes allaient bientôt suivre.

Ces cinq hommes, recroquevillés dans l'unique et minuscule compartiment du *X-23*, portaient des combinaisons d'hommes-grenouilles, et leurs papiers d'identité remarquablement falsifiés auraient trompé la surveillance de la plus soupçonneuse des sentinelles allemandes. Ils avaient chacun une fausse carte d'identité française, complète, avec la photographie, plus des permis de travail, des cartes de ravitaillement portant tous les cachets officiels, des lettres et d'autres papiers. Au cas où les choses tourneraient mal, où le *X-23* serait coulé ou devrait être abandonné, l'équipage pourrait nager jusqu'à la côte et, sous le couvert de ses fausses identités, échapper à l'ennemi pour tenter de prendre contact avec la Résistance française.

La mission du *X-23* était particulièrement délicate. Vingt minutes avant l'heure H, le sous-marin de poche et son similaire, le *X-20* — qui se trouvait à vingt milles plus à l'ouest, face au petit village du Hamel — feraient audacieusement surface afin de servir de balises, délimitant les extrémités de la zone de débarquement anglo-canadienne, divisée en trois plages : Sword, Juno et Gold.

Ils devaient suivre un plan compliqué et précis. Une balise hertzienne automatique émettrait des signaux continus dès la remontée en surface. Simultanément, un Sonar enverrait des ondes sous-marines qui seraient captées par des écouteurs. La flotte transportant les troupes britanniques et canadiennes atterrirait en utilisant l'une ou l'autre de ces émissions, ou bien les deux.

Chaque sous-marin de poche possédait aussi un mât télescopique de six mètres, équipé d'un projecteur, petit mais puissant, visible à plus de cinq milles. Si le feu était vert, cela signifierait que les sous-marins étaient à leur poste. Dans le cas contraire, le feu serait rouge.

Pour faciliter encore l'atterrissage, chaque sous-marin disposait d'un canot de caoutchouc portant un homme, qui s'écarterait d'une certaine distance en direction de la côte, avec un petit projecteur à bord. Les feux des sous-marins et de ces canots permettraient à la flotte de déterminer à coup sûr l'emplacement des trois plages.

Rien n'avait été oublié, pas même le danger que couraient les minuscules sous-marins d'être éperonnés et coulés par des navires de débarquement. Comme protection, le *X-23* hisserait un grand pavillon jaune. Honour pensait que ce pavillon constituerait une bien belle cible pour les Allemands. Cela ne l'empêcha pas d'en arborer un second, l'« enseigne blanche » de la *Royal Navy*. Honour et son équipage acceptaient d'être canonnés par l'ennemi, mais ne tenaient pas à se faire couler par les leurs.

Tout ce matériel, et bien d'autres objets hétéroclites, avaient été entassés à l'intérieur, déjà bien exigu, du *X-23*. A l'équipage normal de trois hommes, deux navigateurs expérimentés s'étaient ajoutés, ce qui fait qu'on pouvait à peine se retourner dans l'unique compartiment du sous-marin, haut d'un mètre soixante, large d'un mètre trente et long de deux mètres cinquante à peine. L'atmosphère était suffocante et allait devenir presque irrespirable en attendant la remontée en surface à la nuit tombée.

Même en plongée, dans ces eaux peu profondes, Honour le savait, le bâtiment était facilement repérable par des avions de reconnaissance volant à faible altitude, ou des vedettes de patrouille et le risque augmentait à l'immersion périscopique.

Le lieutenant de vaisseau Lyne prit des relèvements de la terre. Il avait rapidement reconnu plusieurs amers : le phare d'Ouistreham, le clocher de l'église, deux autres clochers, ceux des villages de Langrune et de Saint-Aubin-sur-Mer à quelques kilomètres. Honour ne s'était pas trompé. Ils étaient presque « en plein dans la cible », à trois quarts de mille à peine de la position qu'ils devaient atteindre.

Honour fut soulagé d'être si près. La traversée avait été longue et pénible. Ils avaient mis un peu moins de deux jours pour parcourir les quatre-vingt-dix milles depuis Portsmouth, le plus souvent à travers des champs de mines. Ils allaient maintenant gagner leur position et se poser sur le fond. L'opération « Gambit » commençait bien. Il regrettait secrètement, cependant, que l'on n'eût pas choisi un autre nom pour cette opération. Bien qu'il ne fût pas superstitieux, le jeune commandant avait été navré, en recherchant le mot « gambit » dans le dictionnaire, de découvrir que cela voulait dire aux échecs « sacrifier un pion à l'ouverture ».

Honour jeta un dernier regard sur les soldats allemands de la plage. Le lendemain, à cette même heure, l'enfer se déchaînerait sur ces grèves.

— Rentrez le périscope ! commanda-t-il.

Submergés, coupés de tout contact avec leur base, Honour et son équipage ignoraient que le débarquement venait d'être retardé d'un jour.

CHAPITRE IX

A ONZE HEURES DU MATIN, la brise forcissait sur la Manche. Le long des régions côtières interdites de Grande-Bretagne, coupées du reste du pays, les forces d'invasion se morfondaient. Leur univers se restreignait aux lieux de rassemblement, aux aéroports et aux navires. Elles n'appartenaient déjà plus à la terre ferme et se trouvaient étrangement suspendues entre le monde familier de l'Angleterre et les « terræ incognitæ » de Normandie. Un épais rideau de sécurité les séparait du monde.

De l'autre côté de ce rideau, la vie continuait comme à l'habitude. Des gens s'affairaient à leurs tâches quotidiennes sans se douter que des centaines de milliers de leurs semblables attendaient un ordre qui marquerait le commencement de la fin de la deuxième guerre mondiale.

Dans la petite ville de Leatherhead, Surrey, un professeur de physique de cinquante-quatre ans, mince et fluet, promenait son chien. Leonard Sidney Dawe était un homme tranquille et discret, parfaitement inconnu, en dehors d'un petit cercle d'amis. Il jouissait cependant d'un vaste public qui dépassait de loin celui d'une vedette de cinéma. Tous les jours, près d'un million de lecteurs se débattaient avec le problème de mots croisés qu'il composait, avec son ami Melville Jones, un autre professeur, pour le *Daily Telegraph* de Londres.

Depuis plus de vingt ans, Dawe était le meilleur compilateur de mots croisés du *Telegraph,* et ses problèmes difficiles et compliqués avaient exaspéré et enchanté des millions d'amateurs. Certains « mordus » prétendaient que les mots croisés du *Times* étaient plus difficiles mais les fanatiques de Dawe ripostaient que les grilles du *Telegraph* n'avaient jamais répété deux fois la même définition. Dawe en était extrêmement fier.

Il aurait été stupéfait d'apprendre que, depuis le 2 mai, il faisait l'objet d'une enquête discrète et approfondie de la part du service de contre-espionnage de Scotland Yard, le M.I. 5. Pendant un mois, ses problèmes avaient inquiété et terrifié bien des états-major du haut commandement allié.

En ce dimanche matin, le M.I. 5 avait finalement décidé d'avoir une conversation avec Dawe. Quand il revint de sa promenade, deux hommes l'attendaient. Dawe, comme tout le monde, avait entendu parler du M.I. 5, mais que pouvait-on lui vouloir ?

— Mr. Dawe, dit un des deux hommes dès le début de l'interrogatoire, au cours du mois dernier, un certain nombre de mots-codes hautement confidentiels sont apparus dans les mots croisés du *Telegraph,* des mots concernant une certaine opération alliée. Pouvez-vous nous dire ce qui vous a poussé à les utiliser — et où vous les avez obtenus ?

Avant que Dawe, stupéfait, pût répondre, l'agent du M.I. 5 tira une liste de sa poche et poursuivit :

— Nous aimerions particulièrement savoir comment vous en êtes venu à choisir ce mot.

Il posa son doigt sur la liste. La grille de compétition du *Telegraph,* en date du 27 mai, comprenait la définition suivante (11 horizontal) : « Cet important personnage en a souvent volé » (allusion à la définition précédente). Il faut croire que ces paroles obscures pouvaient être comprises des admirateurs de Dawe. La réponse, parue dans le *Telegraph* de l'avant-veille 2 juin, était *Overlord* (haut seigneur féodal). Or, *Overlord* était l'appellation en code de tout le plan d'invasion alliée.

Dawe ne savait pas du tout de quelle opération ces hommes voulaient parler. Ces questions l'étonnèrent et l'indignèrent même. Il répondit qu'il ne pouvait pas expliquer pourquoi ni comment il avait choisi ce mot-là. Il fit remarquer que ce mot se retrouvait souvent dans les livres d'histoire, et ajouta :

— Comment aurais-je pu deviner qu'il avait une signification en code ? Et comment savoir si tel ou tel mot n'est pas utilisé ?

Les deux agents du M.I. 5 se montrèrent courtois. Ils

reconnurent qu'on ne pouvait évidemment pas savoir. Mais n'était-il pas étrange, tout de même, que tant de mots-codes apparussent en un mois ?

Ils parcoururent leur liste, sous les yeux myopes du professeur ahuri. Dans le problème du 2 mai, la réponse à la définition : « Un parmi 48 » (17 horizontal) était *Utah* (Etat d'Amérique du Nord). La réponse au 3 vertical, du 22 mai, « Peau-Rouge sur le Missouri », était *Omaha*.

Le problème du 30 mai contenait cette définition (11 horizontal) : « Suscite des révolutions de nursery » et la réponse était *Mulberry* (une célèbre ronde enfantine fait tourner les enfants autour du buisson de mûres, ou *mulberry-bush*). Or, *Mulberry* désignait en code deux ports artificiels qui devaient être mis en place au large des plages de débarquement. Et la solution du 15 vertical, dans le problème du 1er juin, « Il partage son royaume avec Britannia », était *Neptune*, la désignation en code de l'ensemble des opérations navales du débarquement.

Dawe ne put donner aucune explication au choix de ces mots. D'ailleurs, fit-il observer, ces problèmes pouvaient avoir été composés six mois plus tôt. Existait-il une explication ? Dawe ne put en offrir qu'une : une série de coïncidences fantastiques.

☆

Il y avait eu d'autres alertes terrifiantes. Trois mois plus tôt, à la poste centrale de Chicago, un gros paquet mal enveloppé s'était ouvert sur la table du tri, révélant une liasse de documents suspects. Douze postiers au moins purent en prendre connaissance : il s'agissait d'une opération baptisée Overlord.

Les agents du contre-espionnage envahirent la poste. On interrogea les trieurs, puis on leur enjoignit d'oublier ce qu'ils avaient vu. Ce fut ensuite le tour de la destinataire : une jeune fille parfaitement inoffensive. Elle fut incapable de dire pourquoi ces papiers lui étaient adressés, mais elle reconnut l'écriture de l'étiquette; c'était celle de son frère, un jeune sergent tout aussi inoffensif, appartenant au quartier général américain de Londres. Il s'était trompé d'enveloppe et avait envoyé le paquet par erreur à sa sœur.

Ce petit incident aurait pu prendre des proportions gigantesques, si l'état-major suprême des Alliés avait su que le Service de renseignements allemand, l'*Abwehr*, avait déjà découvert la signification du mot-code Overlord. Un de ses agents, un Albanais nommé Diello, plus connu sous le nom de Cicéron, avait fait parvenir le renseignement à Berlin en janvier. Au début, Cicéron avait appelé le plan « Overlock », mais il avait rectifié par la suite. Et Berlin avait toute confiance en Cicéron, qui travaillait comme valet de chambre à l'Ambassade britannique en Turquie.

Mais Cicéron fut incapable de découvrir le grand secret d'Overlord : le lieu et la date du Jour J. Le secret fut si scrupuleusement gardé que, jusqu'à la fin d'avril, à peine quelques centaines d'officiers alliés le connurent. Mais au cours de ce mois, en dépit des avertissements constants du contre-espionnage et des avis répétés concernant la présence d'agents allemands dans les Iles Britanniques, deux officiers supérieurs, un général américain et un colonel anglais, violèrent inconsidérément le secret. Au cours d'un cocktail au Claridge de Londres, le général confia à quelques camarades que le débarquement aurait lieu avant le 15 juin. Dans un autre coin de l'Angleterre, le colonel fut encore plus bavard. Il raconta à des amis civils que ses hommes s'entraînaient à s'emparer d'un certain objectif et laissa entendre que cet objectif se trouvait en Normandie. Les deux officiers furent immédiatement déplacés et cassés de leur grade [1].

Puis, en cette mémorable journée du dimanche 4 juin, le G.Q.G. allié reçut un coup au cœur en apprenant une nouvelle fuite, plus dangereuse que les précédentes. Pendant la nuit, une télétypiste de l'Associated Press, n'ayant rien de mieux à faire, s'amusa à s'exercer sur une machine inutilisée, pour accroître sa vitesse. La bande perforée por-

1. Bien que le général américain fût un camarade de promotion du général Eisenhower, à West Point, le commandant en chef des Armées Alliées ne put rien pour lui. Après le débarquement, l'affaire du général connut une large publicité, et on en reparla encore quand il prit sa retraite plus tard, avec le grade de colonel. Rien ne laisse supposer que le Q.G. d'Eisenhower fut mis au courant de l'indiscrétion du colonel anglais. L'affaire fut promptement étouffée et ses supérieurs s'en occupèrent. Cet Anglais devint par la suite membre du Parlement.

tant son « flash » imaginaire fut incompréhensiblement glissé au début du communiqué quotidien du front russe. Il fut annulé trente secondes plus tard, mais le mal était fait. Le « bulletin » qui parvint aux Etats-Unis était le suivant : URGENT FLASH ASSOCIATED PRESS NYK QG EISENHOWER ANNONCE DÉBARQUEMENT ALLIÉ EN FRANCE.

Si graves que pussent être les conséquences de ce message, il était beaucoup trop tard pour faire quoi que ce fût. La gigantesque machinerie du débarquement était en mouvement. Maintenant, tandis que les heures s'égrenaient lentement et que les conditions atmosphériques empiraient, la plus colossale de toutes les forces aériennes et amphibies jamais rassemblées attendait la décision du général Eisenhower. Ike confirmerait-il la date du 6 juin pour le Jour J ? Ou bien la tempête sur la Manche — la plus mauvaise depuis vingt ans — le forcerait-elle à remettre encore une fois le débarquement à plus tard ?

CHAPITRE X

Au fond d'un bois ruisselant de pluie, à trois kilomètres du Q.G. naval de Southwick House, l'Américain qui avait à prendre cette grave décision luttait avec son problème et tentait de se détendre dans sa roulotte modestement aménagée. Bien qu'il eût pu s'installer plus confortablement dans l'immense demeure de Southwick, Eisenhower avait refusé. Il voulait se rapprocher le plus possible des ports où ses troupes s'embarquaient. Quelques jours auparavant, il avait fait édifier un petit quartier général de campagne — quelques tentes pour son état-major réduit et plusieurs roulottes, dont la sienne, qu'il appelait son « cirque ambulant ».

La roulotte d'Eisenhower, une longue remorque basse ressemblant assez à un camion de déménagement, comportait trois petits cagibis, servant de chambre, de bureau et de petit salon. Il y avait en plus une minuscule cuisine, un petit standard téléphonique, des « commodités » à fosse chimique et une plate-forme arrière vitrée. Mais le commandant suprême ne restait jamais assez longtemps en place pour jouir entièrement de sa roulotte. Il se servait rarement du bureau et du salon. Les réunions d'état-major avaient lieu en général dans une des plus vastes tentes. Seule, sa chambre paraissait habitée. Elle était le reflet de sa personnalité. Il y avait une pile de romans du Far-West près de sa couchette et deux photos encadrées : sa femme, Mamie, et son fils de vingt et un ans, John, en uniforme de cadet de West Point.

De cette roulotte, Eisenhower commandait à près de trois millions de soldats alliés, dont plus de la moitié étaient américains : environ un million sept cent mille soldats, marins, aviateurs et gardes-côtes. Les forces britanniques et canadiennes atteignaient un million d'hommes et le reste était formé par les contingents de Français Libres, de Polonais, de Tchèques, de Belges, de Norvégiens et de Hollandais. Jamais, au cours de l'Histoire, un Américain n'avait commandé tant d'hommes appartenant à tant de nations diverses, ni assumé d'aussi lourdes responsabilités.

Cependant, malgré l'ampleur de sa mission et son pouvoir absolu, rien ne laissait soupçonner chez cet homme du Middle-West, bronzé, au sourire contagieux, le commandant suprême des Forces Alliées. Contrairement à d'autres chefs alliés célèbres que l'on reconnaissait immédiatement à quelque particularité vestimentaire, une coiffure excentrique ou une batterie de décorations voyantes, Eisenhower se faisait plutôt remarquer par sa discrétion. A part les quatre étoiles de son grade, il ne portait qu'un mince ruban de décorations au-dessus de sa poche de poitrine et, sur l'épaule, l'écusson à l'épée flamboyante du SHAEF (GQG du Corps expéditionnaire allié). Sa roulotte elle-même ne portait aucun insigne, aucune marque de sa haute autorité, pas de fanion, ne contenait pas de cartes, ni de photos dédicacées des grands hommes qui venaient souvent le voir. Mais, dans la chambre, près de la couchette, il y avait trois appareils téléphoniques de première importance, et de couleurs distinctes. Le rouge était réservé aux communications urgentes avec Washington, le vert était directement branché avec la résidence de Churchill au 10, Downing Street et le noir le mettait en communication avec son brillant chef d'état-major, le général Walter Bedell Smith, le QG et les autres généraux du haut commandement allié.

Ce fut par le téléphone noir que, pour accentuer ses soucis, Eisenhower apprit l'envoi du « flash » erroné concernant un débarquement. Au reçu de cette nouvelle, il ne dit rien. Son aide de camp naval, le capitaine Harry C. Butcher, rapporte que le commandant suprême se contenta de grommeler. Qu'y avait-il à dire et à faire à présent ?

Quatre mois plus tôt, dans la note qui lui accordait l'autorité suprême, les grands chefs d'état-major de Washington lui avaient détaillé sa mission en un seul paragraphe succinct : « Vous débarquerez sur le continent européen, et, en liaison avec les autres Nations Unies, engagerez des opérations pour atteindre le cœur de l'Allemagne et détruire ses forces armées... »

Le but et le propos de l'offensive tenaient dans cette simple phrase. Mais pour tous les Alliés, il s'agissait d'autre chose que d'une simple opération militaire. Eisenhower l'appelait « une grande croisade », une croisade qui devait mettre fin une fois pour toutes à la tyrannie monstrueuse qui avait plongé le monde dans la plus sanguinaire des guerres, qui avait anéanti un continent et réduit à l'esclavage plus de trois cents millions d'hommes. (A ce moment-là, personne ne pouvait encore imaginer l'étendue de la barbarie nazie, les millions de morts des chambres à gaz et les fours crématoires de Heinrich Himmler, les millions de travailleurs forcés arrachés à leur sol natal, le nombre incalculable d'hommes et de femmes qui ne reviendraient jamais, les millions de torturés, d'otages exécutés, de morts de faim...) Le but de la grande croisade n'était pas seulement de gagner la guerre mais de détruire le nazisme, de mettre un terme à une ère de sauvagerie sans précédent dans l'Histoire.

Mais il fallait d'abord que le débarquement réussît. S'il échouait, la défaite finale de l'Allemagne demanderait peut-être de longues années.

Les préparatifs de ce débarquement sur lequel le monde

entier comptait, duraient depuis plus d'un an. Bien avant qu'Eisenhower fût nommé commandant suprême des Forces Alliées, un petit groupe d'officiers anglo-américains sous le commandement du général anglais sir Frederick Morgan avait dressé les premiers plans de l'offensive. Le problème était ardu; il y avait peu de données, peu de précédents militaires et beaucoup de points d'interrogation. Où l'offensive devait-elle avoir lieu et quand ? Combien de divisions faudrait-il employer ? Ces X divisions, pourraient-elles être entraînées, rassemblées et prêtes à la date Y ? Quels moyens de transport faudrait-il ? Quelles forces affecter au bombardement naval et aux escortes ? Où se procurerait-on les navires et chalands de débarquement ? Pouvait-on en prélever dans le Pacifique, en Méditerranée et sur les autres théâtres d'opérations ? Combien de terrains d'aviation seraient nécessaires pour recevoir les milliers d'appareils indispensables à l'attaque aérienne ? Combien de temps faudrait-il pour rassembler le matériel, l'équipement, les armes, les munitions, les moyens de transport, les vivres ? Quelles quantités devait-on prévoir, non seulement pour l'attaque mais pour la suite ?

Ce n'étaient là que quelques-unes des angoissantes questions auxquelles les stratèges alliés avaient à répondre parmi des milliers d'autres. Finalement, leurs études, leurs projets, modifiés, revisés, développés, constituèrent le plan Overlord après qu'Eisenhower eut pris le commandement, et réclamèrent plus d'hommes, plus de navires, plus d'avions, plus de matériel que n'en avait jamais demandé n'importe quelle opération militaire de l'Histoire.

Entreprise colossale ! Avant même que le plan n'eût pris sa forme définitive, un raz de marée incroyable d'hommes et de matériel déferla sur l'Angleterre. Il y eut bientôt tant de soldats américains dans les villes et les villages de Grande-Bretagne qu'ils dépassèrent en nombre les autochtones. Les cinémas, les hôtels, les restaurants, les « pubs » anglais furent envahis brusquement par les troupes venues de tous les Etats d'Amérique du Nord.

Des terrains d'aviation poussèrent un peu partout. Pour une aussi importante offensive aérienne, cent soixante-trois bases supplémentaires durent être construites, si bien que cela devint un sujet de plaisanterie chez les aviateurs des

8e et 9e Forces aériennes qui prétendaient que l'on pouvait aller du nord au sud et de l'est à l'ouest de l'Angleterre sans même avoir besoin de décoller. Les ports étaient embouteillés. Une flotte de près de neuf cents navires commença de se rassembler, depuis les cuirassés jusqu'aux vedettes. Les convois arrivaient en si grand nombre qu'au printemps, ils avaient déjà apporté près de deux millions de tonnes de vivres et de matériel, au point que l'on dut poser deux cent cinquante kilomètres de nouveaux rails pour les transporter.

En mai, le sud de l'Angleterre ressemblait à un gigantesque arsenal. Des piles de munitions étaient dissimulées dans les bois et les forêts. Sur les landes, capots contre pare-chocs, s'étiraient d'interminables files de véhicules, chars, half-tracks, automitrailleuses, autos blindées, camions, jeeps, ambulances... Il y en avait plus de cinquante mille. Les champs étaient couverts d'obusiers, de canons anti-aériens, de monceaux de pièces détachées et de matériel préfabriqué, depuis les huttes Nissen aux pistes d'atterrissage, des bulldozers et des excavatrices. Les entrepôts regorgeaient de vivres, d'habillement et de médicaments, depuis les pilules contre le mal de mer jusqu'aux vingt-quatre mille lits d'hôpital. Mais le spectacle le plus impressionnant était celui des vallées pleines de longues colonnes de matériel ferroviaire : près d'un millier de locomotives toutes neuves, vingt mille wagons-citernes et wagons de marchandises, destinés à remplacer le matériel français détruit.

Il y avait aussi d'étranges engins de la guerre moderne. Des chars capables de flotter, d'autres chargés d'énormes rouleaux de lattes qui serviraient à franchir les fossés antichars ou à escalader les murs, d'autres équipés à l'avant d'immenses fouets en chaînes pour battre le sol et faire exploser les mines. Il y avait des bateaux plats, garnis d'une forêt de tuyaux pour lancer la dernière en date des armes nouvelles : la fusée. La chose la plus extraordinaire était sans doute les deux ports artificiels destinés à être remorqués jusqu'aux plages de Normandie, véritables miracles de technique et d'ingéniosité, l'un des grands secrets de l'opération Overlord. Ces ports, appelés « Mulberries », comprenaient d'abord un brise-lames extérieur, constitué par d'énormes flotteurs d'acier. Puis venaient cent quarante-cinq caissons en béton de diverses tailles, qui seraient immergés bord contre bord, pour former une jetée intérieure. Le plus grand de ces caissons contenait des abris pour l'équipage et des pièces antiaériennes. A le voir derrière ces remorqueurs on eût dit un immeuble de cinq étages couché sur le flanc. Sur ces rades artificielles, des cargos aussi importants que les Liberty-ships déchargeraient leur cargaison dans des chalands faisant la navette avec les plages et le port. Les bâtiments de plus faible tonnage débarqueraient les leurs directement sur des appontements d'acier où attendraient des camions pour les transporter à terre par de longues estacades flottantes. Au-delà des *Mulberries,* soixante blocs en ciment constitueraient un brise-lames supplémentaire. Chacun de ces ports, une fois en place, aurait la superficie de celui de Douvres.

Pendant tout le mois de mai, hommes et matériel gagnèrent les ports et les points d'embarquement. L'embouteillage des routes posa de très gros problèmes, mais l'intendance, la MP et les chemins de fer britanniques réussirent ce miracle d'acheminer tout et tous sans encombre et sans retard.

Des trains chargés de troupes et de .matériel encombraient toutes les voies secondaires en attendant de converger sur la côte. Les convois bloquaient les routes. Les villages, les moindres hameaux se recouvraient d'une fine poussière, et, dans le calme des nuits de printemps, tout le sud de l'Angleterre résonnait du sourd vrombissement des camions, du cliquetis des chars et de la voix caractéristique des Américains, qui paraissaient n'avoir qu'une question à poser :

— C'est encore loin, ce foutu bled ?

En une nuit, ou guère plus, des cités entières de huttes Nissen et de tentes surgirent du sol le long du littoral, pour recevoir les hommes qui ne cessaient d'affluer. Ils dormaient dans des couchettes à trois et quatre étages. Les douches et les feuillées se trouvaient bien souvent assez loin et les hommes faisaient la queue pour y accéder. Les files d'affamés, à l'heure des repas, atteignaient parfois plus d'un kilomètre. Les régiments étaient si nombreux qu'il fallut cinquante-quatre mille hommes dont quatre mille cinq cents cuisiniers, rien que pour le service des installations américaines. Dans la dernière semaine de mai, les hommes commencèrent à s'embarquer avec le matériel. L'heure n'allait plus tarder à sonner.

Les chiffres dépassaient l'imagination; de telles forces paraissaient invincibles. Et cette arme incroyable — la jeunesse du monde libre, toutes les ressources du monde libre — attendait la décision d'un seul homme : Eisenhower.

Pendant presque toute la journée du 4 juin, Eisenhower resta seul dans sa roulotte. Ses officiers et lui avaient fait tout ce qui était concevable afin que la réussite pût être atteinte avec le plus faible sacrifice de vies humaines. Désormais, après des mois de préparation minutieuse, tant politique que militaire, l'opération Overlord était à la merci des éléments. Eisenhower avait les mains liées; il ne pouvait qu'attendre et espérer que le temps s'améliorerait. Mais, quoi qu'il arrivât, il serait obligé de prendre une décision lourde de conséquences avant la fin de la journée : donner l'ordre d'aller de l'avant, ou remettre encore une fois le débarquement. Le succès ou l'échec de l'opération dépendaient de sa décision, quelle qu'elle fût. Et personne ne pouvait prendre cette décision à sa place. La responsabilité pesait sur lui, sur lui seul.

Eisenhower se trouvait devant un terrible dilemme. Le 17 mai, il avait décidé que le Jour J ne pouvait être choisi qu'entre trois jours de juin, le 5, le 6 ou le 7. Pendant ces trois jours seulement, deux facteurs favoriseraient le débarquement : un lever de lune tardif et, peu après l'aube, une marée basse.

L'infanterie aéroportée et les parachutistes conduiraient l'assaut, quelque dix-huit mille hommes appartenant aux 101e et 82e divisions américaines et à la 6e division britannique. Ils avaient besoin du clair de lune mais pour préserver l'effet de surprise, il fallait qu'ils arrivassent au-dessus de leurs zones par nuit noire. Un lever de lune tardif était donc indispensable.

Le débarquement par mer devait s'effectuer à marée basse, pour que les obstacles de Rommel fussent visibles. L'horaire de l'opération tout entière dépendait de cette marée. Et, pour compliquer encore la tâche des météorologistes, les renforts qui débarqueraient beaucoup plus tard dans la journée avaient également besoin d'une mer basse — et devraient arriver avant la nuit.

Ces deux facteurs critiques du clair de lune et de la marée irritaient Eisenhower. La marée à elle seule réduisait à six le nombre de jours propices au débarquement, et trois de ces jours étaient sans lune.

Mais ce n'était pas tout. Il y avait bien d'autres éléments à prendre en considération. D'abord, il fallait de longues heures de jour et une bonne visibilité, pour identifier les plages, pour que la marine et l'aviation reconnussent leurs cibles, pour réduire les risques d'abordage entre les cinq mille navires qui évolueraient presque bord à bord dans la Baie de Seine. Ensuite, un calme plat était nécessaire. Sans compter le danger que représenterait pour les navires une mer creuse, le mal de mer risquait de mettre de nombreux hommes hors de combat, avant même qu'ils n'eussent posé le pied sur la terre ferme. Troisièmement, un vent du large soufflant à faible altitude était souhaitable, afin de dégager les plages de la fumée et de rendre les cibles bien visibles. Enfin, les Alliés avaient besoin de trois jours de calme avant le Jour J, pour faciliter l'embarquement rapide des hommes et du matériel.

Au GQG allié, personne n'osait espérer des conditions atmosphériques parfaites, Eisenhower moins que tout autre. Il s'était attaché, au cours de longues séances d'entraînement avec ses météorologistes, à reconnaître et à peser tous les facteurs qui lui donneraient le minimum de conditions acceptables pour déclencher l'offensive. Mais, d'après les experts, il y avait dix chances contre une pour que la Normandie offrît en juin même le minimum requis. En ce dimanche orageux, tandis qu'Eisenhower, seul dans sa roulotte, examinait toutes les possibilités, les chances contraires semblaient prendre des proportions astronomiques.

Parmi ces trois jours favorables au débarquement, il avait choisi le 5, afin que, si un retard survenait, il pût lancer l'offensive le 6. Mais s'il donnait l'ordre de débarquer le 6 et qu'il fût encore obligé de l'annuler, la nécessité de ravitailler certains navires en combustible empêcherait de lancer l'offensive le 7. Il n'existait qu'une alternative : remettre le débarquement au 19 juin, date à laquelle la marée serait de nouveau favorable, mais les armées aéroportées seraient alors forcées d'attaquer dans l'obscurité. Il n'y aurait pas de lune le 19. Ou bien Eisenhower pouvait attendre le mois de juillet, mais ce retard interminable, devait-il dire plus tard, « lui faisait trop mal au cœur ».

L'éventualité d'un aussi long ajournement terrifiait tellement l'entourage d'Eisenhower que ses officiers les plus prudents étaient prêts à risquer l'attaque le 8 ou le 9. Ils ne voyaient pas comment plus de deux cent mille hommes, entraînés et chapitrés, pouvaient être tenus isolés et enfermés pendant des semaines sur des bateaux, dans des camps ou des terrains d'aviation sans que le secret de l'offensive ne filtrât. Et même s'il n'y avait aucune fuite pendant cette période, les avions de reconnaissance de la Luftwaffe ne manqueraient certainement pas de découvrir l'immense flotte, si ce n'était déjà fait; les agents de renseignements allemands auraient forcément vent du projet. Pour tout le monde, l'idée d'une remise à cette date éloignée paraissait impossible. Mais il appartenait à Eisenhower de prendre la décision.

Dans le jour baissant, le commandant suprême venait de temps en temps sur le seuil de sa roulotte, et levait les yeux vers les gros nuages bas qui écrasaient la cime des arbres. Parfois, il sortait et marchait de long en large dans la clairière, fumant sans arrêt, le dos rond, les mains dans les poches.

Au cours de ses promenades solitaires, Eisenhower ne paraissait jamais voir personne, mais cet après-midi-là il aperçut un des quatre correspondants de guerre accrédités auprès du QG avancé, Merril « Red » Mueller, de la NBC (chaîne de radio américaine).

— Venez faire un tour, Red, dit-il brusquement.

Et sans attendre Mueller, Ike partit de son pas allongé, toujours les mains dans les poches. Mueller dut courir pour le rattraper dans le bois.

Ce fut une promenade étrange et silencieuse. Eisenhower se taisait. Le correspondant rappelle que « Ike était complètement perdu dans ses pensées, plongé dans ses problèmes. On aurait dit qu'il avait oublié ma présence à ses côtés ». Mueller aurait eu bien des questions à poser au commandant suprême des armées alliées, mais il se l'interdit; il ne voulait pas être importun et se disait que ce n'était pas le moment.

Lorsqu'ils regagnèrent le campement et qu'Eisenhower eut dit au revoir à Mueller, le correspondant le vit gravir l'escalier d'aluminium de sa roulotte « courbé sous le poids des soucis... comme si chacune des quatre étoiles sur ses épaules pesait une tonne ».

Ce soir-là, peu avant neuf heures et demie, les officiers d'état-major et leurs aides de camp se réunirent dans la bibliothèque de Southwick House, grande pièce confortable contenant une longue table recouverte de drap vert, quelques fauteuils profonds et deux canapés. Des rayonnages en chêne couvraient trois des murs, mais il y avait peu de livres et la pièce paraissait curieusement nue. De lourds doubles rideaux sombres cachaient les fenêtres, pour le black-out; cette nuit-là, ils étouffaient le crépitement de la pluie et les gémissements du vent.

Les officiers discutaient à mi-voix, par petits groupes. Près de la cheminée, le général Bedell Smith, chef d'état-major d'Eisenhower, s'entretenait avec le maréchal de l'Air Tedder, grand fumeur de pipe. Assis à côté d'eux, on reconnaissait le bouillant amiral Ramsay, commandant naval interallié et, tout près, le maréchal de l'Air Leigh-Mallory, commandant des forces aériennes. Le général Smith se rappelle qu'un seul des officiers n'était pas en uniforme : Montgomery, toujours aussi sec, chargé de diriger l'offensive du Jour J, portait un pantalon de velours côtelé et un chandail à col roulé. C'étaient ces hommes qui transmettraient l'ordre d'attaquer, quand Eisenhower le donnerait. Pour le moment, ils attendaient avec leurs aides de camp et leurs officiers d'état-major — il y avait en tout douze officiers généraux dans la pièce — l'arrivée du commandant suprême et la conférence décisive qui devait débuter à neuf heures et demie. A cette heure, ils entendraient les dernières prévisions de la météo.

A neuf heures et demie précises, la porte s'ouvrit. Eisenhower parut, impeccable dans son battle-dress vert foncé. Son célèbre sourire ne passa qu'un instant sur son visage quand il salua ses vieux compagnons, mais le masque soucieux le remplaça bien vite, dès qu'il entama la conférence. Tout préambule était superflu. Chacun connaissait la gravité de la décision qu'il fallait prendre. Aussi, les trois météorologistes de l'opération Overlord entrèrent tout de suite précédés par leur chef, le group-captain (colonel), J.N. Stagg, de la Royal Air Force.

Le silence se fit quand Stagg commença son exposé. Il donna un rapide résumé des conditions atmosphériques au cours des dernières vingt-quatre heures, puis dit très calmement :

— Messieurs... la situation se développe très vite... de façon inattendue...

Tous les yeux restaient rivés sur Stagg, qui apportait peut-être à Eisenhower anxieux et à ses officiers un faible rayon d'espoir.

Il expliqua qu'un nouveau front atmosphérique se dirigeait vers la Manche et pouvait, dans quelques heures, éclaircir provisoirement la zone de débarquement. Ces conditions améliorées dureraient toute la journée du lendemain et se poursuivraient dans la matinée du 6 juin. Ensuite, le temps se détériorerait de nouveau. Pendant la courte amélioration, les vents se calmeraient de façon appréciable et le ciel s'éclaircirait — assez pour permettre aux bombardiers d'entrer en action dans la nuit du 5 au 6 et dans la matinée du 6. Vers midi, les bancs de nuages se reformeraient et le ciel se couvrirait encore. En bref, il annonçait à Eisenhower qu'il pourrait compter sur une période de temps relativement beau, bien au-dessous du minimum requis, et ce, *pour un peu plus de vingt-quatre heures.*

Dès que Stagg eut achevé son exposé, il fut soumis ainsi que ses collaborateurs, à un feu roulant de questions. Etaient-ils sûrs de leurs prévisions ? N'y avait-il aucun risque d'erreur ? S'étaient-ils suffisamment renseignés ? Avaient-ils bien vérifié leurs rapports ? Le temps ne pourrait-il pas continuer de s'améliorer pendant quelques jours, après le 6 ?

Il était impossible aux météorologistes de répondre à certaines des questions. Leur rapport avait été soigneusement vérifié, leurs calculs refaits et ils se montraient aussi optimistes que possible dans leurs prévisions, mais il est impossible de prédire le temps à coup sûr. Une perturbation restait toujours possible. Ils répondirent de leur mieux, et s'en allèrent.

Pendant un quart d'heure, Eisenhower et ses officiers délibérèrent. L'amiral Ramsay insistait sur l'urgence de la décision à prendre. Les convois américains destinés aux plages d'Omaha et d'Utah sous les ordres du contre-amiral A.G. Kirk devaient recevoir des ordres dans une demi-heure, pour que l'opération Overlord pût avoir lieu le mardi. La question du combustible tenaillait Ramsay. Si ces forces appareillaient et devaient revenir à leurs bases, il serait impossible de les faire repartir le mercredi 7.

Eisenhower prit alors l'avis de ses subordonnés, un par un. Le général Smith pensait que l'offensive devait être lancée le 6 — c'était un coup de dés, mais il fallait le tenter. Tedder et Leigh-Mallory craignaient tous deux que le plafond bas et les nuages annoncés empêchassent l'aviation d'opérer efficacement. Il leur semblait que l'offensive aurait alors lieu sans soutien suffisant de la part de l'aviation. A leur avis, c'était « risqué ». Montgomery s'en tenait à la décision qu'il avait prise la veille, quand le Jour J, 5 juin, avait été retardé.

— Moi, dit-il, je suis d'avis d'y aller.

La parole revenait à Ike. Le moment était venu pour lui de prendre la décision définitive, et seul. Il y eut un long silence, pendant qu'il pesait le pour et le contre. Le général Smith, qui l'observait, fut frappé par « l'isolement et la solitude » du commandant suprême, assis, les mains croisées sur la table, tête basse. Des minutes s'écoulèrent, certains disent deux, d'autres cinq. Enfin Eisenhower leva un visage aux traits tirés, et murmura lentement :

— Je suis persuadé que nous devons donner l'ordre... Je n'aime pas ça, mais voilà... Il me semble que nous n'avons pas le choix.

Eisenhower se leva. Il paraissait épuisé, mais la tension avait à peu près disparu de son visage. Six heures plus tard, au cours d'une brève réunion pour examiner les derniers rapports météo, il confirmerait la décision qu'il venait de prendre : mardi 6 juin serait le Jour J.

Eisenhower et ses officiers quittèrent la pièce, pressés, à présent, de mettre en mouvement l'offensive monumentale.

Derrière eux, dans le silence de la bibliothèque, un nuage de fumée bleue planait au-dessus de la table verte, les flammes du foyer se reflétaient sur le parquet ciré; sur la cheminée, la pendule marquait neuf heures quarante-cinq.

CHAPITRE XI

IL ÉTAIT dix heures du soir quand le soldat Arthur B. « Dutch » Schultz, de la 82e division aéroportée, décida de retourner à la partie de craps; il n'aurait peut-être plus jamais l'occasion de perdre autant d'argent. Cette partie de dés durait depuis que l'on avait annoncé que le débarquement était remis de vingt-quatre heures. Elle avait commencé sous une tente, s'était poursuivie sous l'aile d'un avion et elle battait à présent son plein dans le hangar qui avait été transformé en un vaste dortoir. Même dans le dortoir, la partie s'était déplacée, montant et descendant entre les lits, le long des travées. Et Dutch était le gros gagnant de la soirée.

Il ne savait pas combien il avait gagné. Mais il devinait, à l'épaisseur de la liasse de dollars froissés, de bank-notes anglaises et de billets craquants et tout neufs bleu-vert de dénomination française, qu'il devait serrer dans son poing plus de deux mille cinq cents dollars. C'était plus d'argent qu'il n'en avait vu en ses vingt et un ans d'existence.

Physiquement, et spirituellement, il avait tout fait pour se préparer au grand saut. Des services religieux avaient été célébrés dans la matinée, à la base, pour toutes les confessions. Dutch, qui était catholique, s'était confessé et avait communié à la messe. Maintenant, il savait très bien ce qu'il allait faire de ses gains. Il fit mentalement sa distribution. Il laisserait mille dollars dans le coffre du vaguemestre; ça lui servirait quand il reviendrait en Angleterre en permission. Mille autres dollars iraient à sa mère à San Francisco, pour qu'elle lui en gardât cinq cents et conservât le reste; elle en avait bien besoin. Quant au restant, il saurait l'employer : cela payerait une bordée mémorable avec les copains du régiment, le 505ᵉ, dès qu'ils arriveraient à Paris.

Le jeune parachutiste se sentait bien. Il était content, il avait bien placé tout son argent... Vraiment ? Pourquoi l'incident du matin lui revenait-il sans cesse à la mémoire, lui occasionnant un tel malaise ?

Au courrier du matin, il avait reçu une lettre de sa mère. Quand il déchira l'enveloppe, un chapelet en glissa et tomba à ses pieds. D'un geste vif, pour que la foule des copains railleurs ne le vît pas, il avait ramassé le rosaire et l'avait fourré dans le sac qu'il comptait laisser à la base.

Et maintenant, le souvenir du chapelet souleva soudain une question à laquelle il n'aurait jamais songé : qu'est-ce qu'il lui prenait de jouer dans un pareil moment ? Il regarda les billets froissés dans sa main, plus d'argent qu'il n'en gagnait en un an. A cet instant, le soldat Schultz fut certain que s'il empochait cet argent il serait tué. Dutch décida de ne pas courir ce risque.

— Poussez-vous un peu, lança-t-il, et laissez-moi jouer.

Il regarda sa montre et se demanda combien de temps il lui faudrait pour perdre deux mille cinq cents dollars.

Schultz ne fut pas le seul à se conduire bizarrement, ce soir-là. Personne, des simples soldats aux généraux, ne paraissait tenté de braver le destin. Près de Newbury, au QG de la 101ᵉ division aéroportée, le général Maxwell D. Taylor, qui la commandait, avait réuni ses officiers pour une longue conférence officieuse. Ils étaient peut-être une demi-douzaine dans la pièce et l'un des hommes, le général Don Pratt, s'assit sur le lit. Pendant qu'ils bavardaient, un autre officier arriva, ôta sa casquette et la lança sur le lit. Le général Pratt bondit, jeta cette casquette par terre et s'écria :

— Bon Dieu, ça porte malheur !

Tout le monde éclata de rire, mais Pratt ne se rassit pas sur le lit. Il devait conduire les planeurs du 101ᵉ en Normandie.

La nuit tomba; dans toute l'Angleterre, les armées d'invasion attendaient. Enervés par des mois d'entraînement intensif, les hommes étaient fin prêts et le retard leur mettait les nerfs à vif. Il y avait dix-huit heures que le départ avait été remis, et chaque heure qui passait usait leur patience. Ils ne savaient pas que, dans vingt-six heures à peine, ce serait le Jour J. Il était encore bien trop tôt pour que la nouvelle leur fût parvenue. Ainsi, dans la nuit mugissante de ce dimanche, dans la solitude, l'anxiété et la peur, les soldats attendaient que quelque chose se passât, n'importe quoi...

Ils faisaient exactement ce que le monde pouvait imaginer : ils pensaient à leurs familles, à leurs femmes, à leurs enfants, à leurs fiancées. Et tous parlaient de la bataille qui les attendait. Comment seraient ces plages ? Le débarquement serait-il aussi difficile qu'on le prédisait ? Personne n'était capable d'imaginer le Jour J, mais chacun s'y préparait à sa façon.

Sur les eaux sombres et agitées de la mer d'Irlande, à bord du destroyer américain *Herndon,* l'enseigne de vaisseau Bartow Farr essayait de se concentrer sur sa donne de bridge. C'était difficile; trop de choses lui rappelaient que ce n'était pas une soirée comme les autres. Au mur du carré, il voyait les immenses agrandissements photographiques des positions allemandes sur les plages normandes. Ces positions seraient les objectifs du *Herndon* au Jour J. Farr pensa que le *Herndon* serait aussi le leur.

Le jeune officier était à peu près certain de survivre au Jour J. Il y avait eu pas mal de plaisanteries au sujet de ceux qui s'en sortiraient et de ceux qui ne reviendraient pas. Sur la rade de Belfast, l'équipage du *Corry,* le bateau-frère du *Herndon,* avait parié à dix contre un que le *Herndon* ne reviendrait pas. L'équipage du *Herndon* avait riposté en faisant courir le bruit que le débarquement se ferait sans le *Corry,* consigné au port à cause du mauvais moral de son équipage.

L'enseigne Farr avait confiance. Le *Herndon* reviendrait sain et sauf, avec lui à bord. Mais il était tout de même content d'avoir écrit une longue lettre à son fils encore à naître. L'idée ne lui était jamais venue que sa femme, Anne, à New York, pourrait mettre au monde une fille. (Il avait raison. Les Farr eurent un petit garçon au mois de novembre.)

Dans un camp près de Newhaven, le caporal Reginald Dale, de la 3e division britannique, assis sur son lit, s'inquiétait de sa femme Hilda. Ils s'étaient mariés en 1940 et, depuis, ils souhaitaient tous deux ardemment un enfant. A sa dernière permission, quelques jours plus tôt, Hilda lui avait annoncé qu'elle était enceinte. Dale s'était montré furieux. Le débarquement, estimait-il, était proche et il y prendrait part. Il lui avait dit, assez sèchement, qu'elle choisissait bien mal son moment. Il revoyait encore le regard blessé de Hilda, sa peine, et se maudissait d'avoir laissé échapper ces mots. Mais il était trop tard. Il ne pouvait même pas lui téléphoner. Il se rallongea sur sa couchette, comme des milliers d'autres, et tenta vainement de s'endormir.

Quelques hommes, cependant, doués de nerfs d'acier et d'un sang-froid à toute épreuve, dormaient profondément. A la 50ᵉ division britannique, le sergent-chef Stanley Hollis était de ceux-là. Il avait appris depuis longtemps à dormir à volonté. La prochaine offensive ne l'inquiétait guère. Il savait à quoi l'on pouvait s'attendre. Il avait été évacué de Dunkerque, il avait combattu dans la 8ᵉ Armée en Afrique et débarqué sur les plages de Sicile. Parmi les millions d'hommes cantonnés en Angleterre, Hollis constituait une exception. Il attendait le débarquement avec impatience. Il avait hâte d'être en France et de tuer encore des Allemands.

Pour Hollis, c'était une question personnelle. Agent de liaison au moment de Dunkerque, il avait vu à Lille, au cours de la retraite, un spectacle qu'il n'avait jamais oublié. Séparé de son unité, Hollis s'était trompé de route et avait passé par une partie de la ville que les Allemands venaient sans doute de traverser. Il se trouva soudain dans une impasse où gisaient les corps encore chauds de quelques civils français, hommes, femmes et enfants, qui venaient d'être mitraillés. Les murs et les pavés étaient criblés de balles. A dater de cet instant, Stan Hollis ne pensa plus qu'à tuer des Allemands. Il en avait abattu plus de quatre-vingt-dix. A la fin du Jour J, il devait faire une cent deuxième encoche sur le canon de sa Sten.

D'autres, aussi, étaient pressés de poser le pied sur la terre de France. L'attente paraissait intolérable au commandant Philippe Kieffer et à ses cent soixante et onze volontaires du commando français. A l'exception des rares amis qu'ils s'étaient faits en Angleterre, ils n'avaient personne à qui dire au revoir. Leurs familles étaient restées en France.

Dans leur camp, à l'embouchure de la Hamble, ils passaient le temps à vérifier leurs armes, à étudier la maquette en caoutchouc mousse de la plage Sword et leurs objectifs d'Ouistreham. Un des volontaires, le comte Guy de Montlaur, qui se montrait fier de ses galons de sergent, fut enchanté d'apprendre qu'il y avait une légère modification dans le plan : son peloton devait conduire l'attaque du casino de la plage, occupé, croyait-on, par un P.C. allemand bien défendu.

— Ce sera un plaisir pour moi, avait-il dit à son commandant. J'ai perdu des fortunes dans cette boîte-là.

A deux cents kilomètres de là, au cantonnement de la 4e division d'infanterie américaine, près de Plymouth, le sergent Harry Brown, relevé de son poste, trouva une lettre qui l'attendait. Il avait vu bien souvent des plaisanteries de ce genre dans des films de guerre, mais n'aurait jamais cru que cela pût lui arriver. La lettre était un prospectus publicitaire pour les chaussures surélevées Adler. Ce prospectus irrita particulièrement le sergent. Les hommes de sa section étaient tous si petits qu'on les appelait les « Nains de Brown ». Le sergent était le plus grand — il mesurait un mètre soixante-cinq.

Pendant qu'il se demandait encore qui avait bien pu donner son nom aux Chaussures Adler, un de ses hommes s'approcha de lui. Le caporal John Gwiadosky venait de décider de payer ses dettes. Le sergent Brown n'en revint pas de le voir lui tendre solennellement son argent.

— Faut pas vous faire des idées, expliqua Gwiadosky. C'est simplement que je tiens pas à vous voir me courir aux fesses en enfer pour réclamer votre pognon.

De l'autre côté de la baie, à bord du transport de troupes *New Amsterdam*, mouillé près de Weymouth, le sous-lieutenant George Kerchner du 2e bataillon de Rangers exécutait une corvée, la censure du courrier. Il y en avait beaucoup ce soir-là. Tout le monde semblait avoir voulu écrire de longues lettres à la maison. Les 2e et 5e Rangers avaient hérité d'une des plus difficiles missions du Jour J. Ils devaient escalader les falaises abruptes de la

Pointe du Hoc, hautes de près de trente mètres, pour réduire au silence une batterie de six canons à longue portée — des pièces si dangereuses qu'elles étaient capables d'atteindre la plage d'Omaha, voire la zone d'Utah Beach. Les Rangers avaient tout juste trente minutes pour effectuer cette besogne.

On s'attendait à de lourdes pertes — certains disaient même soixante pour cent — à moins que les bombardiers ou les canons de la marine ne réussissent à anéantir les pièces avant l'arrivée des Rangers. De toute manière, personne ne pensait que cet assaut serait « du nougat ». C'est-à-dire personne, sauf le sergent-chef Larry Johnson, un des chefs de section de Kerchner. Le sous-lieutenant fut complètement abasourdi en lisant la lettre de Johnson. Le courrier ne devait être acheminé qu'après le débarquement, quelle qu'en fût la date. Mais cette missive ne pourrait en aucun cas passer par les voies ordinaires. Kerchner fit appeler Johnson et, quand le sergent se présenta, il lui rendit sa lettre.

— Larry, mon vieux, vous feriez bien de mettre ça à la poste vous-même — une fois en France.

Johnson avait écrit à une jeune fille, lui demandant un rendez-vous dans les premiers jours de juin. La jeune fille habitait Paris...

En regardant partir le sergent, Kerchner se dit que tant qu'il y aurait dans l'armée des optimistes comme Johnson, rien ne serait impossible.

Presque tous les hommes des forces de débarquement écrivirent à quelqu'un durant les longues heures de l'attente. Ils étaient enfermés depuis si longtemps que les lettres leur servaient de soupapes. Nombreux furent ceux qui dévoilèrent leurs pensées d'une façon peu habituelle aux hommes.

Le capitaine John F. Dulligan, de la 1re division d'infanterie, destinée à débarquer sur la plage d'Omaha, écrivait à sa femme : « J'aime ces hommes. Ils dorment un peu partout à bord du navire, sur le pont, dans les véhicules, dessus, dessous. Ils fument, jouent aux cartes, s'amusent et plaisantent. Ils se rassemblent en groupes et bavardent entre eux des filles qu'ils ont connues, de leurs familles et de leurs souvenirs (liés à des filles, généralement)... Ce sont de bons soldats, les meilleurs du monde... Avant le débarquement en Afrique du Nord, j'étais inquiet et j'avais un peu peur. Pendant l'invasion de la Sicile, j'avais tant à faire que la peur m'a passé. Cette fois, nous allons débarquer sur une plage française et ensuite, Dieu seul sait ce qui se passera. Je veux que tu saches que je t'aime plus que tout au monde... Je prie Dieu qu'Il m'épargne et me fasse vous retrouver, toi, Ann et Pat. »

Les plus chanceux étaient ceux qui se trouvaient à bord des grands navires de guerre ou de transports, dans les aéroports et les ports d'embarquement. Ils étaient entassés les uns sur les autres, mais au sec, au chaud et bien nourris. Il en allait tout autrement pour les soldats des bateaux de débarquement à fond plat qui tiraient sur leurs chaînes dans presque chaque port. Certains s'y trouvaient depuis plus de huit jours. Ces bâtiments étaient surpeuplés et nauséabonds, les hommes incroyablement misérables. Pour eux, la bataille commençait bien avant le départ d'Angleterre. C'était une lutte constante contre la nausée et le mal de mer. La plupart se rappellent encore aujourd'hui l'odeur de ces bateaux, un relent de mazout, de cabinets bouchés et de vomissure.

Les conditions variaient d'un navire à l'autre. A bord du *LCT 777* [1], le deuxième classe George Hackett était ahuri de voir des vagues si hautes qu'elles escaladaient l'avant de l'embarcation, la balayaient tout entière et retombaient en cascade à l'arrière. Le *LCT 6,* un chaland britannique, était tellement surchargé que le lieutenant-colonel Clarence Hupfer de la 4ᵉ division américaine crut qu'il allait sombrer. La mer montait jusqu'à la lisse et passait souvent par-dessus. La cuisine fut noyée et les hommes durent manger froid — s'ils le pouvaient.

Le sergent Keith Bryan, de la 5ᵉ Brigade Spéciale du 5ᵉ Génie se souvient que son chaland, le *LCT 97,* était tellement surpeuplé que les hommes se marchaient dessus; le roulis était tel que ceux qui avaient eu la chance d'obtenir une couchette pouvaient à peine y rester. D'après le sergent Morris Magee, de la 3ᵉ division canadienne, les

1. *LCT :* Landing craft tanks : chaland de débarquement de chars. (N. d. T.)

mouvements de son bateau étaient « pires que ceux d'une périssoire au milieu du lac Champlain ». Il était si malade qu'il ne pouvait même plus vomir.

Mais les hommes qui souffrirent le plus pendant cette période d'attente furent ceux des convois rappelés. Durant toute la journée, ils avaient été ballottés sur les eaux tumultueuses de la Manche. Trempés, épuisés, ils se cramponnaient tristement aux rambardes des lourds bâtiments qui venaient jeter l'ancre un à un. A vingt-trois heures, tous les convois étaient rentrés au port.

Au large de la rade de Plymouth, le commandant Hoffman du *Corry* contemplait du haut de sa passerelle les interminables files d'ombres noires, les colonnes de navires obscurcis, de toutes tailles et de toutes formes. Il faisait froid. Le vent soufflait encore en rafales. Les bateaux à fond plat giflaient l'eau en retombant dans les creux.

Hoffman était très las. Ils venaient de rentrer au port et d'apprendre la raison du retard. Et maintenant, il leur fallait se tenir prêts à repartir au premier signal.

La nouvelle fit vite son chemin dans l'équipage. Bennie Glisson, le radio, l'apprit en allant prendre son quart. Il se dirigea vers le poste et quand il y arriva, il y trouva une bonne douzaine d'hommes en train de dîner — ce soir-là, il y avait de la dinde bien garnie. Tout le monde paraissait déprimé.

— A vous voir, dit Bennie, on dirait que c'est votre dernier repas !

Bennie avait presque raison. La moitié de ceux qui étaient là allaient sombrer avec le *Corry*, dans les quelques minutes qui suivraient l'Heure H.

Tout près d'eux, à bord du *LCT 408*, le moral était aussi bien bas. L'équipage des gardes-côtes était convaincu que le faux départ n'était qu'une manœuvre de plus. Le deuxième classe William Joseph Phillips, de la 29e division d'infanterie, essayait de les réconforter en prédisant d'un air solennel :

— Cette unité ne verra jamais un combat. Nous sommes en Angleterre depuis si longtemps qu'on fera appel à nous quand la guerre sera finie. Et ce sera pour aller donner un coup de blanc d'Espagne aux Blanches Falaises de Douvres !

A minuit, les vedettes des garde-côtes et les destroyers commencèrent à rassembler à nouveau les convois, une tâche herculéenne. Cette fois, il ne serait plus question de faire demi-tour.

☆

Au large des côtes de France, le sous-marin de poche *X-23* fit lentement surface. Il était une heure du matin, le 5 juin. Le lieutenant de vaisseau George Honour déverrouilla vivement le panneau d'écoutille et grimpa, avec un de ses hommes, dans le minuscule kiosque pour ériger l'antenne. En bas, le lieutenant de vaisseau James Hodges brancha la radio sur 1 850 kilocycles et mit ses écouteurs. Il n'attendit pas longtemps. Le signal lui parvint, très faiblement : *Padfoot... Padfoot... Padfoot...* C'était leur indicatif. Quand il entendit le message qui suivit, et qui tenait en un mot, il n'en crut pas ses oreilles. Il leva les yeux, écouta encore. Mais il ne s'était pas trompé. Il annonça la nouvelle aux autres. Personne ne dit mot. Ils se regardèrent, la mine assombrie : encore une longue journée sous l'eau en perspective.

CHAPITRE XII

Dans la clarté du jour naissant, les plages de Normandie étaient voilées de brume. La pluie intermittente de la veille devenait un crachin régulier, qui noyait tout. Les champs s'étendaient sous la pluie, au-delà des plages, des prés irréguliers où tant de batailles avaient eu lieu, et qui en connaîtraient tant d'autres.

Depuis quatre ans, les Normands vivaient avec les Allemands. L'occupation s'était manifestée pour eux de diverses façons. Dans les trois villes principales — Le Havre et Cherbourg, les deux ports qui encadraient la zone du débarquement, et Caen, à une vingtaine de kilomètres à l'intérieur des terres — l'occupation fut dure, avec les S.S. et la Gestapo. Impossible d'oublier la guerre; il y avait tous les jours des arrestations d'otages, des représailles contre les réseaux de Résistance, les bombardements alliés, bienvenus mais terrifiants.

Entre les grandes villes, il y avait la campagne; celle des chemins creux, surtout entre Caen et Cherbourg, ces fameux chemins creux qui servaient de fortifications naturelles aux défenseurs comme aux assaillants, depuis le temps des Romains. De grandes fermes se dressaient parmi les champs, avec leurs toits de chaume ou de tuiles rouges, leurs murs blanchis aux solives apparentes, ainsi que de gros bourgs et des villages, avec leurs maisons serrées autour de leurs gros clochers carrés. La plus grande partie du monde ignorait les noms de ces villages — Vierville, Colleville, La Madeleine, Sainte-Mère-l'Eglise, Chef-du-Pont, Sainte-Marie-du-Mont, Arromanches, Luc-sur-Mer. Là, dans ces campagnes guère peuplées, l'occupation prenait une autre signification que dans les villes. Le paysan normand s'était adapté comme il avait pu. Des milliers d'hommes et de femmes avaient été arrachés de leurs villages par le S.T.O. et ceux qui restaient étaient obligés bien souvent de travailler pour l'ennemi. Mais ces farouches paysans ne faisaient jamais que le strict nécessaire. Ils vivaient au jour le jour, haïssant les Allemands avec une obstination bien normande en attendant stoïquement le jour de la Libération.

Dans la maison de sa mère, sur une colline dominant Vierville, un jeune avocat de trente et un ans, Michel Hardelay, regardait à la jumelle, par la fenêtre du salon, un soldat allemand à cheval sur un gros percheron, sur la route du bord de mer. Des gamelles pendaient à sa selle. C'était un spectacle ahurissant : la solide croupe du cheval, les gamelles bondissantes, et le casque carré du soldat couronnant le tout.

Hardelay vit l'Allemand traverser le village, passer devant l'église au long clocher délicat et redescendre vers le mur de béton qui séparait la route de la plage. Là, il mit pied à terre et ramassa ses gamelles, n'en laissant qu'une à la selle. Soudain, trois ou quatre soldats apparurent comme par magie venant des dunes. Ils saisirent les gamelles et disparurent comme ils étaient venus. L'Allemand prit sa dernière gamelle, escalada le mur et se dirigea vers une grande villa rose entourée d'arbres, sur la promenade, à l'extrémité de la plage. Il s'accroupit, et la gamelle passa entre deux mains qui surgirent au ras du sol devant lui, de dessous la maison.

Tous les matins, la scène se répétait. L'Allemand n'était jamais en retard. Il portait toujours à la même heure le café aux avant-postes. La journée avait déjà commencé pour les artilleurs cachés dans les *pillboxes* et les abris camouflés du bout de la plage — une paisible étendue de sable doré qui serait connue du monde entier, le lendemain, sous le nom d'Omaha Beach.

Michel Hardelay savait qu'il était exactement six heures quinze. Il avait toujours trouvé cette scène comique, en partie à cause de l'accoutrement du soldat, et ensuite parce que cela l'amusait de voir l'organisation technique tant vantée des Allemands réduite à zéro quand il s'agissait simplement de porter le café matinal aux hommes. Mais la gaieté de Hardelay avait un goût amer. Comme tous les Normands, il haïssait les Allemands, aujourd'hui plus que jamais.

Depuis quelques mois, Hardelay surveillait les troupes allemandes et les travailleurs réquisitionnés qui creusaient, grattaient et déblayaient le long des dunes, là où les sables s'arrêtaient. Il les avait vus parsemer la plage d'obstacles et planter des milliers de mines mortelles. Ce n'était pas tout. Avec une conscience acharnée et méticuleuse, ils avaient démoli la rangée de charmantes petites villas de vacances « avec vue sur la mer ». Il n'en restait que sept sur les quatre-vingt-dix qui avaient existé. Elles n'avaient pas seulement été détruites pour élargir le champ de tir des artilleurs, mais aussi parce que les Allemands avaient besoin de bois pour leurs abris. Des sept maisons qui demeuraient, la plus grande — en pierre de taille — appartenait aux Hardelay. Quelques jours plus tôt, les Allemands l'avaient prévenu qu'elle serait démolie à son tour. Ils avaient besoin des briques et de la pierre.

Hardelay se demandait si quelqu'un, quelque part, ne donnerait pas un contre-ordre. Avec les Allemands, on ne savait jamais à quoi s'en tenir. Il en saurait davantage dans vingt-quatre heures et serait fixé, car on lui avait dit que sa maison devait être rasée le lendemain 6 juin, un mardi.

A six heures et demie, Hardelay mit en marche la radio pour écouter la BBC. Il la garda en sourdine. Comme toujours, à la fin du bulletin d'informations, le « colonel Britain » (Douglas Ritchie, la voix du GQG allié) donna lecture d'un message important :

— Aujourd'hui, mardi 5 juin, le haut commandement me charge de vous dire ceci : nous avons maintenant, avec ces émissions, un moyen de communiquer directement avec le Commandement Suprême et vous-mêmes, dans les pays occupés... Le moment venu, des instructions capitales vous seront données, mais il ne nous sera pas toujours possible de le faire à des heures fixées à l'avance. En conséquence, nous vous prions de prendre l'écoute à toute heure du jour. C'est moins difficile qu'il n'y paraît...

Hardelay devina que ces « instructions » auraient trait au débarquement que tout le monde attendait. Il pensait que les Alliés attaqueraient au point le plus étroit de la Manche, du côté de Dunkerque ou Calais, où il y avait des ports. En tout cas, pas de son côté.

Les Dubois et les Davot, qui habitaient Vierville, n'entendirent pas cette émission. Ils s'étaient couchés tard la veille, comme presque toutes les familles de Vierville, car c'étaient les premières communions. Les cousins, les oncles et les grands-parents étaient venus de loin et surtout de Paris, car on trouvait encore pas mal de ravitaillement dans le Calvados. Les agapes devaient durer trois jours. Le mardi, les familles parisiennes reprendraient le train du matin. Mais ces vacances normandes allaient durer bien plus longtemps. Les familles seraient retenues à Vierville pendant quatre mois.

Dans une ferme, sur la route de Colleville, à la sortie du village, Fernand Brœckx, comme tous les matins à six heures et demie, était assis dans son étable humide, les lunettes de travers, la tête penchée contre le flanc d'une vache et dirigeait le jet de lait dans un seau. Sa ferme s'élevait sur un petit monticule, à huit cents mètres à peine de la mer, au bord d'un petit chemin de terre. Il y avait longtemps que le fermier n'était pas descendu vers la plage — depuis que les Normands avaient édifié leur mur.

Il était fixé en Normandie depuis cinq ans. En 14, Brœckx, qui était belge, avait vu sa maison détruite. Il ne l'avait jamais oublié. Aussi, à la déclaration de guerre, en 39, il avait quitté son emploi de bureau et s'était réfugié avec sa femme et sa fille en Normandie, où ils seraient tous à l'abri.

La jolie Anne-Marie, sa fille de dix-neuf ans, était jardinière d'enfants à Bayeux, à quinze kilomètres de Vierville. Elle devait passer ses vacances chez ses parents et comme son jardin d'enfants fermait le lendemain, elle rentrerait immédiatement chez eux à bicyclette.

Ce même lendemain, un grand Américain mince de l'Etat de Rhode Island qu'elle n'avait jamais vu de sa vie, débarquerait sur la plage, en face de la ferme de son père, et elle l'épouserait.

Tout le long de la côte normande, les gens se livraient à leurs tâches accoutumées. Les fermiers travaillaient aux champs, soignaient leurs bestiaux, taillaient les pommiers. Dans les villages, les boutiques s'ouvraient. Pour tout le monde, ce n'était qu'un jour d'occupation comme les autres.

Dans le hameau de La Madeleine, niché derrière les dunes de la plage qui serait connue sous le nom d'Utah Beach, Paul Gazengel ouvrit comme de coutume sa petite épicerie-buvette, bien qu'il y eût peu de clients. Avant la guerre, ses affaires ne marchaient pas trop mal. Mais à présent, pour nourrir sa femme Marthe et sa fille de douze ans, Jeannine, Gazengel ne pouvait compter que sur la maigre clientèle du hameau, sept familles en tout, et les quelques soldats allemands qu'il était bien obligé de servir.

Gazengel aurait bien aimé partir. Assis dans sa buvette, attendant son premier client, il ignorait qu'il partirait en voyage le lendemain. Avec tous les hommes du village, il serait envoyé en Angleterre pour y subir des interrogatoires.

Un des amis de Gazengel, le boulanger Pierre Caldron, avait d'autres soucis, ce matin-là. A la clinique du docteur Jeanne, à Carentan, il était assis au chevet de son petit garçon de cinq ans, Pierre, que l'on venait d'opérer des amygdales. A midi, le docteur Jeanne vint examiner le petit malade et dit à son père :

— Vous n'avez pas d'inquiétude à avoir. Tout va bien. Vous pourrez le ramener chez vous demain.

— Non, répondit Caldron qui avait bien réfléchi. Je crois que sa mère sera plus heureuse si je le ramène ce soir.

Une demi-heure plus tard, son fils dans ses bras, Caldron reprit le chemin de son village, Sainte-Marie-du-Mont, près de Utah Beach — où les troupes parachutées devaient opérer la liaison avec les hommes de la 4e division, le jour du débarquement.

☆

Pour les Allemands aussi, la journée fut calme et sans histoires. Il ne se passa rien et on ne s'attendait à rien; il faisait bien trop mauvais temps. Si mauvais, même, qu'à Paris, au QG de la Luftwaffe installé au palais du Luxembourg, le colonel Walter Stöbe, chef météorologiste, dit à ses officiers, au cours de la conférence matinale, qu'ils pouvaient prendre un peu de repos. Il doutait fort que les avions alliés se manifestassent dans la journée. On accorda promptement des permissions aux hommes de la D.C.A.

Stöbe téléphona ensuite à Saint-Germain-en-Laye, au 20 du boulevard Victor-Hugo. C'était un immense blockhaus de trois étages, long de cent mètres, profond de vingt, qui s'enfonçait au cœur d'une colline, près d'une école de jeunes filles : le quartier général de l'OB West, von Rundstedt. Stöbe s'entretint avec son officier de liaison, le météorologiste Hermann Mueller, qui prit consciencieusement note du bulletin et le transmit à son chef d'état-major, le général Blumentritt. Au QG de l'OB West, on prenait très au sérieux les bulletins de la météo, et Blumentritt attendait impatiemment celui-ci. Il mettait la dernière main à l'itinéraire d'une tournée d'inspection que projetait le Commandant en chef. Le rapport rassura Blumentritt; la tournée pourrait avoir lieu au jour dit. Von Rundstedt, accompagné de son fils, un jeune lieutenant, avait l'intention de visiter les défenses côtières de Normandie le mardi 6 juin.

A Saint-Germain, très peu de gens connaissaient l'existence du blockhaus, et plus rares encore étaient ceux qui savaient que le tout-puissant feld-maréchal vivait dans une modeste villa, derrière le lycée de la rue Alexandre-Dumas. La villa était close de murs et la grille perpétuellement fermée. On y pénétrait par un corridor creusé tout exprès et donnant dans le lycée, ou bien par une petite porte de service discrète de la rue Alexandre-Dumas.

Comme à l'ordinaire, von Rundstedt dormit tard (le vieux feld-maréchal ne se levait plus guère avant dix heures et demie) et il n'était pas loin de midi quand il descendit s'installer à son bureau du rez-de-chaussée. Ce fut dans ce bureau qu'il discuta avec son chef d'état-major et approuva le rapport sur les « Intentions probables des Alliés », qui devait être transmis à l'OKW dans la journée. Ce rapport constituait encore une erreur de jugement caractéristique :

« L'intensification systématique des bombardements aériens indique que l'ennemi est prêt. Le front d'invasion probable demeure le secteur compris entre l'Escaut, en Hollande, et la Normandie... Il n'est pas impossible que les côtes nord de Bretagne soient attaquées. Mais on ne peut dire encore où l'ennemi compte opérer son débarquement dans cette région. Les attaques aériennes répétées sur Dunkerque et sur la côte jusqu'à Dieppe semblent indiquer que l'effort allié se portera dans ce secteur... Cependant, l'imminence du débarquement paraît peu probable... »

Ayant disposé de ce rapport vague — où l'on estimait que les Alliés débarqueraient à un point quelconque d'une côte s'étirant sur près de douze cents kilomètres — von Rundstedt et son fils allèrent déjeuner au restaurant favori du feld-maréchal, au Coq Hardi à Bougival. Il était un peu plus d'une heure. Dans douze heures, ce serait le Jour J.

Dans tous les P.C., dans toutes les zones d'occupation côtières, le mauvais temps agit comme un soporifique et un tranquillisant. Les divers états-majors étaient certains qu'il n'y aurait pas d'offensive dans l'avenir immédiat. Leur raisonnement se basait sur les conditions atmosphériques relatives aux précédents débarquements des Alliés, en Afrique du Nord, en Sicile et en Italie. Les conditions avaient varié avec chaque cas, mais des météorologistes comme Stöbe et son supérieur à Berlin, le professeur Karl

Sonntag, avaient remarqué que les Alliés n'avaient jamais tenté un débarquement sans être certains d'avoir un temps favorable, surtout pour les opérations aériennes. Pour l'esprit méthodique des Allemands, cette règle ne pouvait souffrir d'exception : le temps devait être favorable, sinon les Alliés n'attaqueraient pas. Et pour l'instant, le temps ne l'était pas du tout.

Au groupe d'Armées B, à la Roche-Guyon, la vie continuait comme si Rommel n'était pas parti, et le général Speidel, chef d'état-major, jugea que tout était assez calme pour donner un petit dîner. Il avait invité son beau-frère, le docteur Horst, l'écrivain Ernst Jünger et un vieil ami, le commandant Wilhelm von Schramm, un des correspondants de guerre officiels. Speidel, l'intellectuel, se réjouissait à l'avance de cette réception. Il espérait que l'on discuterait de son sujet favori, la littérature française. Il y avait aussi un autre sujet de conversation intéressant, un manuscrit de vingt pages, que Jünger avait fait passer en secret à Rommel et à Speidel. Ils avaient une foi aveugle dans ce document, tous les deux. Ce n'était rien moins qu'un plan pour apporter la Paix au monde — après qu'Hitler aurait été soit jugé par un tribunal allemand, soit assassiné. Speidel s'était confié à Schramm, en se frottant les mains :

— Nous allons vraiment passer une bonne nuit à discuter !

A Saint-Lô, au QG du 84e Corps, le major Friedrich Hayn, officier de renseignements, s'apprêtait à donner un autre genre de réception. Il avait commandé plusieurs bouteilles d'un excellent chablis, car, à minuit, les officiers avaient l'intention d'aller surprendre le commandant de leur corps, le général Erich Marcks, dont l'anniversaire tombait le 6 juin.

Ils avaient imaginé cette surprise-partie nocturne, parce que Marcks devait partir à l'aube pour Rennes. Avec les autres commandants des secteurs de Normandie, il devait prendre part à de grandes manœuvres sur la carte qui commenceraient le mardi de bonne heure. Le rôle qu'il devait jouer amusait Marcks. Il représenterait « les Alliés ». Ce *Kriegsspiel* avait été organisé par le général Eugen Meindl et, comme il avait été parachutiste, le clou de l'exercice serait un « débarquement » commençant par un assaut de troupes parachutées suivi d'un débarquement par mer. Tout le monde pensait que l'exercice serait passionnant — le débarquement théorique devant se faire en Normandie.

Ce *Kriegsspiel* inquiétait cependant le général Max Pemsel, chef d'état-major de la 7e Armée. Dans son quartier général du Mans, il y avait pensé tout l'après-midi. C'était déjà assez grave que les commandants de secteurs de Normandie et de la presqu'île du Cotentin fussent absents de leurs postes tous en même temps. Mais cela pouvait devenir très dangereux s'ils passaient une nuit loin de leurs P.C. Pour certains, Rennes se trouvait assez éloignée de leur cantonnement, et le général craignait qu'ils n'eussent l'intention d'abandonner le front avant l'aube. Et l'aube était le souci constant de Pemsel. Si jamais le débarquement avait lieu en Normandie, le premier assaut serait donné au petit jour. Il décida de prévenir tous ceux qui devaient prendre part aux manœuvres. Par télétype, il expédia un ordre : « Les généraux et autres officiers supérieurs participant au *Kriegsspiel* sont priés de ne pas se mettre en route pour Rennes avant l'aube du 6 juin. »

Mais il était trop tard; certains étaient déjà partis.

Et ce fut ainsi qu'un par un, les officiers généraux de Rommel abandonnèrent leurs positions à la veille même de la bataille. Ils avaient tous de bonnes raisons, mais on aurait pu croire qu'un destin capricieux avait organisé leur départ. Rommel se trouvait en Allemagne, ainsi que von Tempelhof, chef d'opérations du groupe d'Armées B. L'amiral Theodor Krancke, commandant naval à l'Ouest, après avoir prévenu von Rundstedt que ses patrouilleurs ne pouvaient quitter le port par suite du gros temps, partit pour Bordeaux. Le lieutenant général Heinz Hellmich, commandant la 243e division, qui tenait la presqu'île du Cotentin, partit pour Rennes, ainsi que le général Karl von Schlieben, de la 709e division. Le général Wilhelm Falley, chef de la rude 91e division aéroportée, s'apprêtait lui aussi à s'en aller. Le colonel Wilhelm Mayer-Detring, officier de renseignements de von Rundstedt, était en permission et il fut impossible de joindre le chef d'état-major d'une des divisions, celui-ci étant parti à la chasse avec sa maîtresse française [1].

A ce moment, tandis que les officiers responsables étaient dispersés aux quatre coins de l'Europe, le haut commandement militaire allemand décida de transférer les dernières escadrilles de la Luftwaffe restant en France en des points d'où elles ne pourraient plus atteindre les plages de Normandie. Les aviateurs furent atterrés.

La principale raison de ce repli, c'était que l'on avait besoin des escadrilles pour la défense du Reich qui, depuis des mois, subissait l'assaut incessant des bombardiers alliés. Dans ces conditions, le haut commandement jugea déraisonnable de laisser ces avions indispensables exposés sur les terrains français aux bombes de l'aviation alliée. Hitler avait promis à ses généraux qu'un millier d'avions de la Luftwaffe défendraient les plages, au jour du débarquement. Cela paraissait désormais impossible. Le 4 juin, il n'y avait, sur tout le territoire français, que cent quatre-vingt-trois chasseurs de jour, sur lesquels cent soixante se trouvaient disponibles. Et, parmi ces cent soixante, une escadrille de cent vingt-quatre, la 26e de chasse, quitta les régions côtières dans l'après-midi.

A son P.C. de Lille, dans le secteur de la 15e Armée, le colonel Josef « Pips » Priller, un des grands as de la Luftwaffe (il avait quatre-vingt-seize victoires à son actif), debout au milieu du terrain, ne décolérait pas. Une de ses escadrilles vrombissait au-dessus de sa tête, se dirigeant

1. Après le Jour J, Hitler fut tellement frappé par la coïncidence de ces départs simultanés qu'il fut même question d'ouvrir une enquête, pour voir si les services secrets britanniques n'avaient pas eu leur part de responsabilité dans l'affaire.

Le fait est qu'Hitler, pas plus que ses généraux, ne s'attendait à l'offensive. Le Führer se trouvait à Berchtesgaden. Son aide de camp naval, l'amiral Karl Jesko von Puttkamer, se rappelle qu'Hitler se leva tard, présida sa conférence quotidienne à midi et déjeuna à quatre heures. Il avait avec lui, à part sa maîtresse Eva Braun, quelques hauts dignitaires nazis et leurs épouses. Hitler le végétarien s'excusa auprès des dames de l'absence de viande à ce repas et conclut par son commentaire habituel : « L'éléphant est l'animal le plus puissant du monde, et il ne mange jamais de viande. » Après déjeuner, le groupe se promena dans le jardin et s'y installa. Le Führer but un tilleul et fit une courte sieste, tint une autre conférence à onze heures du soir et fit rappeler les dames un peu avant minuit. Si les souvenirs de Puttkamer sont bons, tout le monde dut alors subir quatre heures de Wagner, de Lehar et de Strauss.

sur Metz. La deuxième escadrille s'apprêtait à décoller pour Reims. La troisième était déjà partie pour le Midi de la France.

Le commandant de l'escadre ne pouvait rien faire que de protester. Priller était un pilote au sang chaud, connu dans la Luftwaffe pour ses colères soudaines et son mauvais caractère. Il avait la réputation de dire leur fait aux généraux et, quand il eut assez fulminé tout seul, il alla décrocher son téléphone pour hurler à son commandant de groupe :

— C'est de la folie ! Si on s'attend à un débarquement, la place des escadrilles est sur la côte, pas loin du front. Qu'est-ce qui se passera si l'ennemi attaque pendant le transfert ? Mon matériel et mon ravitaillement n'arriveront pas avant demain ou même après-demain aux nouvelles bases. Vous êtes tous cinglés !

— Ecoutez, Priller, répondit le commandant de groupe, il ne saurait être question d'un débarquement. Le temps est bien trop mauvais !

Priller raccrocha brutalement. Il ressortit sur le terrain, où il ne restait que deux appareils, le sien et celui du sergent Heinz Wodarzyck.

— Qu'est-ce qu'on peut faire ? dit Priller à Wodarzyck. Si les autres débarquent, y a des chances pour qu'on nous demande de repousser l'assaut à nous deux. Autant commencer par se saouler tout de suite !

☆

De tous les millions d'êtres qui attendaient, veillaient et priaient à travers la France, une poignée seulement d'hommes et de femmes savaient que le débarquement était imminent. Ils étaient moins d'une douzaine en tout, et vaquaient à leurs occupations, calmement, comme tous les jours. Ce calme et cette indifférence apparente faisaient partie de leurs fonctions : c'étaient les chefs de la Résistance française.

La plupart d'entre eux se trouvaient à Paris. De là, ils commandaient de vastes réseaux compliqués. C'était bel et bien une véritable armée, avec des postes de commandement, des services innombrables et une administration qui s'occupait de tout, depuis la prise en charge des saboteurs alliés parachutés jusqu'à l'espionnage et l'assassinat. Il y avait des commandants de régions, des commandants de secteurs, des chefs de sections et des milliers d'hommes et de femmes de troupe. Sur le papier, cette organisation comprenait tant de services divers qu'elle apparaissait inutilement compliquée. Ce chaos apparent était voulu. Là reposait la force de la Résistance. En se chevauchant, les commandements offraient une plus grande protection; les multiples réseaux d'action garantissaient le succès de chaque opération; et la charpente générale était si secrète que les chefs de réseaux ne se connaissaient que par leurs pseudonymes. Jamais un groupe ne savait ce que faisait le voisin. Il fallait qu'il en fût ainsi, pour que la Résistance survécût. Et même avec toutes ces précautions, les mesures de représailles allemandes étaient telles qu'en mai 1944, un bon résistant n'avait guère que six mois à vivre, d'après les estimations des chefs.

Cette armée secrète d'hommes et de femmes luttait en silence depuis plus de quatre ans et livrait des batailles peu spectaculaires et toujours dangereuses. On en avait exécuté des milliers, des milliers d'autres étaient morts en déportation. Mais enfin, bien que ceux du rang l'ignorassent encore, le jour pour lequel ils avaient lutté était arrivé, l'heure qu'ils attendaient tous avait sonné.

Au cours des quelques jours précédents, le haut commandement de la Résistance avait capté des centaines de messages codés émis par la BBC. Quelques-uns de ces messages annonçaient l'imminence du débarquement, parmi ceux-ci les premiers vers du poème de Verlaine, *Chanson d'Automne* — ce même message que les hommes du lieutenant-colonel Meyer de la 15ᵉ Armée allemande avaient capté le 1ᵉʳ juin, prouvant que Canaris avait dit vrai.

Maintenant, encore plus surexcités que Meyer, les chefs de réseaux de la Résistance attendaient fébrilement le second vers, et d'autres messages confirmant les premiers renseignements reçus. Ceux-ci ne devaient pas être diffusés avant les heures précédant celle du débarquement. Même alors, les chefs de réseaux n'apprendraient pas encore le lieu exact de l'offensive. Pour l'ensemble de la Résistance, l'indice décisif serait donné quand les Alliés ordonneraient la mise en route du plan de sabotage pré-organisé. Le premier message « Il fait chaud à Suez », mettrait en vigueur le Plan Vert — le sabotage des chemins de fer et du matériel ferroviaire. Le second, « Les dés sont sur le tapis », déclencherait le Plan Rouge — la destruction des lignes et des câbles téléphoniques. Tous les chefs de région, de secteur ou de section avaient été prévenus de rester à l'écoute et d'attendre ces messages.

Ce lundi soir, la veille du Jour J, la BBC transmit le premier message à dix-huit heures trente.

— Il fait chaud à Suez... Il fait chaud à Suez, deux fois, prononça solennellement le speaker.

Guillaume Mercader, chef des renseignements pour la zone côtière de Normandie, entre Vierville et Port-en-Bessin (la zone d'Omaha Beach) était accroupi devant son poste de radio dissimulé dans la cave de son magasin de cycles, à Bayeux, quand il l'entendit. Les mots l'étourdirent. Ce fut pour lui un instant inoubliable. Il ne savait pas encore où et quand aurait lieu le débarquement, mais le jour était enfin venu, après tant d'années.

Il y eut un silence, puis le second message que Mercader attendait arriva :

— Les dés sont sur le tapis... Les dés sont sur le tapis, deux fois.

Puis vint une longue suite de messages, tous répétés deux fois :

— Le chapeau de Napoléon est dans l'arène... John aime Mary... La Flèche ne passera pas...

Mercader tourna le bouton. Il avait entendu les deux messages qui le concernaient. Les autres s'adressaient à des réseaux divers, disséminés dans toute la France. Il gravit les marches quatre à quatre et cria à sa femme, Madeleine :

— Faut que je sorte. Je rentrerai tard, ce soir !

Puis il sortit de sa boutique un léger vélo de course et sauta en selle pour aller prévenir ses chefs de sections. Mercader était un ancien coureur cycliste normand, qui s'était plusieurs fois distingué dans le Tour de France. Il savait que les Allemands ne l'arrêteraient pas. On lui avait donné un laissez-passer spécial pour s'entraîner.

Un peu partout, à présent, les réseaux de Résistance

apprenaient discrètement la nouvelle, par leurs chefs immédiats. Chaque réseau avait son plan et savait ce qu'il avait à faire. Albert Augé, chef de la gare de Caen, devait détruire avec ses hommes les châteaux d'eau de la gare et démolir les collecteurs de vapeur des locomotives. André Farine, un cafetier de Lieu-Fontaine, à côté d'Isigny, avait mission d'anéantir les communications de la Normandie : son réseau de quarante hommes devait cisailler le câble principal de la ligne téléphonique desservant Cherbourg. Yves Gresselin, un épicier de Cherbourg, aurait la plus lourde tâche, le dynamitage d'un réseau de voies secondaires entre Cherbourg, Saint-Lô et Paris. Il y en avait bien d'autres. La Résistance allait avoir fort à faire. Le temps pressait et l'offensive ne pourrait commencer qu'à la nuit. Mais tout le long de la côte, entre la Bretagne et la Belgique, les hommes se tenaient prêts, espérant tous que l'attaque se ferait dans leur secteur.

Des problèmes se posèrent pour certains résistants. Dans la petite ville de Grandcamp, à l'embouchure de la Vire, située presque à mi-chemin des futures plages d'Omaha et d'Utah, le chef de section Jean Marion détenait des renseignements capitaux à faire passer à Londres. Il se demandait comment il pourrait s'y prendre — où envoyer le renseignement. Au début de l'après-midi, ses hommes lui avaient signalé l'arrivée d'une nouvelle batterie antiaérienne à un kilomètre à peine. Pour s'en assurer, Marion était allé tranquillement à bicyclette voir les pièces. Même s'il rencontrait une patrouille, il savait qu'il pourrait passer; parmi ses nombreux faux papiers, il avait une carte établissant qu'il travaillait au Mur de l'Atlantique.

Marion fut saisi par l'importance et l'étendue de l'unité. C'était un groupe d'assaut motorisé, équipé de pièces antiaériennes lourdes, légères et mixtes. Il y avait cinq batteries, vingt-cinq canons en tout, que les Allemands plaçaient de façon à dominer la région qui allait de l'embouchure de la Vire aux abords de Grandcamp. Marion remarqua que leurs servants se hâtaient fébrilement de mettre les batteries en position, comme s'ils travaillaient contre la montre. Cette activité frénétique inquiéta Marion. Cela signifiait peut-être que le débarquement aurait lieu là, et que les Allemands l'avaient appris.

Ce que Marion ignorait, c'était que les pièces couvraient exactement la route que devaient prendre dans quelques heures les avions et les planeurs des 82e et 101e divisions aéroportées. Cependant, si jamais le haut commandement allemand avait eu vent de l'offensive, personne n'avait jugé bon d'en parler au colonel Werner von Kistowski, commandant du 1er régiment de défense antiaérienne. Il en était encore à se demander pourquoi son unité de D.C.A. de deux mille cinq cents hommes avait été dépêchée dans ce coin-là. Mais Kistowski avait l'habitude de ces mouvements soudains. Son unité avait été une fois envoyée dans le Caucase, toute seule. Rien ne l'étonnait plus.

Jean Marion, passant lentement à bicyclette devant les soldats affairés, cherchait fébrilement la solution de son problème. Comment ferait-il parvenir ce renseignement capital au QG secret de Léonard Gille, commandant adjoint des renseignements militaires de Normandie, à Caen, à soixante-quinze kilomètres de la Vire !... Marion ne pouvait abandonner son secteur, il avait trop à faire. Il décida donc de risquer le tout pour le tout et d'expédier le message par relais de courrier à Mercader, à Bayeux. Cela prendrait sans doute des heures, mais s'il en était encore temps, Mercader s'arrangerait sûrement pour faire parvenir le renseignement à Caen.

Il y avait autre chose que Marion voulait faire savoir à Londres. Ce n'était pas aussi important que les positions des batteries de D.C.A. Simplement la confirmation des nombreux messages qu'il avait envoyés au cours des jours précédents, sur les emplacements prévus, au sommet des énormes falaises de la Pointe du Hoc, pour des grosses pièces. Marion tenait à répéter à Londres que les canons n'avaient pas encore été mis en place. Ils étaient encore en route, à trois kilomètres de leurs positions prévues. (Malgré les efforts désespérés de Marion pour avertir Londres, au Jour J les Rangers américains allaient perdre cent trente-cinq hommes sur deux cent vingt-cinq, dans leur héroïque tentative pour réduire au silence des batteries qui n'avaient jamais été montées.)

Pour certains résistants, qui ignoraient l'imminence du débarquement, le mardi 6 juin prenait d'autres aspects. Pour Léonard Gille, ce jour-là devait être celui d'une réunion à Paris avec ses supérieurs. Calmement assis dans son compartiment du train de Paris, Gille s'attendait cependant à dérailler d'une minute à l'autre, suivant le Plan Vert de sabotage. Mais Gille était certain que le débarquement n'aurait pas lieu le mardi, du moins pas dans son secteur. Ses supérieurs auraient certainement annulé la réunion, si le débarquement était prévu en Normandie.

La date l'inquiétait pourtant. Dans l'après-midi, à Caen, un des chefs de section de Gille, affilié à un sous-groupe communiste, lui avait annoncé catégoriquement que le débarquement devait avoir lieu à l'aube du 6 juin. Jusqu'à présent, les renseignements de cet homme avaient toujours été exacts. Gille se posait encore une fois la question. Recevait-il ses renseignements directement de Moscou ? Cela paraissait cependant inconcevable que les Russes risquassent délibérément de faire échouer le plan des Alliés en livrant ainsi des secrets militaires. A Caen, Janine Boitard, la fiancée de Gille, attendait le mardi avec impatience. En trois années de résistance active, elle avait caché plus de soixante pilotes alliés dans son petit appartement du rez-de-chaussée de la rue Laplace. C'était un travail dangereux, ingrat, qui lui mettait les nerfs à vif. La moindre fuite, et c'était le peloton d'exécution. Le mardi passé, elle respirerait un peu plus librement — jusqu'au moment où elle recueillerait un autre aviateur allié — car ce mardi, elle devait convoyer sur la route de l'évasion deux pilotes de la R.A.F. abattus dans le Nord. Ils avaient passé quinze jours chez elle. Elle espérait que sa chance continuerait.

D'autres avaient vu la chance les abandonner. Pour Amélie Lechevalier, le 6 juin pouvait signifier tout ou rien. Son mari Louis et elle avaient été arrêtés par la Gestapo le 2 juin. Ils avaient aidé plus d'une centaine d'aviateurs alliés et un des ouvriers de leur ferme les avait dénoncés. A ce moment, dans sa cellule de la prison de Caen, Amélie Lechevalier, assise sur son châlit, se demandait quand son mari et elle seraient exécutés.

CHAPITRE XIII

Un peu avant vingt et une heures, une douzaine de petits bateaux parurent au large des côtes françaises. Ils progressaient lentement à l'horizon, si près du rivage que leurs équipages pouvaient nettement voir les maisons normandes. Ces bateaux passèrent inaperçus. Ils accomplirent leur mission et s'éloignèrent. C'étaient des dragueurs de mines britanniques, l'avant-garde de la plus gigantesque flotte jamais rassemblée.

Car, en cet instant, labourant les eaux grises et houleuses de la Manche, une phalange de navires se ruait sur l'Europe hitlérienne — la puissance et la rage du monde libre enfin déchaînées. Ils arrivaient, vague après vague, sur un front de trente kilomètres, cinq mille navires de toute espèce. Il y avait des transports d'assaut neufs et rapides, des cargos rouillés, des petits paquebots, des malles de la Manche, des navires-hôpitaux, des pétroliers vétustes, des caboteurs et des essaims de remorqueurs trapus. Il y avait d'interminables colonnes de navires de débarquement à fond plat, lourds et inesthétiques, qui avaient jusqu'à plus de cent mètres de long. La plupart d'entre eux, comme les grands transports, portaient en outre des embarcations destinées à donner l'assaut aux plages. Des dragueurs, des vedettes, des baliseurs, des chaloupes à vapeur précédaient les convois, au-dessus desquels flottaient les ballons du barrage antiaérien. Des escadrilles de chasse évoluaient au-dessous des nuages. Et, entourant, protégeant ce fantastique défilé de navires bourrés d'hommes, de munitions, d'armes, de matériel et de vivres, de chars et de véhicules, une formidable armada de sept cent deux navires de guerre montait la garde[1].

1. Le nombre exact de navires de la flotte d'invasion est très controversé, mais les ouvrages les plus dignes de foi sur le Jour J — *L'Attaque par la Manche*, de Gordon Harrison (historien militaire officiel de l'Ar-

Il y avait le croiseur lourd américain *Augusta*, battant pavillon du contre-amiral Kirk, conduisant les forces américaines — vingt et un convois — vers les plages d'Omaha et d'Utah. Quatre mois avant Pearl Harbour, l'*Augusta* avait transporté le président Roosevelt vers une rade discrète de Terre-Neuve, pour la première de ses nombreuses rencontres historiques avec Churchill. A côté, le pavillon de guerre claquant au vent, naviguaient les cuirassés anglais *Nelson, Ramillies* et *Warspite*, les américains *Texas* et *Arkansas*, et le fier *Nevada* que les Japonais avaient coulé et cru anéantir à Pearl Harbour.

A la tête des trente-huit convois anglo-canadiens, qui se dirigeaient vers Sword, Juno et Gold, avançait le croiseur *Scylla*, battant pavillon du contre-amiral sir Philip Vian, l'homme qui avait pourchassé le cuirassé allemand *Bismarck*, avec à ses côtés un des plus célèbres croiseurs légers d'Angleterre, l'*Ajax*, un des trois navires qui avaient mené à sa perte dans la baie de Montevideo, après la bataille du Rio de la Plata en décembre 1939, l'orgueil de la flotte allemande, le *Graf von Spee*. Il y avait encore d'autres croiseurs célèbres — les américains *Tuscaloosa* et *Quincy*, les britanniques *Enterprise* et *Black Prince*, le français *Georges-Leygues* — vingt-deux en tout.

Une infinie variété de bateaux encadraient les convois, sloops gracieux, lourdes corvettes, canonnières effilées comme la hollandaise *Soemba*, vedettes rapides, chasseurs de sous-marins, et, partout, de sveltes destroyers. En plus des anglais et des américains, il y avait les canadiens *Qu'Appelle, Saskatchewan* et *Ristigouche*, le norvégien *Svenner* et même un polonais, le *Poiron*.

Lentement, lourdement, cette flotte extraordinaire traversait la Manche, suivant un horaire minuté d'un genre jamais encore tenté. Les navires quittaient les ports de Grande-Bretagne, longeaient les côtes par des chenaux, et convergeaient vers le lieu de rassemblement, au sud de l'île de Wight. Une sorte de tri avait lieu alors et chaque

mée américaine) et *l'Invasion de la France et de l'Allemagne*, par l'amiral Samuel Eliot Morison — sont tous deux d'accord pour dire cinq mille. Ce chiffre comprend les embarcations de débarquement transportées par les gros navires. Mais dans *Operation Neptune*, le capitaine de frégate Kenneth Edwards, de la Royal Navy, avance le chiffre plus réduit de quatre mille cinq cents.

bateau prenait place dans un convoi, pour se diriger vers les plages respectives, le long d'une route balisée de bouées. Cinq de ces routes partaient du lieu de rassemblement, qui avait été promptement baptisé « Picadilly Circus ». Au large des côtes de France, ces cinq routes se scindaient en dix chemins, deux pour chaque plage, l'un réservé à la navigation rapide, l'autre au trafic lent Immédiatement derrière l'avant-garde des dragueurs, des cuirassés et des croiseurs, cinq transports d'assaut se hérissaient d'antennes de radar et de radio. Ces P.C. flottants seraient les centres nerveux de l'expédition.

Partout où le regard se portait, il y avait des navires, grands et petits. Les équipages et les hommes de troupe parlent encore de cette armada comme du spectacle « le plus impressionnant, le plus inoubliable » jamais contemplé. Les hommes, bien qu'encore crispés, paraissaient moins tendus. Maintenant, tout le monde avait simplement hâte que cela commençât, et qu'on en finît. Sur les transports et les bâtiments à fond plat, ils écrivaient des lettres de dernière minute, jouaient aux cartes, discutaient âprement. Le Major Thomas Spencer Dallas, de la 29e division, rappelle avec humour que « les aumôniers faisaient des affaires d'or ».

A bord d'un navire de débarquement surchargé, un prêtre, le capitaine Lewis Fulmer Koon, aumônier du 12e régiment d'infanterie appartenant à la 4e division, se trouva promu pasteur de toutes les confessions. Un officier juif, le capitaine Irving Gray, demanda à l'aumônier Koon s'il voulait bien conduire les prières de toute sa compagnie, « au Dieu auquel nous croyons tous, juifs, protestants et catholiques, afin que notre mission s'accomplisse et que s'il Lui plaît, nous revenions tous sains et saufs dans nos foyers ». Koon s'exécuta volontiers. Et dans le crépuscule naissant, si l'on en croit les souvenirs du quartier-maître canonnier William Sweeney, à bord d'une vedette des Coast Guards, le transport *Samuel Chase* lança par signal optique : « La messe va être dite. »

La plupart des hommes passèrent les premières heures du voyage dans le calme. Nombreux furent ceux qui se penchèrent sur leur passé et révélèrent des choses que les hommes ont coutume de garder pour eux. Par la suite, des centaines d'entre eux avouèrent qu'ils n'avaient pas craint de reconnaître leur terreur, et de parler sans vergogne de leurs affaires les plus privées. Au cours de cette étrange nuit, ils se rapprochèrent les uns des autres et se confièrent à des hommes qu'ils n'avaient jamais vus. Sur le pont mouillé et glissant de son bateau, le soldat Earlston Hern, du 146e bataillon du Génie, bavarda avec un médecin-major dont il ignora toujours le nom et il rapporte leur conversation intime :

— Le toubib avait des ennuis chez lui. Sa femme, un mannequin, voulait divorcer. Il était bien soucieux, le pauvre. Il disait qu'elle devrait attendre qu'il rentre. Je me rappelle aussi qu'à côté de nous, il y avait un gosse qui chantonnait tout seul. Le môme a observé qu'il chantait mieux qu'il n'avait jamais chanté, et ça avait l'air de lui faire bien plaisir.

A bord de l'*Empire Anvil,* une nouvelle recrue, le deuxième classe Joseph Steinber, du Wisconsin, s'approcha d'un vétéran des débarquements d'Afrique du Nord, de Sicile et d'Italie, le caporal Michael Kurtz, de la 1re division américaine, et lui demanda :

— Caporal, vous croyez vraiment qu'on a une chance de s'en tirer ?

— Mais comment ? Bien sûr, mon vieux ! Faut jamais penser qu'on peut se faire tuer. Dans cette compagnie, on s'inquiète de la bataille une fois qu'on est dans le bain.

Le sergent Bill Petty, du 2e bataillon de Rangers, commençait à s'inquiéter sérieusement. Avec son ami le soldat Bill Mac Hugh, il était assis sur le pont du vieux paquebot de la Manche *Isle of Man,* et contemplait le ciel obscurci. La formidable escorte de navires qui les entourait ne le rassurait pas. Sa pensée volait vers les falaises de la Pointe du Hoc. Petty se tourna vers Mac Hugh et lui dit :

— On n'a pas une chance au monde d'en revenir vivants.

— Tu n'es qu'un foutu pessimiste, répliqua Mac Hugh.

— Peut-être bien, mais pas un seul d'entre nous ne réussira, Mac, moi je te le dis.

Mac Hugh ne se laissa pas impressionner.

— Quand faut y aller, dit-il simplement, faut y aller. Certains essayaient de lire. Le caporal Alan Bodet, de la 1re division, commença *Kings Row*, d'Henry Bellamann, mais il avait du mal à se concentrer sur sa lecture car il s'inquiétait pour sa jeep. Est-ce qu'elle se révélerait bien étanche, quand il la conduirait dans plus d'un mètre d'eau ? L'artilleur Arthur Henry Boon, de la 3e division canadienne, à bord d'un navire chargé de chars, essayait d'achever la lecture d'un livre de poche au titre accrocheur : *Une fille et un million d'hommes*. L'aumônier Lawrence E. Deery, de la 1re division, à bord du transport *Empire Anvil*, fut stupéfait de voir un officier de marine britannique lire les *Odes* d'Horace en latin. Mais Deery lui-même, qui devait débarquer à Omaha dans la première vague d'assaut avec le 18e régiment d'infanterie, passa la soirée à lire la *Vie de Michel-Ange*, de Symond. Dans un autre convoi, à bord d'un bateau qui remuait tellement que tout le monde avait le mal de mer, le capitaine James Douglas Gillan, un Canadien, ouvrit le seul volume qui fût de mise par cette nuit-là. Pour calmer ses nerfs à vif, et ceux d'un frère d'armes, il lut à haute voix le Psaume 23 : « Le Seigneur est mon berger; je ne manquerai de rien... »

Tout n'était pas aussi solennel. Il y avait aussi de la gaieté et de l'insouciance. A bord du transport *Ben Machree*, quelques Rangers attachèrent de gros filins aux mâts et se mirent à grimper partout, comme des singes, au grand ébahissement de l'équipage anglais. A bord d'un autre navire, quelques Canadiens de la 3e division donnèrent un spectacle théâtral, avec récitations de poèmes divers, tours de prestidigitation, jongleries et chœurs. Le sergent James Percival « Paddy » de Lacy, du King's Regiment, fut saisi d'une telle émotion en écoutant la *Rose de Tralee* jouée à la cornemuse, qu'il oublia où il était, se leva et porta un toast à Eamon de Valera « qui nous a évité la guerre ».

Bien des hommes qui avaient passé des heures à se demander s'ils en sortiraient vivants attendaient maintenant avec impatience de mettre le pied sur la plage. La traversée se révélait plus terrible encore que leur terreur des Allemands. Le mal de mer s'était abattu sur les cinquante-neuf convois comme une peste, surtout à bord des navires de débarquement, affreusement secoués. Chaque homme avait touché des pilules contre le mal de mer, plus un article qui était désigné sur les feuilles d'embarquement en des termes précis caractéristiques de l'Armée : *Sac à vomir, un.*

Tout avait été prévu, mais ce tout se révélait insuffisant.

— Les sacs à dégueulis étaient pleins, les casques étaient pleins, les seaux à incendie avaient été vidés de leur sable et remplis, rappelle le sergent William James Wiedefeld, de la 29e division. Pas moyen de se tenir debout sur les ponts d'acier et partout, on entendait des types qui disaient : « Tant pis si on doit se faire tuer, mais qu'on nous sorte de ces foutues baignoires. »

Sur certains bateaux, les hommes étaient si malades qu'ils menacèrent — plus pour « marquer le coup » que sincèrement, sans doute — de se jeter à la mer. Le deuxième classe Gordon Laing, de la 3e division canadienne, se cramponna à la ceinture d'un camarade au point que celui-ci le supplia de le lâcher. Un volontaire du *Royal Marines,* le sergent Russel John Wither, se souvient qu'à son bord, les fameux sacs avaient tous été remplis et qu'il n'en restait plus qu'un qu'on se passait de main en main.

Le mal de mer fit perdre aux hommes le meilleur repas qu'ils devaient manger avant plusieurs mois. Des arrangements avaient été pris pour que l'on servît aux hommes la meilleure cuisine possible. Les menus spéciaux, que les soldats appelèrent le « repas du condamné », variaient d'un bateau à l'autre, et les appétits aussi. A bord du transports d'assaut *Charles Carroll,* le capitaine Carroll B. Smith, de la 29e division, mangea un steak énorme, avec deux œufs à cheval qu'il fit suivre de glace à la vanille et de confitures. Deux heures plus tard, il bousculait tout le monde pour courir à la rambarde. Le sous-lieutenant Joseph Rosenblatt, du 112e bataillon du Génie, se servit trois fois de bouchées à la reine et s'en trouva bien, ainsi que le sergent Keith Bryan, de la 5e Brigade spéciale du Génie. Il engloutit des sandwiches et du café et déclara qu'il avait encore faim. Un de ses camarades « piqua » une bonbonne de cinq litres de salade de fruits à la cambuse, et ils l'achevèrent à quatre.

A bord du *Prince Charles,* le sergent Avery J. Thornhill, du 5e Rangers, évita tous les inconvénients. Il avala d'un seul coup toute sa ration de pilules contre le mal de mer et dormit profondément pendant toute la traversée.

En dépit de leurs misères et de leurs craintes, les souvenirs de tous ces hommes demeurent étonnamment vivants. Le sous-lieutenant Donald Anderson de la 29e division se rappelle le rayon de soleil qui perça les nuages, environ une heure avant la nuit, illuminant la flotte tout entière. En l'honneur du sergent Tom Ryan, du 2e Rangers, les hommes de la compagnie F l'entourèrent et chantèrent *Joyeux Anniversaire.* Il avait vingt-deux ans. Et, pour le simple soldat de dix-neuf ans, Robert Marion Allen, de la 1re division, qui avait le mal du pays, ce fut « une nuit rêvée pour descendre le Mississippi en bateau ».

Partout, à bord de tous les navires de l'immense flotte, les hommes qui, à l'aube, allaient écrire une page d'Histoire, s'installèrent de leur mieux, pour prendre un peu de repos. En se roulant dans ses couvertures, le commandant Philippe Kieffer, de l'unique commando français, se rappela la prière de sir Jacob Astley à la bataille d'Edgehill, en 1642 :

— Mon Dieu, pria Krieffer, Vous savez que je vais être terriblement occupé aujourd'hui. Si je Vous oublie, mon Dieu, ne m'oubliez pas...

Il remonta sa couverture jusqu'à son menton et s'endormit presque immédiatement.

☆

Il était un peu plus de vingt-deux heures quinze quand le lieutenant-colonel Meyer, chef du contre-espionnage de la 15e Armée allemande, se rua hors de son bureau. Il tenait à la main le message le plus important que les Allemands eussent intercepté, de toute la deuxième guerre mondiale. Meyer savait à présent que le débarquement aurait lieu dans les quarante-huit heures. Avec ce renseignement, on pouvait encore rejeter les Alliés à la mer. Le message transmis par la BBC à la Résistance française était la suite du poème de Verlaine :

Blessent mon cœur d'une langueur monotone.

Meyer fit irruption dans la salle à manger où le général Hans von Salmuth, commandant la 15e Armée, jouait au bridge avec son chef d'état-major et deux autres officiers. Haletant, Meyer lui cria :

— Mon général ! Le message ! La deuxième partie ! Il a été transmis !

Von Salmuth réfléchit un instant, puis donna l'ordre de mettre toute la 15e Armée en état d'alerte. Tandis que Meyer se hâtait d'aller faire exécuter l'ordre, von Salmuth reprit ses cartes et murmura :

— Je suis un trop vieux singe pour m'exciter là-dessus.

Rentré dans son bureau, Meyer et ses subordonnés alertèrent immédiatement le QG de von Rundstedt, par téléphone. Celui-ci prévint à son tour l'OKW. Tous les autres secteurs furent informés par télétype, simultanément.

Et, une fois encore, pour des raisons qui n'ont jamais été bien éclaircies, la 7e Armée ne fut pas alertée [1]. La flotte alliée mettrait encore quatre heures pour atteindre les zones de débarquement au large des côtes normandes; dans trois heures, dix-huit mille hommes seraient parachutés sur les champs et dans les chemins creux, dans le silence nocturne — au cœur de la zone occupée par l'unique armée allemande à ne pas avoir été prévenue du Jour J.

---

1. Toutes les heures données dans ce livre représentent l'heure d'été anglaise, qui avançait d'une heure sur l'heure allemande. Donc, pour Meyer, il était vingt et une heures quinze lorsqu'il intercepta le message. Pour la documentation, voici le texte exact du télétype envoyé aux diverses régions, tel qu'il figure dans les archives de la 15e Armée : « Teletype N° 2117/26 Urgent, aux 67e, 81e, 82e, 89e Corps; Gouverneurs militaires de Belgique et France Nord; Groupe d'Armées B; 16e division D.C.A.; Amirauté de la Manche; Luftwaffe de Belgique et France Nord. Message de la B.B.C., 2115, 5 juin vous sera transmis. D'après nos renseignements, il signifie « Attendez-vous à débarquement dans les quarante-huit heures, à dater de 00 heure, 6 juin. »

On remarquera que ni la 7e Armée, ni le 84e Corps ne figurent dans cette liste. Meyer n'avait pas à les prévenir. Cette responsabilité incombait au Q.G. de Rommel, car ces unités faisaient partie du Groupe d'Armées B. Cependant, le plus mystérieux reste la raison pour laquelle O B West n'a pas jugé bon d'alerter toutes les forces allemandes sur le front de l'Atlantique, de la Hollande à l'Espagne. Le mystère s'épaissit quand on songe qu'à la fin de la guerre les Allemands ont prétendu avoir intercepté plus de quinze messages ayant trait au Jour J, et les avoir correctement interprétés. Les messages Verlaine furent les seuls que j'aie retrouvés dans les archives allemandes.

☆

Le deuxième classe Arthur B. Schultz, dit Dutch, de la 82e division aéroportée, était prêt. Comme tout le monde sur le terrain, il était en combinaison de saut, un parachute sur le bras droit. Sa figure était noircie au charbon de bois; son crâne, comme tous ceux des parachutistes en cette nuit-là, était tondu à l'Iroquois, avec une étroite touffe de cheveux au sommet de l'occiput. Son matériel l'entourait. Il était fin prêt. Des deux mille cinq cents dollars qu'il avait gagnés quelques heures plus tôt, il ne lui en restait que vingt.

Maintenant, les hommes attendaient les camions qui devaient les conduire aux appareils. Le soldat Gerald Columbi, ami de Dutch, quitta une partie de dés qui continuait dans un coin et courut vers Dutch :

— Vite, prête-moi vingt dollars !

— Pour quoi faire ? Tu vas peut-être te faire tuer !

— Tiens, je te donne ça, répondit Columbi en dégrafant son bracelet-montre.

— Bon, d'accord, dit Dutch, et il lui donna ses derniers vingt dollars.

Columbi se précipita de nouveau vers la partie. Dutch regarda la montre; elle était en or, et portait le nom de Columbi gravé à l'intérieur et une inscription de ses parents. A ce moment, quelqu'un cria :

— Ça y est ! On y va !

Dutch se chargea de son matériel et, avec les autres paras, quitta le hangar. En montant dans le camion, il passa près de Columbi et lui rendit sa montre :

— Tiens. J'en ai pas besoin de deux.

Il ne restait plus à Dutch que le chapelet envoyé par sa mère. Il avait finalement décidé de l'emporter. Les camions roulèrent lentement vers les avions.

A travers toute l'Angleterre, les troupes aéroportées montèrent à bord de leurs avions et de leurs planeurs. Les avions transportant les éclaireurs, chargés de baliser les zones de parachutage, avaient déjà décollé. A la 101e division aéroportée, à Newbury, le commandant en chef suprême, Dwight D. Eisenhower, avec un petit groupe d'officiers et quatre correspondants de guerre, regardait les premiers appareils prendre la piste d'envol. Il avait passé plus d'une heure à parler aux hommes, et s'inquiétait davantage de l'opération aéroportée que de toutes les autres phases de l'offensive. Certains de ses officiers généraux pensaient que cette attaque se solderait par quatre-vingts pour cent de pertes.

Eisenhower avait dit au revoir au général Maxwell D. Taylor, commandant la 101e division, qui menait ses hommes à la bataille. Taylor s'était éloigné d'un pas raide, le dos très droit. Il ne voulait pas que le commandant suprême sût qu'il s'était déchiré un ligament du genou droit en jouant au squash, cet après-midi même. Eisenhower aurait été capable de l'empêcher de partir.

Eisenhower regardait à présent les appareils rouler lourdement sur la piste d'envol et s'élever dans les airs, lentement, un à un, pour disparaître dans la nuit. Ils décrivirent un cercle au-dessus du terrain et se formèrent. Les mains dans les poches, Eisenhower levait les yeux vers le ciel noir. Et, tandis que l'immense formation vrombissait encore au-dessus du terrain avant de se diriger vers la France, le correspondant Red Mueller, de la NBC, se tourna vers le commandant suprême. Eisenhower avait les yeux pleins de larmes.

Quelques minutes plus tard, dans la Manche, les troupes d'invasion entendirent le grondement des avions. Le bruit s'intensifia; ils passèrent, vague après vague. Les formations mirent longtemps à défiler. Puis le tonnerre de leurs moteurs s'assourdit. Sur la passerelle du *Herndon,* l'enseigne de vaisseau Bartow Farr, les officiers de quart et Tom Wolf, correspondant de la NEA, levaient la tête, les yeux fixés sur les ténèbres, la gorge nouée, incapables de prononcer une parole. Et puis, comme la dernière formation passait au-dessus d'eux, un feu ambré clignota dans les nuages, vers la flotte. Lentement, il transmit en morse : trois brèves, une longue : V comme Victoire.

DEUXIÈME PARTIE

LA NUIT

CHAPITRE PREMIER

Le clair de lune inondait la chambre. Mme Angèle Levrault, une institutrice de soixante ans, de Sainte-Mère-l'Eglise, ouvrit lentement les yeux. En face de son lit, des traînées lumineuses rouges et blanches glissaient en silence. Mme Levrault s'assit sur son lit et regarda fixement. Les feux clignotants avaient l'air de couler le long du mur.

Mieux réveillée, la vieille dame comprit qu'elle regardait des reflets renvoyés par la grande glace de son armoire. Au même instant, elle entendit au loin le sourd vrombissement des avions, des explosions étouffées et les éclatements secs des obus de la D.C.A. Elle se précipita à la fenêtre.

Au loin, vers la côte, étrangement suspendues dans le ciel comme des ballons, elle vit des fusées éclairantes. Les nuages étaient bordés de rouge. Dans le lointain, on pouvait voir des jaillissements de feu rose vif, et les traînées orange, vert et jaune des balles traceuses. Mme Levrault se dit que Cherbourg, distant de trente-cinq kilomètres, était encore bombardé et elle se félicita de vivre dans le petit village tranquille de Sainte-Mère-l'Eglise.

L'institutrice mit des chaussures et une robe de chambre, traversa la cuisine et sortit dans le jardin, pour se rendre aux « commodités ». Le jardin était tout à fait paisible. Le clair de lune et les fusées éclairantes l'illuminaient comme en plein jour. Les champs avoisinants, bordés de haies vives, s'étendaient, calmes et tranquilles, barrés de longues ombres.

Elle avait fait quelques pas dehors quand elle entendit les avions se rapprocher, se diriger tout droit vers son village. Soudain, toutes les batteries de D.C.A. de la région entrèrent en action. Terrifiée, Mme Levrault courut se réfugier sous un arbre. Les avions arrivaient rapidement, volant bas, entourés d'éclatements d'obus. Le bruit devenait assourdissant. Et puis, presque soudainement, le vrombissement des moteurs se tut, le tir cessa et, comme si rien ne s'était passé, tout retomba dans le silence.

Ce fut alors que la vieille dame entendit un murmure étrange, venant du ciel au-dessus d'elle. Elle leva les yeux. Comme un immense nénuphar, flottant dans les nuages et se dirigeant droit vers son jardin, elle vit un parachute, avec quelque chose de volumineux qui se balançait dessous. Pendant une seconde, une ombre recouvrit la lune et le soldat Robert M. Murphy, du 505ᵉ régiment de la 82ᵉ division aéroportée, tomba avec un bruit sourd à vingt mètres d'elle et fit une cabriole dans le jardin. Mme Levrault demeura figée sur place [1].

D'un geste vif, le parachutiste de dix-huit ans sortit un couteau de son brodequin, se débarrassa de son parachute, saisit un grand sac et se redressa. Il vit alors Mme Levrault. La vieille dame écarquillait les yeux et trouvait le jeune parachutiste étrange et effrayant. Il était grand et maigre et le barbouillage de guerre qui maculait son visage accentuait ses pommettes et son nez. Il croulait sous le poids de son équipement et de ses armes. Puis, alors que la vieille dame affolée restait incapable de faire un mouvement, l'étrange apparition mit un doigt sur ses lèvres pour

1. En qualité de correspondant de guerre, j'ai interviewé Mme Levrault en juin 1944. Elle ignorait tout de l'homme et de son unité, mais elle me montra trois chargeurs de mitraillettes, encore dans leurs étuis, que le parachutiste avait laissé tomber. En 1958, quand je commençai ce livre et interrogeai tous les participants du Jour J que je pouvais retrouver, il me fut possible de joindre seulement une douzaine des premiers éclaireurs américains. L'un d'eux, M. Murphy, à présent éminent avocat de Boston, m'a dit que « après avoir touché terre... j'ai pris mon couteau de tranchée dans ma botte et me suis libéré de mon harnais. Sans m'en rendre compte, j'ai aussi coupé les cordons d'une musette contenant trois cents cartouches ». Son récit corroborait donc celui que m'avait fait Mme Levrault, quatorze ans plus tôt.

lui intimer le silence et disparut. Alors, Mme Levrault retrouva l'usage de ses membres. Retroussant sa longue chemise de nuit, elle se rua comme une folle dans sa maison. Elle venait de voir un des premiers Américains poser le pied en Normandie. Il était zéro heure quinze, le mardi 6 juin 1944. Le Jour J venait de commencer.

A travers toute la région, les éclaireurs avaient sauté, certains d'une altitude de cent mètres à peine. La mission de cette avant-garde, petit groupe de volontaires courageux, consistait à baliser les « zones d'atterrissage » sur une surface de quatre-vingts kilomètres carrés dans la presqu'île du Cotentin, en arrière de la plage d'Utah, pour les 82e et 101e divisions aéroportées. Ils s'étaient entraînés dans un camp spécial sous la direction du général James M. Gavin.

— Quand vous sauterez en Normandie, leur avait dit celui-ci, vous n'aurez qu'un ami : le bon Dieu.

Ils avaient l'ordre d'éviter les ennuis à tout prix. Le succès de leur mission dépendait de leur rapidité et de leur silence.

Mais, dès le début, les éclaireurs furent submergés par les « ennuis ». Ils plongèrent en plein chaos. Les Dakotas se présentèrent avec une vitesse telle que les Allemands les prirent d'abord pour des chasseurs. Surpris par la soudaineté de l'attaque, les batteries de D.C.A. ouvrirent le feu au petit bonheur, emplissant le ciel de balles traceuses et d'éclats d'obus. Tout en tombant lentement, le sergent Charles Asay, de la 101e, contemplait avec beaucoup de détachement « les gracieux arcs multicolores des balles qui montaient de la terre ». Cela lui rappelait les feux d'artifice du 4 juillet. Il trouva le spectacle « vraiment très joli ».

Juste au moment où le soldat Delbert Jones allait sauter, son appareil fut touché de plein fouet. L'obus s'écrasa sans faire de grands dégâts, mais il manqua Jones de peu. Et quand le soldat Adrian Doss tomba, lourdement chargé de plus de cinquante kilos de matériel, il fut horrifié de se voir entouré de balles traceuses. Elles se croisaient au-dessus de sa tête et il sentit les secousses de son parachute, quand les balles déchirèrent la soie. Tout un chapelet traversa l'équipement pendant devant lui. Par miracle, il ne fut pas touché, mais sa musette reçut un trou énorme « par lequel tout a pu foutre le camp ».

L'intensité du barrage de D.C.A. fut telle que plusieurs appareils manœuvrèrent pour se dérober. Trente-huit seulement, des cent vingt éclaireurs, atterrirent aux bons endroits. Les autres se trouvèrent dispersés sur des kilomètres. Ils aboutirent dans des champs, des jardins, des ruisseaux, des marais. Ils s'écrasèrent dans des arbres, dans des haies vives, et sur des toits. La plupart de ces hommes étaient des vétérans, mais n'en furent pas moins désorientés quand ils essayèrent de se reconnaître. Les champs étaient plus petits, les haies plus hautes, les chemins creux plus étroits que ceux qu'ils étudiaient depuis des mois sur maquettes. Pendant ces premières minutes, les hommes agirent bizarrement et parfois dangereusement. Le soldat de première classe Frederick Wilhelm était tellement ahuri quand il toucha terre, que, oubliant qu'il se trouvait derrière les lignes ennemies, il appuya sur le bouton d'une des grosses balises lumineuses qu'il portait pour voir si elle marchait encore. Elle marchait. Le champ s'illumina soudain; Wilhelm eut aussi peur que si l'ennemi avait ouvert le feu sur lui. Le capitaine Frank Lillyman, chef des équipes de la 101e, faillit bien révéler sa position. Il tomba dans un champ et se trouva nez à nez avec une forme noire énorme qui se rua sur lui dans l'obscurité. Il allait tirer, quand la masse se présenta avec un sourd meuglement.

S'ils s'effrayèrent eux-mêmes, et s'ils firent peur aux Normands, les éclaireurs surprirent et ahurirent les quelques Allemands qui les virent. Deux paras tombèrent juste devant le P.C. du capitaine Ernst Düring, de la 352e division allemande, à plus de huit kilomètres du point de chute prévu. Düring, qui commandait une compagnie de mitrailleuses lourdes cantonnée à Brevands, avait été réveillé par les fusées, les avions et la D.C.A. Il sauta du lit, s'habilla avec tant de précipitation qu'il mit ses bottes au mauvais pied (il ne s'en aperçut qu'à la fin du Jour J), et se rua au-dehors, où il aperçut deux silhouettes humaines à quelques mètres. Il leur fit des sommations mais n'obtint pas de réponse. Il ouvrit immédiatement le feu et arrosa la rue avec sa mitraillette *Schmeisser*. Les deux éclaireurs bien entraînés se gardèrent de riposter. Ils se fondirent dans la

Le « Mur de l'Atlantique » de Hitler était une chose colossale. Jamais assaillant au monde n'avait dû affronter pareilles défenses — et encore le « Mur » n'était-il pas complètement achevé ! Ces photos (agrandies d'un film de propagande allemand en 16 mm) donnent une idée de ces places fortes blindées et bétonnées qui formaient une ceinture de protection tout au long des côtes. Des tranchées de communications, des nids de mitrailleuses, des fosses à mortier et des champs de mines renforçaient les blockhaus de canons lourds, et les sables étaient semés d'un réseau serré d'obstacles minés.

WIDE WORLD

Rommel inspecte les fortifications le long des côtes françaises en février 1944. A sa droite (coupé par la photo) se tient le général Alfred Gause, son chef d'état-major jusqu'en mars 1944. Face à l'objectif, en partie caché par l'officier inconnu qui montre du doigt, se trouve l'aide de camp de Rommel, le capitaine Hellmuth Lang.

Un des obstacles de plage anti-débarquement — simples mais meurtriers un pieu surmonté d'une mine Teller. Rommel esquissa lui-même la plupart de ces engins et les appelait fièrement « mes inventions ».

L'aide de camp de Rommell rappelle que « généralement Rommel expliquait ses idées en sortant vivement son carnet et en faisant un croquis ». Peu après sa tournée d'inspection des côtes, à l'automne de 1943, Rommel dessina le croquis ci-dessus. Il expose son plan d'obstacles de plage plus clairement que si ses officiers du Génie avaient rédigé un volumineux rapport. Ce dessin fut reproduit et distribué à des milliers d'exemplaires, et Rommel poussa ses troupes si durement pour achever les travaux que certains généraux se plaignirent. Le général Marcks, du 84e *Corps, fit une fois observer à Rommel que « ses troupes n'avaient plus le temps de s'entraîner ni de se reposer ». A quoi Rommel répliqua : « Mon cher Marcks, que préfèrent vos hommes? Être fatigués ou morts? » L'insistance forcenée de Rommel donna des résultats. Ci-dessous, l'aspect des plages en avril 1944.* COLLECTION DE L'AUTEUR

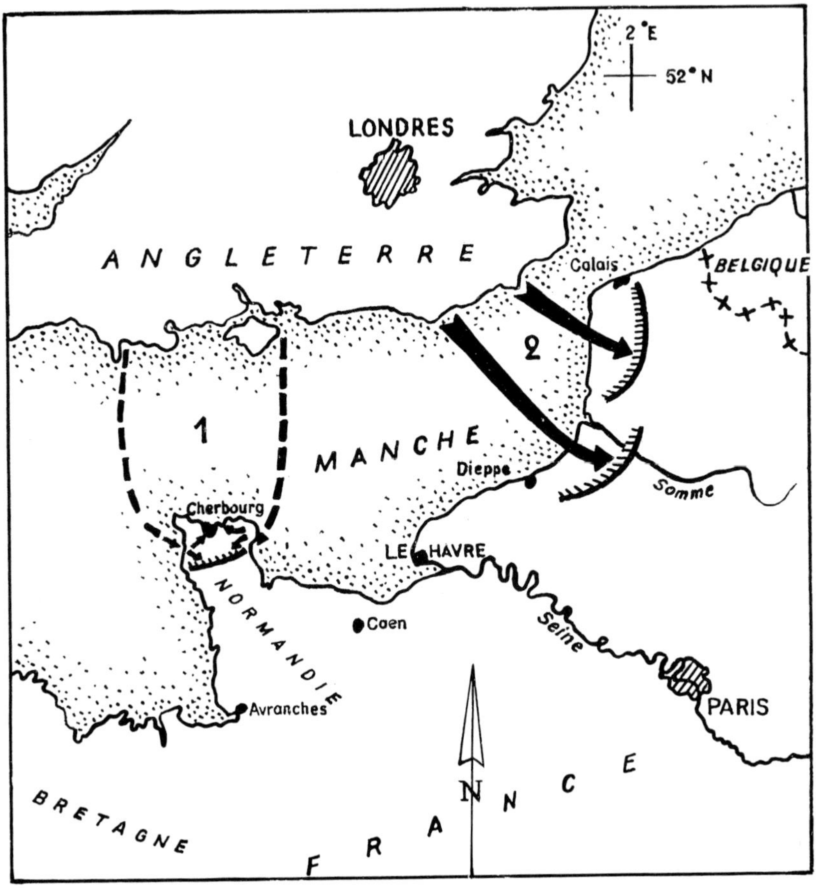

*Le feld-maréchal von Rundstedt (ci-dessous à gauche) s'attendait à un double débarquement allié. Le premier serait une attaque de diversion dans la région de Cherbourg, mais la véritable offensive aurait lieu, à son avis, dans le Pas-de-Calais où l'attendait la puissante 15*e *Armée du général Hans von Salmuth. Même après le Jour J , Hitler était persuadé que l'assaut contre le Pas-de-Calais allait venir, et il garda la 15*e *Armée sur ses positions jusqu'en juillet. Cette carte a été composée d'après des croquis du chef d'état-major de von Rundstedt, le général Gunther Blumentritt* [CI-DESSOUS A DROITE].

Le feld-maréchal Gerd von Rundstedt, commandant suprême des Armées Allemandes à l'Ouest.

Le général Gunther Blumentritt, chef d'état-major de von Rundstedt.

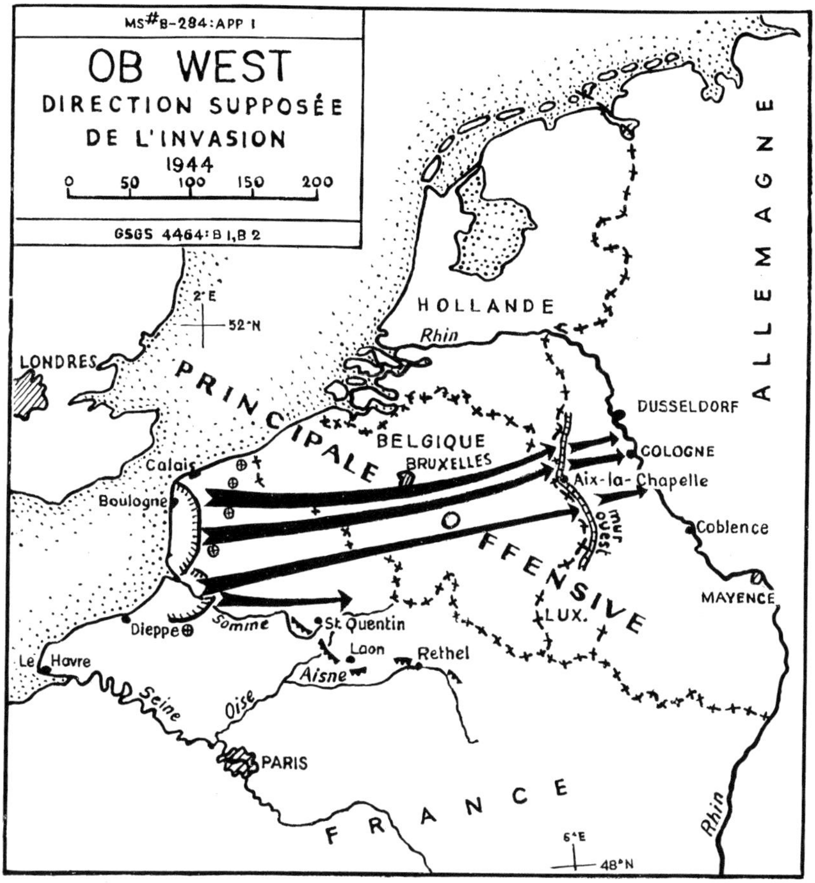

La carte de Blumentritt [CI-DESSUS] *montre clairement les raisons pour lesquelles on s'attendait à un débarquement dans le Pas-de-Calais : c'était le point le plus rapproché de la frontière allemande. Les Allemands pensaient à juste titre que les Alliés choisiraient le chemin le plus court pour envahir le Reich. Même après que le débarquement de Normandie eut commencé, le chef d'état-major de Rommel, le général Hans Speidel* [CI-DESSOUS A GAUCHE] *restait persuadé qu'il s'agissait d'une diversion. Le chef d'état-major de la Septième Armée, le général Max Pemsel, fut le premier général allemand à comprendre qu'il s'agissait bien de la véritable offensive.*

Le général Docteur Hans Speidel, chef-d'état-major de Rommel.

Le général Max Pemsel, chef d'état-major de la Septième Armée.

Le général Dwight D. Eisenhower, commandant suprême, et ses chefs d'état-major alliés. De gauche à droite : le général Omar N. Bradley, commandant en chef de la Première Armée U.S. ; l'amiral Bertram Ramsey, commandant en chef des flottes alliées ; le maréchal de l'air Tedder, adjoint au commandant suprême ; Eisenhower ; le maréchal Bernard Montgomery, commandant l'offensive du Jour J ; le maréchal de l'air Leigh-Mallory, commandant des forces aériennes alliées ; le général Walter Bedell Smith, chef d'état-major d'Eisenhower.

Pendant les dernières semaines de mai, les ports étaient bourrés d'hommes et de matériel en cours d'embarquement pour l'offensive. Le cliché de droite montre les troupes et les véhicules montant à bord de trois péniches de débarquement, à Brixham. On peut remarquer les plates-formes en « dur » destinées à faciliter l'embarquement des petites embarcations de débarquement à faible tirant d'eau.

RAMP
B
RAMP
A
US 380

No. 5,775

ACROSS

1 A cause of postscripts (13)
10 Very attentive commonly (two words—3, 4)
11 A fool's weapon (7)
12 But this isn't to be bought at this shop (6)
15 Foils start thus (two words—3, 3)
16 Definite (7)
17 One of the U.S. (4)
18 Achievement that the guardians of the Tower always have at heart (4)
19 Proper behaviour (7)
20 But cook has a practical use for this old weapon (4)
22 Part of one's last will and testament (4)
24 ...
26 ... pantry to make a boat (6)
27 The ceremonious part (6)
30 Fifty fifty (7)
31 White wine (7)
32 "Intense... not

No. 5,801

ACROSS

1 "Lid on slang" (anag.) (but is all 15 across so pure in speech?) (two words—4, 6)
8 Doing nothing because there's nothing doing, possibly (4)
10 The kind of constitution that laughs at doctors of the Goebbels type! (10)
11 Our supposed portion in 1940, but we never tumbled to it (4)
12 —though coming to the this of it (4)
15 Where the work of the architect stands very high (two words—3, 4)
18 The girl who went into her own reflections very amusingly (5)
19 You must be plumb right! (5)
20 Just a note (5)
21 Got in wrongly to the bar (5)
22 Would this problem be a sitter to an artist? (5)
23 A joint affair (5)
24 Not a forbidding hue (5)
25 She is in an ancient city (official) (5)
26 Of Eastern origin, but serious (7)
30 Cast a skin (4)
33 Points in favour of some players? (4)
34 A submarine should be, of course (10)
35 He gets his wings on false pretences (4)
36 Where to look for Maud's boy friend? (two words—6, 4)

DOWN

2 Sign of appeal to men (4)
3 Cause of the hidden hand? (5)
4 Like a bear with a sore head (5)
5 He may be like the curate's egg, good in parts (5)
6 Outcast agents of fickle chance (4)
7 Flower one might well salute (4)
9 End of a term for losing cohesion (two words—8, 2)
10 Those working in it are quite sunk in their work (10)
13 It may be seen at the front at feeding time (10)
14 See printer for an adventure (10)
15 Britannia and he hold to the same thing (7)
16 Sphere of 15 down (5)
17 An exclusive notice (two words—4, 3)
20 The root of smokers' pleasures (5)
27 It comes from the rates—blooming scandal! (5)
28 Choice of directions of tongue (5)
29 Was an arm, or might support one (5)
31 No good man will live up to it

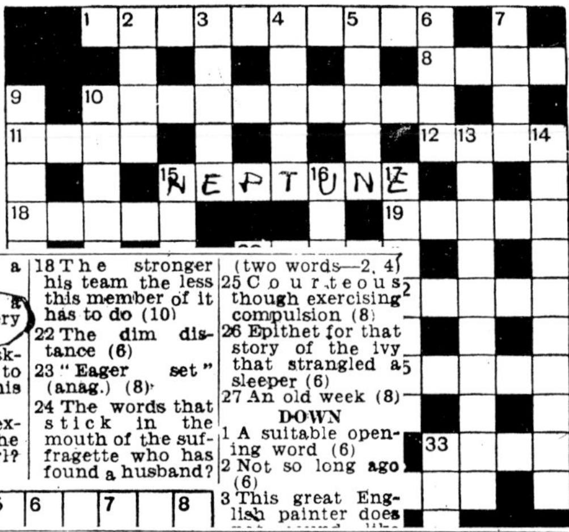

No. 5,799

ACROSS

1 "Wandering near her secret bower molest her ancient —— reign" (Gray) (8)
5 Danger courted by billiard players (6)
9 His weapon is the pen (8)
10 Tenant of a kind (6)
11 This bush is a centre of nursery revolutions (8)
12 It is no use asking a jazz band to play for this dance (6)
14 An early example of the N.A.A.F.I. girl? (10)
18 The stronger his team the less this member of it has to do (10)
22 The dim distance (6)
23 "Eager set" (anag.) (8)
24 The words that stick in the mouth of the suffragette who has found a husband? (two words—2, 4)
25 Courteous though exercising compulsion (8)
26 Epithet for that story of the ivy that strangled a sleeper (6)
27 An old week (8)

DOWN

1 A suitable opening word (6)
2 Not so long ago (6)
3 This great English painter does ...

No. 5,792

ACROSS

1 A shot that falls short is not thus satisfactory (four words—2, 2, 3, 4)
9 Town of Germany (5)
10 "Call Ina home" (anag.) (11)
11 The Derby winner to start a branch of mathematics (5)
12 Tree used in the building of the Temple (5)
15 Town to go down in times of drought (5)
17 Drink upset in 10 across (3)
18 To get this fabulous lady just ponder (4)
19 Ecclesiastical assembly (5)
22 Its sole work is to produce some effect (5)
23 Not obsolete (two words—2, 3)
24 Battle of the last Great War (5)
26 One probably this these represented at a 19 across (4)
27 The start of 35 across (it's given you) (3)
28 This worker is as good as five in the R.N. (5)
30 The way in which a tasty lemon might come in useful (5)
33 An overworked word nowadays for 'rate' (5)
35 This gives vagueness to place or number (11)
36 Lightweight of the animal world pot (5)
37 The credit for a joint thus perfectly cooked should go to the turnspit (four words—4, 2, 1, 4)

DOWN

2 This meal would be hit by bit (5)
3 Red Indian on the Missouri (5)
4 Wine (4)
5 No small deer (5)
6 He wrote "A thing of beauty is a joy for ever" (5)
7 By sticking to one's work (11)
8 A mere jumble of words (11)
12 At any rate a writer of music should have this to offer importunate creditors (11)
13 Kind of absent-mindedness (11)
14 Gathering in which all take part (5)
15 This continental river might easily become a drain (5)
16 Sign of the Zodiac (3)
20 Displeasing (5)
21 One of the worldly wealthy (5)
25 Stands for the control of the lower Thames (3)
28 Well-known refusal given to the lad (5)
29 Edge (5)
31 Fish that resists your getting him his tail (5)
32 Afterwards (5)
34 This term for a European of sorts seems to be 500 years old (4)

PRIZE COMPETITION No. 5,797

Three prizes of books to a value of thirty shillings, to be selected by the winners from advertisements in THE DAILY TELEGRAPH on Fridays, will be awarded to the senders of the first three correct solutions opened. Solutions must reach THE DAILY TELEGRAPH, 135, Fleet Street, E.C.4, not later than first post on Thursday. Envelopes must bear 2½d. stamp, and be marked Prize Competition in top left-hand corner. Winners' names appear on Friday.

NAME ....

ADDRESS ....

ACROSS

1 No half-baked praise (two words—4, 4)

5 The county of firm personnel (6)

9 Incog. (two words—3, 5)

10 Not apparently very high-class land (6)

11 —but some big-wig like this has stolen some of it at times (8)

13 They may send one's temperature up, oddly enough (6)

14 It serves its turn in the opening episode (3)

16 Scattered in-road to order (6)

19 He has his duty to master (7)

20 "Die a V.C." (anag.) (improving words to a soldier?) (6)

21 It needs Erse to slander (3)

26 Need to come to signify (6)

27 When to change to the 31 across? (8)

28 To show grief about a lady is not fruitless (6)

29 What separates the novice from the adept (8)

30 No enemy allowed a bed (6)

31 Remote terminus don't mix around here (two words—5, 3)

DOWN

1 Cut out the chaff and do not delay victory (6)

2 The one that was left at the post? (6)

3 Hang up more than a corner (6)

4 They are probably prepared for floods in this English town (6)

6 Not prolonged enough to make the torso hot (two words—3, 5)

7 Not a strange spirit, apparently (8)

8 Entertainment that tells one what to do at it (8)

12 This Eastern is often in a whirl (7)

15 Is familiar with the cells from birth (3)

16 Reversed in 26 across (3)

17 Sounds a useful thing to wear, but no help (8)

18 There's no list for the ships on this (two words—4, 4)

19 Of secret composition and not taxed (two words—4, 4)

22 What a girl may expect if a sailor gives her the bird? (6)

23 Cool place to work in? (6)

24 Figure of speech is turned on quite a way (6)

25 Asked for convalescent patient's meal (6)

#5797 ANSWER–JUNE 2, 1944

Prize Competition No. 5,797

The first three prize-winners of Prize Crossword No. 5,797, published on Saturday last, were: A. Brown, Halsbury-road, Liverpool; Mrs. Hollingsworth, Finsbury Park-road, N 4; Mrs A. M. Parker, Woodberry-way, E.4.

The prize solution was: **ACROSS**: 1, Well done; 5, Staffs; 9, Not known; 10, Common; 11, Overlord; 13, Chills; 14, Key; 16, Ordain; 19, Servant; 20, Advice; 21, Asp; 26, Denote; 27, Half-time; 28, Cherry; 29, Training; 30, Pallet; 31, Other end. **DOWN**: 1, Winnow; 2, Letter; 3, Dangle; 4, Newark; 6, Too short; 7, Familiar; 8, Sing-song; 12, Dervish; 15, Bee; 16, One; 17, Handicap; 18, Even keel; 19, Scot free; 22, Parrot; 23, Office; 24, Simile; 25, Begged.

Another prize puzzle to-morrow.

#5775–MAY 2, 1944

Y'DAY'S SOLUTION.—**ACROSS**: 1, Afterthoughts; 10, All ears; 11, Bladder; 12, Bucket; 15, Set off; 16, Decided; 17, Utah; 18, Feat; 19, Decorum; 20, Mace; 22, Amen; 24, Galahad; 26, Sampan; 27, Ritual; 30, Equally; 31, Chablis; 32, Reinstatement. **DOWN**: 2, Felucca; 3, Elated; 4, Test; 5, Orby; 6, Graded; 7, Tadpole; 8, Harbour-master; 9, Profit and loss; 13, Teheran; 14, Bivouac; 15, Secular; 21, Compute; 23, Maudlin; 24, Gallon; 25, Disarm; 28, Sylt; 29, Scut.

#5801–JUNE 2, 1944

Y'DAY'S SOLUTION.—**ACROSS**: 1, Long Island; 8, Idle; 10, Democratic; 11, Ruin; 12, Edge; 15, New York; 18, Alice; 19, Erect; 20, Breve; 21, Ingot; 22, Poser; 23, Union; 24, Green; 25, Usher; 26, Earnest; 30, Pelt; 33, Pros; 34, Water-tight; 35, Kiwi; 36, Garden gate. **DOWN**: 2, Omen; 3, Glove; 4, Surly; 5, Actor; 6, Dice; 7, Flag; 9, Breaking up; 10, Diving-bell; 13, Dress-shirt; 14, Enterprise; 15, Neptune; 16, Ocean; 17, Keep out; 20, Briar; 27, Aster; 28, Norse; 29, Sling; 31, Evil; 32, Twig; 33, Phut.

#5799–MAY 30, 1944

...S SOLUTION.—**ACROSS**: ... Solitary; 5, Hazard; 9, Satirist; 10, Lessee; 11, Mulberry; 12, Morris; 14, Vivandiere; 18, Goalkeeper; 22, Offing; 23, Steerage; 24, To obey; ..., Obliging; 26, Creepy; 27, Sennight. **DOWN**: 1, Sesame; 2, Lately; 3, Turner; 4, Restrained; 6, Adenoids; 7, Assorted; 8, Deemster; 13, Lamentable; 15, Agnostic; 16, Calf love; 17, Skin deep; 19, Benign; 20, Paling; 21, Weight.

#5792–MAY 22, 1944

Y'DAY'S SOLUTION.—**ACROSS**: 1, Up to the mark; 9, Essen; 10, Melancholia; 11, Trigo; 12, Cedar; 15, Wells; 17, Ale; 18, Muse; 19, Synod; 22, Pedal; 23, In use; 24, Ypres; 26, Sees; 27, The; 28, Navvy; 30, Style; 33, Tempo; 35, Thereabouts; 36, Ounce; 37, Done to a turn. **DOWN**: 2, Piece; 3, Omaha; 4, Hock; 5, Moose; 6, Keats; 7, Assiduously; 8, Incoherence; 12, Composition; 13, Daydreaming; 14, Rally; 15, Weser; 16, Leo; 20, Nasty; 21, Dives; 25, P.L.A.; 28, Noted; 29, Verge; 31, Trout; 32, Later; 34, Dago.

Voici les cinq mots croisés du Daily Telegraph *contenant des mots de passe chiffrés du Jour J ; qui effrayèrent tant le haut commandement allié. Bien qu'ils eussent été composés plusieurs mois plus tôt, un caprice du destin les fit paraître tous au cours des jours de tension précédant de peu le Jour J . A noter que les mots «Overlord » et « Neptune », les principaux codes, apparurent le même jour, le 2 juin, deux jours avant l'offensive.*

Cette photo du général Eisenhower s'adressant aux parachutistes de la 101e Division au moment où ils allaient monter dans leurs avions, au soir du 5 juin, est sans doute la plus célèbre des photos précédant le débarquement. Mais je me suis toujours demandé qui étaient ces hommes. L'Association des Anciens de la 101e aéroportée les a retrouvés pour moi. Parmi ceux qui entourent le commandant suprême, on peut reconnaitre le soldat de première classe William Boyle, le caporal Hans Sannes, le soldat de première classe Ralph Pombano, le première classe S.W. Jackson, le sergent Delbert Williams, le caporal William E. Hayes, le soldat de première classe Carl Wickers, le sous-lieutenant William Strebel, les soldats de première classe Henry Fuller, Michael Babich et William Noll.

Le lieutenant-colonel Hellmuth Meyer, officier de renseignements de la Quinzième Armée, qui intercepta les messages-Verlaine destinés à la Résistance [VOIR PAGE CI-CONTRE], *les interpréta correctement et prévint ses chefs que le débarquement allié aurait lieu sous quarante-huit heures.* COLLECTION DE L'AUTEUR

Tag Uhrzeit Ort und Art der Unterkunft	Darstellung der Ereignisse (Dabei wichtig: Beurteilung der Lage [Feind- und eigene], Eingangs- und Abgangszeiten von Meldungen und Befehlen)
5.6.44	Am 1., 2. und 3.6.44 ist durch die Nast innerhalb der "Messages personelles" der französischen Sendungen des britischen Rundfunks folgende Meldung abgehört worden : "Les sanglots longs des violons de l'automme ".
	Nach vorhandenen Unterlagen soll dieser Spruch am 1. oder 15. eines Monats durchgegeben werden, nur die erste Hälfte eines ganzen Spruches darstellen und ankündigen, dass binnen 48 Stunden nach Durchgabe der zweiten Hälfte des Spruches, gerechnet von 00.00 Uhr des auf die Durchsage folgenden Tages ab, die anglo-amerikanische Invasion beginnt.
21.15 Uhr	Zweite Hälfte des Spruches "Blessent mon coeur d'une longeur monotone" wird durch Nast abgehört.
21.20 Uhr	Spruch an Ic-AO durchgegeben. Danach mit Invasionsbeginn ab 6.6. 00.00 Uhr innerhalb 48 Stunden zu rechnen.
	Überprüfung der Meldung durch Rückfrage beim Militärbefehlshaber Belgien/Nordfrankreich in Brüssel (Major von Wangenheim).
22.00 Uhr	Meldung an O.B. und Chef des Generalstabes.
22.15 Uhr	Weitergabe gemäss Fernschreiben (Anlage 1) an Generalkommandos. Mündliche Weitergabe an 16. Flak-Division.

Fac-similé du registre de guerre de la Quinzième Armée allemande, montrant les inscriptions relatives au double message Verlaine qui permit au colonel Meyer de comprendre que le débarquement était imminent (voir texte). A noter que la seconde partie du message, les 4e, 5e et 6e vers du poème de Verlaine « Blessent mon cœur d'une longueur [sic] monotone » fut lancée par la BBC à l'adresse de la Résistance, et interceptée, à vingt et une heure quinze (vingt-deux heures quinze, heure anglaise) et sa traduction en clair — que le débarquement commencerait dans les quarante-huit heures partant de zéro heure, le 6 juin — fut enregistrée cinq minutes plus tard. Bien que d'autres messages relatifs au Jour J eussent été déchiffrés par les Allemands, celui-ci est le seul à figurer dans leurs registres de guerre. Il y a suffisamment de preuves soutenant la théorie du colonel Meyer que le message Verlaine était le seul vraiment important. Le 8 juin, le Q.G. d'Hitler demanda des explications à von Rundstedt et voulut savoir pourquoi l'ordre d'alerte général n'avait pas été donné, en se reférant encore tout spécialement aux vers de Verlaine.

COLLECTION DE L'AUTEUR

Destination Normandie. Ci-dessus, un peloton de parachutistes de la 101e *Division procède aux dernières vérifications avant de monter à bord d'un DC 3. Ci-dessous, les convois, protégés par le barrage de ballons captifs et une escorte de destroyers, appareillent pour les plages.* WIDE WORLD

DC 3 du 316e Transport de Troupes remorquant des planeurs Waco au-dessus de la France.

Les premiers généraux à mettre le pied en Normandie. [DE GAUCHE A DROITE] : *le général Matthew B. Ridgway, commandant la 82e Division aéroportée; le général de brigade James M. Gavin, adjoint au commandant de la 82e; le général Maxwell D. Taylor, commandant la 101e Division aéroportée. Le premier officier général britannique fut le commandant de la 6e Division aéroportée, le général Richard Gale.*

Alexandre Renaud, maire de Sainte-Mère-l'Église, qui fut témoin du massacre de la place de l'église, et le curé Louis Roulland qui fit sonner le tocsin.

Cette photo rarissime, la seule qui existe, à ma connaissance, montre un groupe d'éclaireurs de la 82e Division aéroportée au moment du départ pour la Normandie. Ils furent parmi les premiers à mettre le pied en France. Combien de ces hommes survécurent-ils à la guerre, et combien sont encore vivants? Je n'ai pu retrouver que deux des éclaireurs de la 82e. L'un d'eux, le soldat Robert M. Murphy, qui atterrit dans le jardin de Mme Levrault, est debout, le troisième en partant de la droite, portant un bonnet de laine. COLLECTION ROBERT M. MURPHY

Un planeur Horsa transportant trente hommes vient de s'écraser dans un champ près de Sainte-Mère-l'Église. Huit soldats ont péri dans l'atterrissage.

Un grand nombre de parachutistes américains et anglais tombèrent dans les régions inondées de Normandie. Dans l'obscurité, alourdis par leur équipement et souvent incapables de se dégager des sangles de leurs parachutes, bien des hommes se noyèrent, parfois, comme le soldat ci-dessous, dans moins d'un mètre d'eau.

COLLECTION DU GÉNÉRAL JAMES M. GAVIN

L'aumônier Edward Waters célèbre la messe en plein air, sur les docks, pour la 1re Division d'assaut. Le prochain arrêt était Omaha Beach.

nuit et disparurent. Düring se précipita de nouveau à son P.C. et appela son commandant de bataillon :

— *Fallschirmjäger !* haleta-t-il au téléphone. *Fallschirmjäger !* (Des parachutistes !)

D'autres éclaireurs eurent moins de chance. Au moment où le soldat Robert Murphy, de la 82e, sortait du jardin de Mme Levrault en traînant son sac (qui contenait un radar portatif) pour se diriger vers sa zone, au nord de Sainte-Mère-l'Eglise, il entendit une brusque fusillade sur sa droite. Il devait apprendre plus tard que son ami, le soldat Leonard Devorchak, avait été tué là. Devorchak, qui avait juré de « gagner une médaille, rien que pour se prouver qu'il en était capable », fut sans doute le premier tué américain du Jour J.

Dans tous les environs, des éclaireurs comme Murphy cherchaient à s'orienter. Ils se glissaient silencieusement de haie en haie, affreux à voir, maladroits dans leurs lourdes combinaisons, croulant sous le poids des armes, des mines, des feux, des postes de radar, des panneaux fluorescents, cherchant les lieux de rendez-vous. Ils disposaient seulement d'une petite heure pour baliser les zones où le gros des troupes aéroportées devait débarquer à une heure quinze.

A quatre-vingts kilomètres de là, dans l'est de la Normandie, six avions pleins d'éclaireurs anglais et six bombardiers de la R.A.F. remorquant des planeurs atteignaient la côte. Devant eux, le ciel étincelait d'obus et de balles traceuses, tonnait et grondait, sous les girandoles spectrales des fusées éclairantes. Dans le petit village de Ranville, à quelques kilomètres de Caen, un petit garçon de onze ans, Alain Doix, avait lui aussi vu les fusées. Le bombardement l'avait réveillé et il regardait à présent, figé comme l'avait été Mme Levrault, le reflet multicolore scintillant sur les montants de cuivre de son lit. Il secoua sa grand-mère, Mathilde Doix, qui dormait à ses côtés.

— Mémé, mémé ! Réveille-toi ! Je crois qu'il se passe quelque chose !

A ce moment, le père d'Alain, René Doix, se précipita dans la chambre.

— Levez-vous vite ! Habillez-vous. Je crois que ça va barder !

De la fenêtre, le père et le fils purent voir les avions survoler les champs avoisinants, mais soudain René Doix s'aperçut que ces avions ne faisaient aucun bruit. En un éclair, il comprit et s'exclama :

— Mon Dieu ! Ce ne sont pas des avions ! Ce sont des planeurs !

Comme de gigantesques chauves-souris, les six planeurs, transportant chacun une trentaine d'hommes, descendaient en silence. Ils avaient été largués au-dessus de la côte, à environ huit kilomètres de Ranville, à une altitude de quinze cents à deux mille mètres et se dirigeaient alors vers deux voies d'eau parallèle, miroitant au clair de lune, le canal de Caen et l'Orne. Deux ponts bien gardés, se faisant suite, enjambaient les deux cours d'eau, entre Ranville et Bénouville et constituaient les objectifs de ce petit groupe du 6e d'Infanterie aéroportée britannique, composé de volontaires provenant d'aussi fières unités que l'*Oxfordshire* et *Buckinghamshire Light Infantry* et les *Royal Engineers*. Leur dangereuse mission consistait à s'emparer de ces ponts et à anéantir leur garnison. Ils couperaient ainsi une des principales voies de communication entre Caen et la mer, empêchant les renforts et blindés allemands d'arriver de l'est pour prendre de flanc les forces d'invasion anglo-canadiennes. Ces ponts étant indispensables pour permettre d'élargir la zone de débarquement, il importait de les prendre intacts, avant que les gardes n'eussent le temps de les faire sauter. La surprise s'imposait. Aussi les Anglais avaient-ils imaginé une stratégie audacieuse et risquée. Les hommes, qui s'étaient alors saisis par le bras et retenaient leur souffle, dans les planeurs qui murmuraient doucement dans la nuit claire de juin, se préparaient à un atterrissage brutal aux abords mêmes des ponts.

Le soldat Bill Gray, à bord d'un de ces trois planeurs, ferma les yeux et se raidit pour résister au choc. Le silence était impressionnant. Les Allemands ne tiraient pas. Le seul bruit était celui du vent qui soupirait le long du fuselage de l'énorme engin. A côté de la porte, prêt à l'ouvrir à l'instant où le planeur toucherait terre, se tenait le major John Howard qui dirigeait l'attaque. Gray se rappelle que son chef de section, le lieutenant H.D. Brotheridge, dit Danny, a eu le temps de crier :

— Ce coup-ci, ça y est, les gars !

Puis ce fut le fracas de l'atterrissage, l'écrasement assourdissant. La partie inférieure du fuselage se déchira, des éclats jaillirent du cockpit, et le lourd planeur, comme un camion fou, laboura le sol dans une gerbe d'étincelles. Après un dernier et terrifiant cheval-de-bois, l'appareil s'arrêta, comme dit Gray, « le nez dans les barbelés, presque sur le pont ». Quelqu'un hurla :

— Allons-y, les gars !

Les hommes sautèrent à terre, se bousculèrent à la porte, tombant et se relevant dans la terre meuble. Presque au même instant, à quelques mètres d'eux, les deux autres planeurs s'écrasèrent et vomirent le reste du groupe d'assaut. Tous se ruèrent vers le pont. Ce fut l'enfer. Les Allemands, surpris, furent désorientés. Des grenades éclatèrent dans leurs abris. Ceux qui dormaient, se réveillèrent en sursaut pour se trouver nez à nez avec des mitraillettes Sten. D'autres, encore à moitié endormis, se jetèrent sur leurs fusils ou leurs mitrailleuses et se mirent à tirer au hasard, sur les silhouettes diffuses qui semblaient surgies du sol comme par magie.

Pendant qu'une équipe réduisait la résistance à l'entrée du pont, Gray et une quarantaine d'hommes, conduits par le lieutenant Brotheridge, traversaient au pas de charge pour s'emparer de l'autre extrémité, la plus importante. A mi-chemin, Gray vit une sentinelle allemande, au pistolet Véry à la main droite, prêt à lancer une fusée d'alerte. Ce fut le dernier geste de cet homme courageux. Gray tira de la hanche avec la mitraillette et, pense-t-il, tous ses compagnons en firent autant. La sentinelle tomba au moment même où sa fusée s'allumait au-dessus du pont.

L'avertissement, destiné sans doute aux Allemands qui gardaient le pont sur l'Orne à quelques centaines de mètres plus loin, venait trop tard. La garnison avait déjà été réduite à merci, bien que l'assaut n'eût été donné que par deux planeurs, le troisième s'étant posé dix kilomètres plus loin, au bord de la Dives. Les deux ponts tombèrent simultanément. Surpris par la soudaineté de l'attaque, les Allemands n'eurent même pas la possibilité de se défendre.

Il est amusant de noter que, même s'ils en avaient eu le temps, ils n'auraient pu faire sauter les ponts. Tout était prêt pour le faire, mais les explosifs n'étaient pas encore en place. Les sapeurs britanniques les découvrirent dans une cabane voisine.

L'étrange silence qui tombe toujours après une bataille, surprit les hommes, ahuris par la rapidité des événements, étonnés d'être encore en vie et se demandant tous qui d'autre avait survécu. Le jeune Gray, heureux de sa participation à l'attaque, se hâta de chercher son chef de section, Danny Brotheridge, qu'il avait vu diriger l'assaut sur le pont. Mais il y avait des morts, et parmi eux, le lieutenant de vingt-huit ans. Gray découvrit son corps devant un petit café, près du pont sur le canal. « Il avait une blessure à la gorge, rappelle Gray, causée sans doute par une grenade au phosphore. Sa combinaison fumait encore. »

Tout près de là, d'une *pillbox* capturée, le soldat de première classe Edward Tappenden envoya le signal de victoire. La bouche collée au micro de son *walkie-talkie*, il répétait inlassablement le message codé :

— *Ham and jam... Ham and jam... Ham and jam...* (Jambon et confiture.)

La première bataille du Jour J était terminée. Elle n'avait pas duré un quart d'heure. Le major Howard et ses cent cinquante hommes, loin en arrière des lignes ennemies, coupés provisoirement de tous renforts, se préparèrent à tenir ces ponts indispensables.

Ils savaient au moins où ils étaient. On ne pouvait pas en dire autant de la plupart des soixante parachutistes éclaireurs qui avaient sauté de six bombardiers légers à 0 h 20, au moment même où les planeurs de Howard touchaient terre.

Ces hommes étaient chargés d'une des plus périlleuses missions du Jour J. Constituant l'avant-garde de la 6e division aéroportée britannique, ils s'étaient offerts en volontaires pour sauter dans l'inconnu et délimiter trois zones d'atterrissage avec des balises lumineuses, des radars et autres appareils de contrôle, à l'ouest de l'Orne. Ces zones, situées dans un rectangle d'environ trente kilomètres carrés, étaient proches de trois petits villages — Varanville, à moins de cinq kilomètres de la côte, Ranville, non loin des ponts que tenaient désormais Howard et ses hommes, et Touffréville, à environ huit kilomètres à l'est de Caen. A zéro heure cinquante, les parachutistes anglais commenceraient à y descendre. Les éclaireurs avaient une demiheure pour effectuer leur besogne.

Même en Angleterre et en plein jour, il aurait été difficile de reconnaître ces zones et de les baliser en une demiheure. Mais en pleine nuit, en territoire ennemi et dans un pays qu'ils ne connaissaient pas, cette tâche paraissait insurmontable. Comme leurs camarades américains à quatrevingts kilomètres de là, les Anglais tombèrent immédiatement dans les difficultés. Eux aussi furent dispersés et leur atterrissage fut encore plus chaotique.

Les ennuis commencèrent avec les conditions atmosphériques. Une brise imprévue soufflait (que les éclaireurs américains n'eurent pas à subir) et certains endroits étaient noyés de brume. Les avions transportant les éclaireurs britanniques durent traverser de gros tirs de barrage. Les pilotes s'écartèrent instinctivement de leur route et, en conséquence, dépassèrent ou manquèrent complètement leurs objectifs. Certains revinrent en arrière, décrivant des cercles et se promenèrent au-dessus de la région avant de lâcher les parachutistes. Un avion, volant très bas, s'obstina à aller et venir sous un feu intense pendant quatorze atroces minutes avant de lâcher les siens. Aussi la plupart des éclaireurs tombèrent-ils avec leur équipement dans de mauvais endroits.

Les paras de Varanville atterrirent assez près de leur objectif, mais s'aperçurent bientôt que leur matériel s'était brisé dans la chute, ou était tombé autre part. Aucun de ceux de Ranville ne descendit près de son but; ils se trouvèrent dispersés sur plusieurs kilomètres. Mais les plus malheureux furent incontestablement ceux de Touffréville. Deux groupes de dix hommes devaient baliser ce secteur avec des feux émettant vers le ciel, en morse, la lettre K. Une des équipes tomba dans le secteur de Ranville. Les hommes se rassemblèrent sans trop de mal, découvrirent ce qu'ils pensèrent être le point prévu et quelques minutes plus tard lancèrent un mauvais signal.

La seconde équipe destinée à Touffréville n'atteignit pas non plus son objectif. Sur les dix hommes, quatre seulement atterrirent sains et saufs. L'un d'eux, le soldat James Morrissey, vit avec horreur une rafale de vent emporter six de ses camarades vers l'est. Ils disparurent en direction de la vallée de la Dives inondée qui miroitait au loin sous la lune — région noyée par les Allemands pour renforcer leurs défenses. Morrissey ne devait plus jamais les revoir.

Les quatre hommes restant étaient tombés tout près de Touffréville. Ils se rassemblèrent et le soldat de première classe Patrick O'Sullivan partit en reconnaissance. Quelques instants plus tard, il fut abattu par un tir venant du bord même de la zone qu'ils devaient marquer. Morrissey et les deux autres décidèrent alors de poser leurs balises dans le champ de blé où ils avaient atterri.

A vrai dire, pendant ces premières minutes de confusion, peu d'éclaireurs essuyèrent le feu de l'ennemi. Çà et là, des hommes surprirent des sentinelles qui tirèrent, il y eut inévitablement quelques morts et quelques blessés. Cependant le fait le plus angoissant fut le silence total et menaçant de la campagne. Ils s'attendaient à des fusillades nourries, à des combats acharnés dès leur arrivée à terre. Pourtant, dans l'ensemble, tout restait calme, si calme que les hommes vécurent des cauchemars dus seulement à leur imagination. Dans plusieurs cas, ils se traquèrent mutuellement dans les champs et les chemins creux, chacun croyant que l'autre était un Allemand.

A tâtons dans la nuit normande, autour des fermes obscures, aux abords des villages endormis, les éclaireurs et deux cent dix hommes des avant-gardes de bataillons cherchèrent à s'orienter. Il s'agissait avant tout de savoir exactement où ils se trouvaient. Ceux qui tombèrent à l'endroit prévu reconnurent assez bien les points de repère qu'ils avaient étudiés en Angleterre sur cartes et sur maquettes. D'autres, complètement perdus, essayèrent de se diriger à la boussole. Le capitaine Anthony Windrum résolut son problème avec beaucoup de simplicité. Comme un automobiliste qui s'est trompé de route par une nuit sans lune, Windrum grimpa à un poteau indicateur, craqua calmement une allumette et découvrit que Ranville, son lieu de rendez-vous, n'était qu'à quelques kilomètres.

Mais d'autres restèrent irrémédiablement perdus. Deux éclaireurs surgirent du ciel noir en plein sur la pelouse du

P.C. du général Josef Reichert, commandant la 711e division allemande. Reichert qui jouait aux cartes avec quelques officiers quand les avions passèrent au-dessus d'eux, se précipita sur le perron, juste à temps pour voir atterrir les deux Anglais.

Il serait bien difficile de dire qui, de Reichert ou des deux éclaireurs, furent les plus stupéfaits. Les officiers de renseignements du général s'emparèrent des deux hommes, les désarmèrent et les amenèrent jusqu'au perron. Abasourdi, Reichert ne put que s'exclamer :

— D'où sortez-vous donc ?

A quoi l'un des éclaireurs répondit, avec tout l'aplomb d'un homme qui arrive dans une soirée sans être invité :

— Navré, mon cher, mais nous sommes tombés ici tout à fait par hasard.

Alors qu'on les emmenait pour les interroger, cinq cent soixante-dix parachutistes anglais et américains, constituant les premières forces de libération, plantaient les décors pour la bataille du Jour J. Déjà, sur toutes les zones d'atterrissage, des feux commençaient à trouer la nuit de juin.

CHAPITRE II

— Qu'est-ce qui se passe ? rugit au téléphone le major Werner Pluskat.

A moitié endormi, l'œil vague, il était encore en caleçon. Le fracas des avions et de la D.C.A. l'avait réveillé et son instinct lui criait qu'il s'agissait d'autre chose que d'un simple bombardement. Deux ans d'expérience amère sur le front russe avaient appris au major à se fier aveuglément à son instinct.

Le lieutenant-colonel Ocker, supérieur du major, parut irrité par le coup de téléphone de Pluskat. Il lui répondit d'un ton glacé :

— Mon bon Pluskat, nous ne savons pas encore ce qui se passe. Quand nous le saurons, nous vous le ferons connaître.

Et il raccrocha sèchement. La réponse ne satisfit pas du tout le major. Depuis vingt minutes, des avions vrombissaient dans le ciel illuminé de fusées, bombardant la côte à l'est et à l'ouest. Le secteur que commandait Pluskat, au contraire, était désagréablement calme. De son P.C. d'Etreham, à six kilomètres de la côte, il commandait quatre batteries de la 352ᵉ division allemande — vingt canons en tout. Ces pièces battaient la moitié de la plage d'Omaha.

Enervé, Pluskat décida de passer par-dessus son supérieur; il téléphona au QG de la division et parla à l'officier de renseignements de la 352ᵉ, le major Block.

— Ce doit être encore un raid de bombardiers, Pluskat, lui dit celui-ci. On ne sait pas très bien encore.

Pluskat raccrocha, se sentant un peu ridicule. Il se demanda s'il ne s'était pas montré trop impulsif. Après tout, il n'y avait pas eu d'alerte. De fait, après tant de nuits mouvementées, c'était une des rares où ses hommes avaient reçu la permission de se reposer.

Mais Pluskat était maintenant trop éveillé pour se rendormir, et trop mal à l'aise. Il s'assit un moment sur le bord de son lit. A ses pieds, son berger allemand Harras dormait paisiblement. Tout était tranquille dans le château, mais Pluskat entendait encore au loin le grondement des avions.

Soudain, le téléphone de campagne sonna. Pluskat se précipita et entendit la voix tranquille du colonel Ocker :

— Des parachutistes sont signalés sur la presqu'île. Alertez vos hommes et rendez-vous immédiatement sur la côte. C'est peut-être le débarquement.

Il ne fallut que quelques minutes à Pluskat, au capitaine Ludz Wilkening, commandant la seconde batterie et au lieutenant Fritz Theen, son directeur de tir, pour partir vers leur P.C. avancé, un observatoire bétonné construit dans les falaises, près du village de Sainte-Honorine. Le chien Harras les accompagnait. Ils se serrèrent dans la Volkswagen en forme de jeep et Pluskat se souvient que pendant les quelques minutes de trajet, personne ne parla. Quelques jours plus tôt, le général Marcks du 94ᵉ Corps d'Armée, avait inspecté les batteries et répondu à une question de Pluskat :

— Si jamais un débarquement a lieu dans votre secteur, vous recevrez plus de munitions que vous n'en pourrez tirer.

Longeant les défenses côtières, la Volkswagen atteignit Sainte-Honorine. Suivi de ses hommes et tenant Harras en laisse, Pluskat gravit lentement un sentier abrupt pour gagner son P.C. Des barbelés bordaient le sentier. C'était le seul accès, le sol était miné de part et d'autre. Parvenu presque au sommet de la falaise, le major se laissa glisser dans un étroit boyau, descendit un escalier de béton, suivit un tunnel sinueux et pénétra enfin dans une grande pièce où trois soldats veillaient.

Pluskat alla vite se poster devant les puissantes jumelles d'artillerie, juchées sur un piédestal, devant une des deux meurtrières de l'abri. L'observatoire n'aurait pu être mieux situé : il dominait de trente mètres la plage d'Omaha, presque au centre de ce qui allait devenir la tête de pont normande. Par temps clair, on pouvait voir toute la baie de Seine, depuis la pointe de Barfleur à gauche, jusqu'au Havre et au cap de la Hève à droite. Et même à ce moment, par clair de lune, Pluskat avait une vue remarquable. Il fit lentement pivoter les jumelles de gauche à droite, fouillant la baie. Il y avait un peu de brume. Des nuages noirs voilaient de temps en temps la lune éblouissante et jetaient de grandes taches d'ombre sur la mer, mais rien d'anormal ne se manifestait. Pas de feux, pas un seul bruit. Le major observa longuement la baie, mais n'aperçut pas le moindre navire. Enfin, il s'écarta.

— Il n'y a rien, dit-il au lieutenant Theen en appelant le P.C. de son régiment : cependant il ajouta, en proie à un malaise indéfinissable : « Je vais rester ici. C'est peut-être une fausse alerte, mais il peut encore se passer quelque chose. »

☆

Des rapports vagues et contradictoires parvenaient alors aux P.C. de la 7e Armée, dans toute la Normandie, et partout des officiers essayaient d'en tirer quelque chose.

Les renseignements étaient bien minces — des silhouettes confuses ici, des coups de feu là, un parachute pendu à un arbre ailleurs. Des indices, mais indiquant quoi ? Cinq cent soixante-dix hommes seulement avaient été parachutés. Tout juste assez pour créer la pire des confusions.

Les rapports étaient tronqués, peu clairs et si dispersés que les officiers les plus expérimentés demeuraient sceptiques et rongés de doutes. Combien d'hommes avaient atterri ? Deux ou deux cents ? Etait-ce un équipage de bombardier abattu ? S'agissait-il d'attaques de la Résistance française ? Personne n'était sûr de rien, pas même ceux qui, comme le général Reichert de la 711ᵉ division, s'étaient trouvés nez à nez avec des parachutistes. Reichert crut qu'il s'agissait d'un raid dirigé contre son P.C. et le signala dans le rapport qu'il fit à son commandant de corps. La nouvelle parvint beaucoup plus tard au QG de la 15ᵉ Armée, où elle fut inscrite avec le commentaire laconique : « Pas de détails. »

Il y avait déjà eu tant de fausses alertes que tout le monde se méfiait. Les commandants de compagnies réfléchissaient à deux fois avant d'alerter le bataillon. Ils envoyaient d'abord des patrouilles pour vérifier. Les commandants de bataillons prenaient encore plus de précautions avant d'informer leurs supérieurs. Une seule chose paraît claire : sur la foi de tant de rapports incomplets, personne ne voulut prendre la responsabilité de donner l'alerte — une alerte qui pouvait fort bien n'être pas fondée. Et les minutes s'écoulèrent.

Deux généraux avaient déjà quitté la presqu'île du Cotentin pour assister à l'exercice de Rennes. Un troisième, le général Wilhelm Falley, de la 91ᵉ division aéroportée, choisit ce moment pour prendre la route. Malgré l'interdiction faite par le QG de la 7ᵉ Armée aux officiers généraux de partir avant l'aube, Falley ne voyait pas comment il arriverait à temps au *Kriegsspiel* s'il ne partait pas plus tôt. Cette décision devait lui coûter la vie.

Au QG de la 7ᵉ Armée, au Mans, le général Friedrich Dolmann dormait. Probablement à cause du mauvais temps, il avait annulé un exercice d'alerte qui devait avoir lieu justement cette nuit. Fatigué, il s'était couché tôt.

Son chef d'état-major, le très capable et très consciencieux major général Max Pemsel, s'apprêtait à l'imiter.

A Saint-Lô, au QG du 84e Corps, l'échelon de commandement inférieur à l'Armée, tout était prêt pour la surprise-partie d'anniversaire du général Erich Marcks. Le major Friedrich Hayn, officier de renseignements, avait mis le vin au frais. Hayn, le lieutenant-colonel Friedrich von Criegern, chef d'état-major, et plusieurs autres officiers supérieurs, devaient faire irruption dans la chambre du général au moment où le clocher de la cathédrale de Saint-Lô sonnerait minuit (une heure à l'heure d'été anglaise). Tout le monde se demandait comment réagirait le sévère Marcks, qui avait perdu une jambe sur le front russe. On le considérait comme un des meilleurs généraux de Normandie, mais c'était aussi un homme austère et peu démonstratif. Tout était prêt cependant et, bien que tous se sentissent un peu puérils, les officiers de l'état-major tenaient à mener à bien leur projet. Ils allaient pousser la porte du général quand ils entendirent soudain une batterie de D.C.A. voisine ouvrir le feu. Ils se précipitèrent au-dehors, à temps pour voir un bombardier allié s'écraser en flammes et entendre les servants de la D.C.A. jubiler et hurler :

— On l'a eu ! On l'a eu !

Le général Marcks ne sortit pas de sa chambre. Les cloches de la cathédrale se mirent à sonner, et le petit groupe, le major Hayn en tête portant le chablis et les verres, pénétra dans la chambre du général, peut-être un peu solennellement, pour souhaiter à leur chef un bon anniversaire. Il y eut un silence quand Marcks leva la tête et les dévisagea calmement à travers ses lunettes. « Sa jambe artificielle a craqué, se rappelle Hayn, quand il s'est levé pour nous accueillir. » D'un geste rassurant de la main, il mit tout de suite tout le monde à l'aise. On déboucha les bouteilles et le petit groupe se mit au garde-à-vous, autour de son général de cinquante-trois ans. Les officiers levèrent leurs verres et burent à sa santé, ignorant béatement qu'à soixante kilomètres de là, 4 255 parachutistes anglais descendaient sur la terre de France.

CHAPITRE III

À TRAVERS les champs de Normandie baignés de lune, un son étrange, incongru, rauque et insolite se fit entendre : la plainte désolée d'une trompe de chasse anglaise. De minute en minute, la trompe répétait son appel. Des dizaines de silhouettes casquées, en combinaison camouflée, bardées de sacs, de musettes et de matériel, trébuchaient à travers champs, dans les ruisseaux, le long des haies, en direction du bruit. D'autres trompes reprirent l'appel. Soudain, un clairon sonna. Pour les centaines d'hommes de la 6e division aéroportée britannique, ce fut le signal de la bataille.

La bizarre cacophonie venait de la région de Ranville. Ces sonneries de trompe constituaient les signaux de rassemblement de deux bataillons de la 5e brigade de parachutistes, et il leur fallait faire vite. Le premier devait se porter au secours du petit groupe commandé par le major Howard, qui tenait les ponts. L'autre avait pour mission de s'emparer de Ranville et de se maintenir dans cette position, à l'est des ponts stratégiques. Jamais encore des commandants de parachutistes n'avaient rassemblé leurs hommes de cette façon, mais cette nuit la vitesse était capitale. La 6e aéroportée luttait contre la montre. Les premières vagues d'assaut anglaises et américaines aborderaient les cinq plages de six heures trente à sept heures trente. Les « Diables Rouges » disposaient de cinq heures et demie pour s'établir solidement et « ancrer » le flanc gauche des forces d'invasion.

La division avait diverses missions complexes à mener à bien, et chacune demandait un chronométrage parfait. Les parachutistes devaient occuper les hauteurs au nord-est de Caen, tenir les ponts sur l'Orne et le canal de Caen, en faire sauter cinq autres sur la Dives et bloquer ainsi l'arrivée des renforts ennemis, en particulier celle des panzers.

Mais les armes légères des paras ne suffisaient pas pour stopper une offensive de blindés. Le succès de l'opération dépendait donc entièrement de la rapidité d'exécution, de la prompte venue des canons antichars et de leurs munitions capables de percer les plus forts blindages. A cause de leur encombrement et de leur poids, les canons ne pouvaient être acheminés que par des trains de planeurs. A 3 h 20, soixante-neuf de ceux-ci devaient envahir le ciel de Normandie, apportant des hommes, des véhicules, du matériel lourd et les précieuses pièces.

Leur arrivée posait en elle-même un problème colossal. Les planeurs étaient énormes — plus grands que des DC-3. Quatre d'entre eux, les Hamilcars, étaient si vastes qu'ils pouvaient porter des chars légers. Pour faire atterrir les soixante-neuf planeurs, les parachutistes devaient d'abord protéger les zones d'atterrissage contre une attaque ennemie. Ensuite, il fallait transformer les prairies parsemées d'obstacles en un gigantesque terrain d'aviation, autrement dit raser une forêt de troncs d'arbres minés et de traverses de chemin de fer, par une nuit sombre, le tout en deux heures et demie. Le même terrain servirait à un deuxième train de planeurs attendu dans la soirée.

Autre mission, peut-être la plus importante : détruire une batterie d'artillerie lourde, près de Merville. Les agents de renseignements alliés croyaient que ses quatre puissantes pièces pourraient harceler la flotte de débarquement et massacrer les troupes débarquant à Sword. La 6e division aéroportée avait reçu l'ordre de neutraliser cette batterie avant cinq heures du matin.

Quatre mille deux cent cinquante-cinq soldats des 3e et 5e brigades de parachutistes atterrirent en Normandie pour accomplir ces diverses tâches. Ils tombèrent un peu partout, dans un vaste périmètre, victimes des erreurs de navigation d'appareils déroutés par la D.C.A., d'un mauvais balisage des zones et des rafales de vent. Certains eurent de la chance, mais des milliers tombèrent à des distances variant de cinq à cinquante kilomètres de leurs objectifs.

Des deux brigades, ce fut la 5e qui s'en tira le mieux. La plupart des hommes furent largués non loin de leur objectif de Ranville. Malgré cela, les commandants de compagnie mirent près de deux heures pour rassembler la moitié de l'effectif. Guidés par les plaintes modulées des trompes de chasse, les hommes trébuchaient donc à tâtons dans le noir, vers le lieu de rassemblement.

Le soldat Raymond Batten, du 13e bataillon, entendit la trompe, mais bien qu'il se trouvât tout près de sa zone, il ne pouvait rien faire pour obéir. Batten s'était écrasé dans un petit bois touffu et restait pendu à un arbre par son harnachement, se balançant doucement à trois mètres du sol. Le bois était très calme, mais Batten pouvait entendre le tir saccadé des mitrailleuses, le grondement des avions et, au loin, le tir de la D.C.A. Au moment où il tirait son couteau pour se libérer de ses sangles, Batten entendit soudain le bégaiement sec d'un pistolet mitrailleur Schmeissen tout proche. Une minute après, il y eut un froissement de feuilles et de branches cassées; quelqu'un s'avança prudemment vers lui. Batten avait perdu sa Sten dans sa chute et ne possédait pas de revolver. Impuissant, il restait suspendu, ne sachant pas si la silhouette sombre était un Allemand ou un autre parachutiste.

— Qui que ce fût, dit aujourd'hui Batten, le type s'est approché et m'a regardé. Je ne pouvais rien faire que rester sans bouger et le gars, croyant que j'étais mort, comme j'espérais qu'il le penserait, s'est décidé à partir.

Batten sauta de son arbre, aussi vite qu'il le put, et se dirigea vers les trompes qui sonnaient le ralliement. Ses tribulations n'étaient pourtant pas terminées. A l'orée du bois, il trouva le cadavre d'un jeune para dont le parachute ne s'était pas ouvert. Ensuite, il tomba sur un homme qui le dépassa sur la route en hurlant comme un fou :

— Ils ont eu mon copain ! Ils ont eu mon copain !

Et pour finir, en rejoignant un groupe qui se dirigeait vers le point de ralliement, Batten se trouva à côté d'un soldat qui paraissait complètement absent. Il marchait, le regard fixe, comme un automate, sans paraître se rendre compte que le canon du fusil qu'il serrait convulsivement dans sa main était plié en deux.

Dans bien des endroits, cette nuit-là, des hommes comme Batten se trouvèrent immédiatement plongés dans les dures réalités de la guerre. Alors qu'il se débattait pour se libérer de son harnachement, le première classe Harold

Tait, du 8e bataillon, vit un des Dakotas de transport touché par la D.C.A. L'avion passa au-dessus de sa tête comme une comète ivre pour exploser dans un champ à quinze cents mètres plus loin. Tait se demanda si les paras qu'il transportait avaient déjà sauté.

Le soldat Percival Liggins, du 1er bataillon canadien, vit aussi un avion en flammes. Il « filait pleins gaz, en lâchant des tas de morceaux, flambant d'un bout à l'autre », et semblait arriver sur lui. Mais l'appareil le survola et s'écrasa dans un champ derrière. Tait et quelques autres voulurent essayer de sauver ceux qui restaient peut-être dans l'avion, mais « les munitions commencèrent à sauter et nous n'avons pas pu nous approcher ».

Pour le soldat de vingt-deux ans Colin Powell; du 12e bataillon, tombé à des kilomètres de son objectif, le premier bruit de guerre fut un gémissement dans la nuit. Il s'agenouilla près d'un parachutiste grièvement blessé, un Irlandais, qui supplia doucement Powell de l'achever. « Achève-moi, petit, je t'en supplie. » Powell en fut incapable. Il installa le blessé de son mieux et partit en promettant de lui envoyer du secours.

Pendant ces premières minutes, bien des hommes ne durent la vie qu'à leur propre initiative. Un parachutiste (le lieutenant Richard Hilborn, du 1er bataillon canadien, se le rappelle encore très bien), tomba sur une serre, « envoyant des éclats de verre partout et faisant un pétard du tonnerre, mais il s'était relevé et fichait le camp avant que le verre ait fini de tomber ». Un autre s'enfonça avec une précision surprenante dans un puits. Il se hissa hors du puits grâce à ses sangles et partit vers le lieu de rassemblement comme si c'était la chose du monde la plus naturelle.

Partout, des hommes durent se tirer d'incroyables situations, qui eussent été fort délicates en plein jour mais qui, de nuit et en territoire ennemi, prenaient des proportions terrifiantes, encore aggravées par la peur et l'imagination. Ce fut le cas du soldat Godfrey Maddison. Il se trouvait en bordure d'un pré, emprisonné dans un réseau de barbelés, incapable de faire un mouvement. Ses deux jambes étaient prises dans les fils et le poids de son équipement — 56 kilos, dont quatre obus de mortier — l'enfonça si profondément qu'il était presque complètement coincé. « J'ai d'abord été pris de panique, dit-il, il faisait bien noir et j'étais sûr qu'on allait me tirer à la cible. » Pendant quelques instants, il ne bougea pas, attendit, l'oreille tendue, puis, quand il eut compris que personne ne l'avait remarqué, Maddison commença à tenter de se dégager, lentement et péniblement. Il lui sembla qu'il mettait des heures à libérer un bras pour prendre les pinces coupantes fixées à sa ceinture. Mais il réussit enfin à se libérer et partit en direction des sons de trompe.

Au même moment, le major Donald Wilkins, du 1er bataillon canadien, rampait le long de ce qu'il pensait être une petite fabrique. Soudain il aperçut un groupe de gens sur la pelouse. Il se jeta immédiatement face contre terre et ne bougea plus. Les silhouettes sombres ne firent aucun geste. Wilkins les examina attentivement et, au bout d'une minute, il se releva en grommelant pour aller vérifier ses soupçons. C'étaient des statues de pierre.

Un sergent appartenant à la même unité vécut à peu près la même aventure, à cette différence près que ses statues étaient bien vivantes. Le soldat Henry Churchill, d'un fossé voisin, vit ce sergent, qui était tombé dans un trou d'eau, se libérer de son harnachement et regarder désespérément autour de lui, comme deux hommes s'avançaient. « Le sergent a attendu, rappelle Churchill, en essayant de se rendre compte si c'étaient des Anglais ou des Allemands. » Les hommes approchèrent et leurs voix étaient indiscutablement germaniques. La Sten du sergent aboya et « il les a descendus tous les deux d'une seule rafale ».

Cependant, le plus sinistre ennemi de l'homme, en ces premières minutes du Jour J, ne fut pas l'armée allemande mais la nature. Les précautions de Rommel, ses défenses contre les débarquements aériens, se montrèrent efficaces. Les eaux et les marais de la vallée de la Dives inondée présentaient des dangers mortels. Un fort contingent de la 3e brigade tomba dans cette région comme des confetti lancés d'un sac. Les mésaventures tragiques se succédèrent. Quelques pilotes, trompés par le brouillard, prirent l'embouchure de la Dives pour celle de l'Orne et larguèrent les hommes au-dessus d'un labyrinthe de marécages et d'étangs. Un bataillon entier de sept cents hommes, qui aurait dû descendre sur une surface d'un kilomètre carré, s'éparpilla sur quatre-vingts kilomètres carrés de marais et de bois. Et ce bataillon merveilleusement entraîné, le 9e, avait reçu une des plus importantes et périlleuses missions de la nuit — la destruction de la batterie de Merville. Certains de ces hommes devaient mettre plusieurs jours à rejoindre leur unité. D'autres ne revinrent jamais.

On ne connaîtra jamais le nombre d'infortunés qui moururent aux environs de la Dives. Les survivants disent que les marais étaient coupés d'un réseau compliqué de fossés, profonds de plus de trois mètres, larges de cinq, remplis d'une vase gluante. Un homme seul, alourdi par le poids de ses armes et de son équipement, était incapable de s'en sortir. Les musettes mouillées pesaient double et les hommes devaient s'en débarrasser. Certains, qui réussirent à traverser les marais, allèrent se noyer dans la rivière, à quelques mètres de la terre ferme.

Le soldat Henry Humberstone, de la 224e ambulance de campagne aéroportée, échappa de peu à une mort semblable. Il tomba dans un marécage, avec de l'eau jusqu'à la ceinture, n'ayant aucune idée de l'endroit où il se trouvait. Il s'attendait à atterrir dans les vergers autour de Varaville, mais il était tombé beaucoup plus loin à l'est. Entre Varaville et lui s'étendaient des marais, et la Dives débordante. Un brouillard humide recouvrait le paysage et Humberstone n'entendait autour de lui que le coassement des grenouilles. Puis, droit devant lui, il perçut le bruit caractéristique d'une eau courante. Pataugeant à travers les prés inondés, il arriva au bord de la Dives. Pendant qu'il cherchait un moyen de franchir la rivière, il aperçut deux hommes sur la rive opposée. C'étaient des Canadiens du 1er bataillon. Humberstone leur cria :

— Comment je vais faire pour passer ?

— Y a pas de danger, lui répondit un des soldats.

Le Canadien entra dans l'eau, sans doute pour lui montrer le chemin. « Je le regardais, et, tout à coup, il a disparu, se rappelle Humberstone. Il n'a pas crié, ni rien. Il s'est noyé sans que moi ou son pote sur l'autre rive puissions faire quoi que ce soit pour le sauver. »

John Gwinnett, aumônier du 9e bataillon, était complètement perdu. Lui aussi, il était tombé dans les marais, seul, et le silence qui l'entourait avait quelque chose d'angoissant. Gwinnett tenait absolument à se sortir de là. Il était persuadé que l'attaque de Merville serait sanglante et voulait être auprès de ses hommes. Sur le terrain, juste avant le décollage, il leur avait dit :

— La peur a frappé à la porte. La Foi a ouvert, et il n'y avait personne.

Gwinnett ne le savait pas encore, mais il allait mettre plus de dix-sept heures à s'extraire des marécages.

Au même moment, le lieutenant-colonel Terence Otway, commandant du 9e bataillon, était en proie à une colère noire. Il avait été largué à des kilomètres du lieu de ralliement et savait que son unité était éparpillée dans la nature. Tandis qu'Otway marchait rapidement dans la nuit, de petits groupes de ses hommes apparurent, un peu partout, confirmant ses pires soupçons. Il se demanda quelle était l'étendue des dégâts. Son train de planeurs spéciaux avait-il été également dispersé ?

Otway avait un urgent besoin des canons et du matériel apportés par ces planeurs pour attaquer Merville, car il ne s'agissait pas d'une batterie ordinaire. Elle était entourée d'une formidable ceinture de défenses profondes. Pour atteindre la batterie elle-même — quatre canons lourds dans des blockhaus en béton — le 9e bataillon devrait traverser des champs de mines, franchir des fossés antichars, foncer à travers une haie de barbelés large de quatre mètres, traverser d'autres champs de mines et se frayer un passage dans un labyrinthe de tranchées pleines de mitrailleuses. Les Allemands estimaient imprenable cette place forte, avec sa garnison de deux cents hommes.

Otway ne pensait pas comme eux, et avait dressé un plan d'attaque extrêmement précis et incroyablement détaillé, ne voulant rien laisser au hasard. Cent bombardiers Lancaster pilonneraient d'abord la batterie avec des bombes de deux tonnes. Les trains de planeurs apporteraient des jeeps, des canons antichars, des lance-flammes, des torpilles « Bangalore » (tuyaux bourrés d'explosifs pour détruire les barbelés), des détecteurs de mines, des mortiers et même de légères échelles en aluminium. Après avoir récupéré ce matériel, les hommes d'Otway engageraient l'assaut, divisés en onze groupes.

Cela demandait un minutage précis. Des patrouilles partiraient en reconnaissance. Puis des équipes déblaieraient les champs de mines et marqueraient les passages libres. D'autres équipes suivraient, avec les « Bangalores » pour détruire les barbelés. Des tireurs d'élite, des mitrailleurs et des hommes avec des mortiers se mettraient enfin en position pour couvrir l'assaut proprement dit.

Le plan d'Otway réservait une surprise finale : au moment où ses troupes se rueraient à l'assaut, trois planeurs remplis de soldats viendraient s'écraser *sur la batterie même,* permettant ainsi une attaque simultanée par air et par terre.

Certains détails de ce plan tenaient du suicide, mais les risques valaient la peine d'être courus, car les canons de Merville pouvaient tuer des milliers de soldats anglais débarquant à Sword. Même si tout marchait bien, Otway et ses hommes disposeraient seulement d'une heure pour mener leur besogne à bien. S'ils n'y réussissaient pas, avait-on dit à Otway, les canons des navires de guerre interviendraient. Autrement dit, si le signal de victoire n'avait pas été lancé de Merville à 5 h 30 au plus tard, le bombardement commencerait, Otway devrait se replier.

Telle était donc la stratégie. Mais, alors qu'Otway se hâtait avec angoisse vers le lieu de rassemblement, la première partie du plan était déjà manquée. L'attaque aérienne avait eu lieu à 0 h 30 et s'était soldée par un échec total : pas une seule bombe n'avait atteint la batterie. D'autre part, les planeurs qui devaient apporter le matériel indispensable n'étaient pas arrivés.

☆

Au centre du secteur de débarquement, dans son abri dominant la plage d'Omaha, le major Werner Pluskat guettait toujours. Il voyait les crêtes blanches des vagues, rien de plus. Son malaise ne l'abandonnait pas; bien au contraire, Pluskat était de plus en plus persuadé que quelque chose se préparait. Peu après son arrivée dans l'abri, d'incalculables formations aériennes s'étaient succédé, grondant au-dessus de la côte, au loin, vers la droite. Pluskat pensait qu'il devait y avoir des centaines d'avions. Dès l'instant où il les entendit, il attendit un coup de téléphone de son régiment, qui confirmerait ses soupçons et lui annoncerait un débarquement. Mais le téléphone ne sonnait pas. Ocker n'avait plus donné de nouvelles, depuis son premier coup de fil. En ce moment, Pluskat entendait autre chose : un sourd grondement d'avions, qui allait augmentant, sur sa gauche. Et puis le même rugissement, cette fois derrière lui, comme si des avions approchaient du Cotentin par l'ouest. Pluskat devint plus perplexe que jamais. Machinalament, il colla encore une fois ses yeux aux lunettes d'approche. La baie était parfaitement vide. Il n'y avait rien a voir.

CHAPITRE IV

A SAINTE-MÈRE-L'EGLISE, le bombardement paraissait tout proche. Alexandre Renaud, maire de la petite ville et pharmacien de son état, sentait la terre trembler. Il lui sembla que les avions attaquaient les batteries de Saint-Marcouf et de Saint-Martin-de-Varreville, à quelques kilomètres, et s'inquiétait pour sa ville et ses administrés. Les habitants ne pouvaient que se mettre à l'abri dans leurs caves ou dans des tranchées creusées dans les jardins, car le couvre-feu leur interdisait de quitter leurs maisons. Renaud conduisit sa femme Simone et leurs trois enfants dans le couloir près du salon, où de lourdes poutres offraient quelque protection. Il était une heure dix quand la famille se réunit dans cet abri improvisé. Renaud se souvient de l'heure (minuit dix pour lui) parce qu'à ce moment, on frappait à la porte avec insistance.

Renaud laissa sa famille dans l'appartement, traversa son arrière-boutique et entra dans son magasin obscurci qui donnait sur la place de l'église. Avant d'atteindre la porte, il comprit. A travers la vitrine, le petit square avec ses marronniers et la grande église massive paraissaient brillamment illuminés. La villa de M. Hairon, de l'autre côté de la place, brûlait.

Renaud ouvrit la porte. Casque en tête, le capitaine des pompiers se tenait sur le seuil.

— Ça doit être une bombe incendiaire perdue, dit-il sans préambule, en faisant signe au maire de le suivre. Le feu s'étend rapidement. Est-ce que vous ne pouvez pas demander à la kommandantur de lever le couvre-feu ? Nous aurons besoin d'hommes pour faire la chaîne.

Le maire courut à la kommandantur toute proche, expliqua rapidement la situation au sergent de service qui de sa propre autorité lui accorda l'autorisation demandée. En même temps, l'Allemand fit sortir ses hommes pour surveiller les volontaires. Renaud alla ensuite au presbytère et réveilla le curé, Louis Roulland. Celui-ci envoya son sacristain sonner le tocsin tandis qu'il accompagnait le maire et quelques autres pour réveiller les habitants et les appeler à l'aide. Le tocsin se mit alors à sonner sur la ville. Des gens apparurent, en vêtements de nuit, à demi habillés, et bientôt plus d'une centaine d'hommes et de femmes, sur deux rangs, se passaient des seaux d'eau de main en main. Une trentaine de soldats allemands les entouraient, armés de fusils et de Schmeissers.

Renaud se souvient qu'au milieu de toute cette confusion, le curé le prit à l'écart.

— Il faut que je vous parle — c'est très important.

Il conduisit Renaud dans la cuisine du presbytère. Mme Levrault, la vieille institutrice, les y attendait. Elle était dans un état épouvantable. D'une voix tremblante, elle leur annonça :

— Un homme, un parachutiste, est tombé dans mes pois de senteur.

Renaud avait déjà assez de soucis, mais il tenta de la calmer.

— Ne vous inquiétez pas, dit-il. Rentrez chez vous et n'en sortez plus.

Puis il repartit en courant vers l'incendie. En son absence, le bruit et la confusion n'avaient fait que croître. Les flammes montaient de plus en plus haut. Des gerbes d'étincelles retombaient sur les maisons avoisinantes et certaines commençaient déjà à flamber. Renaud croyait vivre un cauchemar. Figé sur place, il regardait la foule fiévreuse, les visages congestionnés des pompiers, les soldats allemands impassibles, avec leurs fusils et leurs mitraillettes. Et le tocsin n'arrêtait pas, ajoutant sa voix de bronze au tumulte. Ce fut alors qu'ils entendirent tous le grondement des avions.

Le bruit venait de l'ouest — un rugissement sourd, qui allait grandissant, accompagné par le fracas de la D.C.A. comme une batterie après l'autre ouvrait le feu sur la formation. Sur la place de Sainte-Mère-l'Eglise, tous les visages se levèrent, transfigurés, et on oublia l'incendie. Puis les canons du bourg entrèrent en action et le tintamarre devint étourdissant, juste au-dessus des têtes. Les avions déferlaient, aile contre aile, à travers le tir de barrage. Ils portaient leurs feux et volaient si bas que les gens se baissèrent instinctivement. Renaud se souvient que les appareils « projetaient de grandes ombres par terre et paraissaient illuminés de rouge à l'intérieur ».

Vague après vague, les formations survolèrent la localité, les premiers avions de la plus gigantesque opération militaire aéroportée jamais tentée — huit cent quatre-vingt-deux appareils en tout, transportant treize mille hommes. Ces soldats des 101e et 82e divisions aéroportées américaines se dirigeaient vers six zones toutes situées à quelques kilomètres de Sainte-Mère-l'Eglise. Les hommes sautèrent des avions, stick après stick. Et, tandis que ceux qui devaient atterrir aux abords de la localité se balançaient dans le ciel, ils entendirent un bruit incongru dans le fracas de la bataille, une cloche d'église carillonnant dans la nuit. Pour beaucoup, ce fut le dernier bruit qu'ils entendirent. Pris dans des rafales de vent, un certain nombre de soldats furent déportés vers l'enfer de la place de l'église, et vers les fusils et les mitraillettes qu'un destin capricieux y avait placés. Le lieutenant Charles Santasiero, du 506e régiment de la 101e, se trouvait à la porte de son avion quand il survola Sainte-Mère-l'Eglise et s'en souvient encore. « Nous étions à peut-être cent cinquante mètres d'altitude, même pas, et je voyais des incendies et des Fritz qui galopaient dans tous les coins. Il y avait un drôle de ramdam au sol. Une corrida comme jamais. La D.C.A.

tirait et des armes légères, et tous ces pauvres gars étaient pris en plein dedans. »

Il n'eut pas plus tôt sauté de son avion que le soldat John Steele, du 505e régiment de la 82e, s'aperçut qu'au lieu de tomber dans une zone balisée, il se dirigeait vers le centre d'une agglomération qui avait tout l'air d'être en feu. Puis il vit des soldats allemands et des civils français qui couraient dans tous les sens. Steele eut l'impression que la plupart d'entre eux levaient la tête vers lui. Alors il fut touché par quelque chose qui lui fit l'effet « d'un bon coup de couteau affûté ». Il venait de recevoir une balle dans le pied. Et Steele aperçut quelque chose qui l'alarma bien plus encore. Balancé au bout de ses sangles, incapable de s'écarter, il vit que son parachute l'emportait tout droit vers le haut clocher pointu de l'église.

Au-dessus de Steele, le soldat de première classe Ernest Blanchard entendit sonner la cloche et vit la trombe de feu roulant monter tout autour de lui. Deux secondes plus tard, horrifié, il contempla l'homme qui se balançait presque à le toucher, et le vit soudain « exploser et se désintégrer complètement sous mes yeux », victime, sans doute, des explosifs qu'il portait.

Blanchard se mit à tirailler désespérément sur ses sangles, cherchant à éviter la foule de la place. Mais il était trop tard. Il tomba avec fracas dans un des marronniers. Tout autour de lui, des hommes s'écroulaient sous des rafales de mitraillette. Il y avait des cris, des hurlements, des gémissements, des plaintes — que Blanchard ne devait jamais oublier. Frénétiquement, tandis que la fusillade se rapprochait, il cisailla ses sangles. Puis il sauta de son arbre et courut droit devant lui, pris de panique, sans même s'apercevoir qu'il s'était coupé toute l'extrémité du pouce.

Les Allemands durent avoir l'impression que Sainte-Mère-l'Eglise était complètement submergée par un assaut de parachutistes, et très certainement les habitants de la ville qui se trouvaient massés sur la place pensèrent être plongés au cœur d'une bataille capitale. En réalité, bien peu d'Américains — une trentaine en tout, au maximum — tombèrent sur la localité, et pas plus d'une vingtaine sur la place ou aux alentours. Mais cela suffit pour jeter la panique dans la garnison allemande de moins de cent hommes. Des renforts se ruèrent vers la place et là, tombant brusquement sur une scène infernale, sur le sang et le feu, certains soldats perdirent la tête, si l'on en croit Renaud.

A quelques mètres du maire, un parachutiste tomba dans un arbre et se mit immédiatement à chercher à se dégager de son harnachement mais il avait déjà été aperçu. Sous les yeux de Renaud, « une demi-douzaine d'Allemands vidèrent leurs chargeurs sur lui et le gamin resta là, suspendu, les yeux ouverts, comme s'il contemplait ses propres blessures ».

Pris dans le massacre qui se déroulait autour d'eux, les gens de la place en oublièrent la puissante armada qui ne cessait de déferler au-dessus de leurs têtes. Des milliers d'hommes sautaient au-dessus des zones de la 82e division aéroportée, au nord-est de la localité, dans les secteurs du 101e à l'est et à l'ouest, et entre Sainte-Mère-l'Eglise et la plage d'Utah. Mais les sauts étaient largement échelonnés, des soldats appartenant à presque tous les régiments se trouvèrent déportés vers l'holocauste de la place. Un ou deux d'entre eux, chargés de munitions, de grenades et de charges de plastic, tombèrent même dans la maison en flammes. On entendit des cris très brefs, puis un éclatement de cartouches et d'explosifs.

Au milieu de toutes ces horreurs et dans cette confusion générale, le soldat Steele se cramponnait à une vie qui ne tenait littéralement qu'à un fil. Son parachute, drapé sur le clocher de l'église, retombait gracieusement jusqu'aux gouttières. Il entendait les cris et les hurlements. Il voyait les Allemands et les Américains se fusiller sur la place et dans les rues. Et, paralysé de terreur, il voyait des balles passer, fulgurantes, tout autour de lui et se croiser au-dessus de sa tête en sifflant. Steele avait essayé de couper ses sangles, mais son couteau lui avait échappé. Il décida que son seul espoir était de faire le mort. Sur le toit de l'église, à quelques mètres de lui, des mitrailleuses allemandes tiraient sur tout ce qui se montrait, mais pas sur lui. Il demeurait suspendu, si parfaitement « mort » dans son harnachement que le lieutenant Willard Young, de la 82e, qui descendit au plus fort de la fusillade, se rappelle encore « le cadavre pendant au clocher de l'église ». Steele resta dans cette position plus de deux heures, avant d'être dégagé par les Allemands et fait prisonnier. Sa terreur, et la douleur causée par sa blessure au pied furent telles qu'il ne conserve absolument aucun souvenir de la cloche qui, pourtant, ne cessa pas de carillonner à ses oreilles.

Ce petit combat de Sainte-Mère-l'Eglise constitua un prélude à l'offensive américaine aéroportée, mais dans le plan d'ensemble, fut purement accidentel[1]. Bien que la commune fût un des principaux objectifs de la 82e aéroportée, la véritable bataille de Sainte-Mère-l'Eglise se livra plus tard. Bien des choses devaient s'accomplir avant, car la 101e et la 82e, comme les divisions anglaises, luttaient contre la montre.

Aux Américains revenait la tâche de tenir le flanc droit de la future tête de pont, tout comme leurs camarades britanniques tenaient l'aile gauche. Mais les parachutistes américains avaient une bien plus lourde responsabilité : le succès du débarquement à la plage d'Utah dépendait d'eux.

Une petite rivière, la Douve, constituait l'obstacle principal. Les officiers du Génie de Rommel en avaient magnifiquement tiré parti, ainsi que de son affluent principal, le Merderet. Ces deux cours d'eau arrosent la base de la péninsule et traversent des terres basses avant de se réunir au canal de Carentan et d'aller, parallèlement à la Vire, se jeter dans la Manche. En manœuvrant les vieilles écluses de La Barquette, à quelques kilomètres en amont de Carentan, les Allemands avaient inondé tant de terres, déjà marécageuses, que le Cotentin se trouvait presque

1. Je n'ai jamais pu savoir au juste combien d'hommes avaient été tués ou blessés sur la place, car les fusillades continuèrent de par la ville, jusqu'à l'assaut qui la fit tomber aux mains des Alliés. Mais on estime les pertes à environ douze tués, blessés et disparus. La plupart de ces hommes appartenaient à la compagnie F, 2e bataillon, 505e régiment, et il y a une petite note pathétique dans leurs registres, ainsi rédigée : « Le lieutenant Cadish et les hommes suivants sont tombés sur la ville et ont été tués presque instantanément : Sheare, Blankenship, Bryant, Van Holsbeck et Tlapa. » Le soldat John Steele vit deux hommes tomber dans la maison en flammes, et il croit que l'un de ceux-ci était le soldat White, de sa propre section, qui sauta derrière lui.

coupé du reste de la Normandie. Ainsi, en tenant quelques routes, quelques ponts et quelques écluses, les occupants étaient en mesure d'encercler des forces d'invasion éventuelles et de les anéantir. Au cas où le débarquement aurait lieu sur la côte est, des forces allemandes attaquant par le nord et l'ouest pouvaient aisément refermer le piège et refouler l'envahisseur à la mer.

Telle, du moins, était la stratégie. Mais les Allemands n'avaient nullement l'intention de laisser pénétrer l'envahisseur si avant; comme protection supplémentaire, ils avaient noyé près de vingt kilomètres carrés de terres basses, derrière les dunes de cette côte est. Utah s'étendait presque au centre de ces lacs artificiels. Les hommes de la 4e division d'infanterie (leurs chars, leurs canons, leurs véhicules et leur matériel) n'avaient qu'un moyen de se frayer un passage vers l'intérieur; suivre les cinq routes surélevées qui traversaient les inondations. Et elles se trouvaient sous le feu des canons allemands.

Trois divisions allemandes tenaient la presqu'île et ces barrières naturelles : la 709e au nord et sur la côte est, la 243e devant la côte ouest et la 91e, récemment arrivée, au milieu et à la base. De plus, au sud de Carentan et à portée de tir ou presque, une des meilleures et des plus redoutables unités de Normandie était cantonnée — le 6e régiment de parachutistes du baron von der Heydte. Exception faite des batteries côtières de la marine, des contingents antiaériens de la Luftwaffe et de diverses autres unités stationnées au voisinage de Cherbourg, les Allemands étaient en mesure de lancer environ quatre mille hommes presque sur l'heure, en cas d'attaque alliée. C'est dans ce secteur puissamment défendu que la 101e division aéroportée du major général Maxwell D. Taylor et la 82e du major général Matthew B. Ridgway eurent la périlleuse mission de conquérir et de tenir une « tête de pont aérienne » — une île de défense allant de la plage d'Utah à un point situé assez loin à l'ouest, en travers de la péninsule. Ces divisions devaient ouvrir la voie à la 4e division, et tenir bon jusqu'à la relève. Les parachutistes américains se trouvaient surclassés en nombre, à trois contre un.

Sur la carte, la tête de pont aérienne ressemblait à l'empreinte d'un pied gauche, court et large, les petits orteils le long de la côte, le gros aux écluses de la Barquette, en amont de Carentan, et le talon au-delà des marécages du Merderet et de la Douve, long d'environ vingt kilomètres, large de douze aux orteils et de six au talon. Un bien vaste territoire pour treize mille hommes seulement, et il devait être occupé en moins de cinq heures.

Les hommes de Taylor devaient s'emparer d'une batterie de six pièces, située à Saint-Martin-de-Varreville, presque directement derrière la plage d'Utah, et se ruer le long de quatre des cinq chaussées entre la côte et le hameau de Pouppeville. Au même moment, les passages et les ponts sur la Douve et le canal de Carentan, en particulier les écluses de la Barquette, devaient être pris ou détruits. Tandis que les « Aigles Hurlants » de la 101e s'emparaient de ces objectifs, les soldats de Ridgway devaient occuper et tenir le talon et le côté gauche du pied, défendre les passages sur la Douve et le Merderet, prendre Sainte-Mère-l'Eglise et s'assurer des positions au nord de la localité pour empêcher les contre-attaques sur le flanc de la tête de pont.

Les hommes des divisions aéroportées avaient encore une mission capitale. Il fallait chasser l'ennemi des terrains d'atterrissage prévus pour les très nombreux planeurs qui viendraient apporter des renforts avant l'aube et, comme pour les Anglais, encore dans la soirée. Le premier vol, comprenant plus de cent appareils, était prévu pour quatre heures du matin.

Dès le début, les Américains eurent à lutter contre un destin contraire. Comme chez les Britanniques, leurs divisions furent tragiquement éparpillées. Un seul régiment, le 505e de la 82e division, descendit au bon endroit. Soixante pour cent du matériel fut perdu, y compris la plupart des radios, des mortiers et des munitions. Pis encore, les hommes subirent de lourdes pertes. Ils atterrirent à des kilomètres des points de repères connus, et se trouvèrent désespérément seuls, désorientés. Les avions, avançant d'ouest en est, mettaient seulement douze minutes pour traverser la presqu'île. Sauter trop tard, c'était tomber dans la Manche; trop se hâter, c'était atterrir entre la côte ouest et les régions inondées. Certains sticks furent si malencontreusement largués qu'ils tombèrent plus près de la côte ouest que de leur zone, à l'est. Des centaines d'hommes, lourdement chargés, se posèrent dans les traîtres marécages du Merderet et de la Douve. Nombreux furent les noyés, parfois dans moins d'un mètre d'eau. D'autres, sautant trop tard, allèrent se perdre dans la Manche.

Un stick entier de la 101e division — quinze à dix-huit hommes — connut ce sort-là. Dans l'avion suivant, le caporal Louis Merlano tomba sur une plage de sable juste devant un panneau annonçant : *Achtung ! Minen !* Il avait été le deuxième à sauter. Au loin dans les ténèbres, Merlano entendait le clapotis des vagues. Il était couché sur le sable au pied des dunes, entouré des obstacles antidébarquement de Rommel, à quelques mètres au-dessus d'Utah Beach. Alors qu'il reprenait haleine avant de se relever, il entendit des cris au loin. Merlano apprit plus tard que ces cris venaient de la Manche, où les derniers onze parachutistes de son avion étaient en train de se noyer.

Merlano se hâta de quitter la plage, dédaignant les mines. Il escalada une barrière de barbelés et gagna l'abri d'une haie. Quelqu'un s'y trouvait déjà; Merlano ne s'arrêta pas. Il traversa la route au galop et commença de gravir un mur de pierre. A ce moment, il entendit derrière lui un hurlement de douleur. Il se retourna. Un lance-flammes arrosait la haie qu'il venait de dépasser, et illuminait la silhouette d'un camarade parachutiste. Pétrifié, Merlano s'accroupit au pied du mur. De l'autre côté lui parvenaient les cris de soldats allemands et le crépitement d'une mitraillette. Merlano se trouvait au milieu de la ceinture fortifiée, entouré de toutes parts par les Allemands. Il se prépara à vendre chèrement sa peau, mais voulut auparavant accomplir un devoir. Merlano, qui appartenait à une unité de signalisation, tira de sa poche un petit manuel contenant les codes et les mots de passe pour trois jours, le déchira soigneusement et, page par page, le mangea en entier.

A l'autre extrémité de la zone, des hommes se débattaient dans les marais enténébrés. Des parachutistes de toutes les couleurs parsemaient le Merderet et la Douve; les petits feux des containers de matériel clignotaient et luisaient étrangement sur les eaux stagnantes. Les parachutistes descendaient du ciel en groupes si compacts qu'ils tombaient presque les uns sur les autres, barbotaient dans l'eau et pataugeaient. Certains ne remontèrent jamais à la surface. D'autres se relevèrent à demi noyés, luttant pour leur vie, sciant désespérément les sangles des parachutes et de leur équipement qui pouvait les entraîner de nouveau au fond.

Comme son confrère John Gwinnett de la 6e division britannique, à quatre-vingts kilomètres de là, Francis Sampson, aumônier de la 101e américaine, tomba en un mauvais endroit. Les eaux se refermèrent sur lui. Le prêtre se sentit retenu au fond par son lourd équipement, tandis que son parachute, gonflé par un vent violent, demeurait ouvert au-dessus de lui. Il se débarrassa frénétiquement de son matériel, y compris les objets du culte. Puis son parachute, faisant office de voile, le tira de l'eau et l'entraîna légèrement à la surface, à cent mètres de là, pour le déposer sur la terre ferme. Epuisé, il resta étendu une vingtaine de minutes dans la vase. Enfin, méprisant le crépitement des mitrailleuses et les tirs de mortiers qui commençaient à se faire entendre, l'aumônier retourna vers son point de chute et, opiniâtrement, se mit à plonger pour récupérer les objets du culte. Il les retrouva à la cinquième tentative.

Bien longtemps après, l'aumônier Sampson, se rappelant ses tribulations, s'aperçut que l'acte de contrition qu'il avait récité à la hâte pendant qu'il se débattait sous l'eau était en réalité le *Benedicite !*

Beaucoup d'Américains avancèrent à travers les prés, les champs, les régions inondées et, la nuit, guidés non par des trompes de chasse mais par le craquement d'un criquet d'enfant. Leurs vies dépendaient d'un jouet de bazar en fer-blanc. Un claquement demandait en réponse un double claquement ou — pour la 82e seule — un mot de passe. La réponse à un double cliquetis était un seul claquement. A ce signal, des hommes sortaient de leurs cachettes, surgissaient de derrière les arbres, sortaient des fossés, contournaient des murs, pour se reconnaître et s'accueillir. Le major général Maxwell D. Taylor et un soldat inconnu, nu-tête, se trouvèrent nez à nez au coin d'une haie et s'embrassèrent comme des frères. Certains paras retrouvèrent tout de suite leurs unités. D'autres rencontrèrent des visages inconnus, et se rassurèrent en voyant le petit drapeau américain cousu sur leur épaule.

Malgré la confusion totale, les hommes s'adaptèrent vite. Les soldats de la 82ᵉ, rompus aux débarquements de Sicile et de Salerne, savaient ce qui les attendait. Ceux de la 101ᵉ, qui en étaient à leur premier saut de combat, ne voulaient pas faire figure de blancs-becs auprès de leurs illustres aînés. Tous perdirent le moins de temps possible, car ils n'en avaient pas à gaspiller. Les plus chanceux, qui savaient où ils se trouvaient, se rassemblèrent promptement et se dirigèrent en hâte vers leurs objectifs. Ceux qui étaient perdus se joignirent à de petits groupes appartenant à diverses compagnies, bataillons ou régiments. Des parachutistes de la 82ᵉ se retrouvèrent sous les ordres d'officiers de la 101ᵉ et inversement. Des soldats appartenant aux deux divisions luttèrent côte à côte, pour des objectifs dont, bien souvent, ils n'avaient jamais entendu parler.

Des centaines d'hommes se trouvèrent dans de petits champs, entourés de grandes haies vives. Les prés constituaient comme des petits univers fermés, silencieux et angoissants. Le moindre bruit, un cri de bête, le craquement d'une branche, une ombre devenaient l'ennemi. Le soldat Dutch Schultz isolé dans un monde de ténèbres, n'arrivait pas à sortir de son pré. Il décida de se servir de son criquet métallique. Au premier claquement, il reçut une réponse sur laquelle il ne comptait pas : une rafale de mitrailleuse. Il se jeta à plat ventre, braqua son fusil dans la direction du nid de mitrailleuses et pressa la détente. Rien ne se produisit. Il avait oublié de le charger. La mitrailleuse ouvrit encore le feu et Dutch courut se mettre à l'abri de la haie.

Au bout d'un moment, il partit encore en reconnaissance, prudemment. Entendant un craquement de branchages, il eut un instant de panique, mais se calma en voyant son commandant de compagnie, le lieutenant Jack Tallerday, sortir de la haie.

— C'est vous, Dutch ? murmura Tallerday.

Schultz courut vers lui. Ensemble, les deux hommes quittèrent le pré et allèrent rejoindre un groupe que le lieutenant avait déjà rassemblé. Il y avait des soldats de la 101e et des trois régiments de la 82e. Pour la première fois depuis qu'il avait sauté, Dutch respira à l'aise. Il n'était plus seul.

Tallerday longea la haie, suivi de son groupe déployé derrière lui. Quelques instants plus tard, ils entendirent et virent un autre groupe venir à leur rencontre. Tallerday fit marcher son criquet et crut percevoir un claquement qui lui répondait. Mais, dit Tallerday, « à mesure que nos deux groupes se rapprochaient, il devenait évident à la forme de leur casque, que ceux qui venaient vers nous étaient des soldats allemands ». Et alors il se passa une de ces choses étranges et incompréhensibles qui arrivent parfois pendant une guerre. Les deux groupes se croisèrent en silence, dans une sorte de transe, sans tirer le moindre coup de feu. La distance augmenta, les ténèbres engloutirent les silhouettes. Ce fut comme si elles n'avaient jamais existé.

Cette nuit-là, dans tous les coins de Normandie, des Américains et des Allemands se rencontrèrent inopinément. La vie des hommes dépendit bien souvent de leur sang-froid, et de la fraction de seconde qu'il faut pour presser une détente. A cinq kilomètres de Sainte-Mère-l'Eglise, le lieutenant John Walas, de la 82e, vint presque buter dans une sentinelle allemande qui gardait un nid de mitrailleuses. Pendant un instant atroce, les deux hommes se dévisagèrent. L'Allemand réagit le premier. Il tira à bout portant sur Walas. La balle frappa la culasse mobile du fusil que le lieutenant tenait devant lui, lui érafla le dessus de la main et se perdit dans la nuit. Avec un ensemble parfait, les deux hommes tournèrent les talons et s'enfuirent au galop.

Le major Lawrence Legere, de la 101e, lui, se tira d'affaire avec son bagout. Dans un champ, entre Utah Beach et Sainte-Mère-l'Eglise, Legere, à la tête d'un petit groupe qu'il avait rassemblé, se dirigeait vers le point de ralliement. Soudain, Legere s'entendit interpeller en allemand. Il ne connaissait pas un mot d'allemand mais parlait admirablement le français. Comme les hommes qui le suivaient étaient invisibles dans l'obscurité, le major se fit passer pour un jeune paysan et expliqua dans un français rapide et volubile qu'il venait de rendre visite à sa petite amie, et s'excusa d'avoir laissé passer l'heure du couvre-feu. Tout en parlant, il arrachait discrètement la bande de sparadrap qui protégeait le détonateur d'une grenade à main. Sans cesser de bavarder, il arracha la goupille, lança la grenade et se jeta à plat ventre. Quand il se releva, il vit qu'il avait tué trois Allemands. « Et quand j'ai voulu rejoindre mon petit groupe, rappelle Legere, mes foutus lascars s'étaient éparpillés aux quatre vents. »

Les situations comiques ne manquaient pas. Dans un verger obscur, à un kilomètre de Sainte-Mère-l'Eglise, le capitaine Lyle Putnam, chirurgien d'un des bataillons de la 82e, se trouva complètement isolé. Il ramassa ses trousses et se mit à chercher une sortie. Près d'une haie, il aperçut une silhouette qui avançait prudemment. Putnam s'arrêta sur place, se pencha en avant, et prononça le mot de passe de la 82e : « Flash », puis, dans un silence tendu, attendit la réponse prévue : « Thunder » (tonnerre). A son grand étonnement, l'homme s'exclama : « Jésus-Christ ! », tourna les talons et s'enfuit « comme un cinglé ». Le médecin en fut si furieux qu'il en oublia d'avoir peur. A huit cents mètres de là, son ami George Wood, aumônier de la 82e, se trouvait également seul et s'affairait à faire marcher son criquet. Personne ne lui répondait. Soudain, il sauta en l'air en entendant une voix juste derrière son dos qui disait :

— Bon Dieu, vous avez fini de faire tant de pétard, monsieur l'aumônier ?

Confus, Wood suivit le parachutiste hors du verger.

Au cours de l'après-midi, les deux amis allaient se retrouver dans la petite école de Mme Levrault, à Sainte-Mère-l'Eglise, livrant leur propre guerre, où les uniformes ne comptaient plus : pour soigner les blessés et assister les agonisants des deux camps.

A deux heures du matin — quoique une heure dût encore s'écouler avant que tous les parachutistes fussent au sol — beaucoup de petits groupes d'hommes décidés se rapprochaient de leurs objectifs. L'un d'eux se ruait même déjà à l'assaut du sien, un point fortifié, avec mitrailleuses et canons antichars, dans le village de Foucarville, juste au-dessus d'Utah Beach. La position revêtait un intérêt capital, car elle contrôlait tous les mouvements sur la route principale conduisant à la plage d'Utah, route que les chars ennemis devraient emprunter pour atteindre la côte. Une compagnie entière eût été nécessaire pour investir Foucarville, mais onze hommes seulement, sous le commandement du capitaine Cleveland Fitzgerald, étaient arrivés. Fitzgerald et son petit groupe montèrent pourtant à l'assaut sans attendre les autres. Au cours de cette opération, première bataille rangée de la 101e au Jour J, Fitzgerald et ses hommes atteignirent le P.C. ennemi. Le combat fut bref et sanglant, Fitzgerald reçut une balle dans le poumon, mais avant de tomber, il tua l'Allemand. Enfin, submergés par le nombre, les Américains durent se replier aux abords du village pour attendre l'aube et des renforts. Ils ignoraient que neuf paras eussent déjà atteint Foucarville quarante minutes plus tôt, tombant en plein milieu du point fortifié. A ce moment, oublieux de la bataille, assis dans une tranchée sous les yeux de leurs gardiens, ils écoutaient tranquillement un soldat allemand jouer de l'harmonica.

Tout le monde connut des instants de folie pure — surtout les généraux. Ils se retrouvaient sans état-major, sans communications, sans hommes à commander. Le major général Maxwell Taylor réunit un groupe comptant plusieurs officiers mais deux ou trois soldats seulement. « Jamais, leur fit-il observer, tant d'hommes n'en ont commandé si peu. »

Seul dans un pré, revolver en main, le major général Matthew B. Ridgway estimait qu'il avait de la chance. Comme il le raconta plus tard, « s'il n'y avait pas d'amis, du moins n'y avait-il pas d'ennemis. »

Son adjoint, le général de brigade James M. Gavin, qui devait diriger l'entière opération de la 82e, se trouvait à des kilomètres de là, dans les marais du Merderet. Avec quelques parachutistes, il tentait de sauver les containers dans lesquels se trouvaient les radios, les bazookas, les mortiers et les munitions dont Gavin avait un si urgent besoin. Il n'ignorait pas qu'à l'aube, le talon de la tête de pont aérienne que ses hommes et lui devaient tenir aurait à subir un feu meurtrier. Dans l'eau glacée jusqu'aux genoux, à côté de ses hommes, Gavin se trouvait en butte à bien d'autres soucis. Il ne savait pas très bien où il était et se demandait ce qu'il pourrait bien faire des blessés qui s'étaient joints à son groupe, et qui gisaient, pour le moment, au bord du marécage.

Une heure plus tôt, voyant des feux rouges et verts scintiller au loin sur l'eau, Gavin avait envoyé son aide de camp, le lieutenant Hugo Olson, voir ce que cela signifiait. Il espérait que c'étaient les feux signalant le lieu de ralliement de deux des bataillons de la 82ᵉ. Olson n'était pas encore de retour et Gavin commençait à s'inquiéter. Un de ses officiers, nu comme un ver au milieu de la rivière, plongeait pour récupérer les containers. « Chaque fois qu'il remontait à la surface, rapporte Gavin, il se dressait comme une statue de marbre blanc et je ne pouvais m'empêcher de penser qu'il serait cuit si les Allemands le voyaient. »

Soudain, une silhouette solitaire apparut, barbotant dans le marais. L'homme était trempé, dégoulinant de boue et de vase. C'était Olson. Il venait dire qu'il existait une voie de chemin de fer sur un remblai élevé, juste en face de Gavin et de ses hommes; ce fut la première bonne nouvelle de la nuit. Gavin savait que la seule voie de chemin de fer de la région était la ligne Cherbourg-Carentan, qui longeait la vallée du Merderet. Le général respira. Enfin il savait où il était.

Dans un verger de pommiers aux abords de Sainte-Mère-l'Eglise, l'homme qui devait tenir les routes au nord de la petite ville souffrait le martyre en essayant de ne pas le montrer. Le lieutenant-colonel Benjamin Vendervoort, de la 82ᵉ, s'était brisé la cheville à l'atterrissage, mais il était fermement décidé à prendre part à la bataille, quoi qu'il advînt.

La malchance s'était acharnée sur lui. Il avait toujours pris sa mission très au sérieux, peut-être même trop au sérieux. A l'encontre de la plupart des officiers, on n'avait jamais baptisé Vandervoort d'un sobriquet amical, et il ne s'était jamais laissé aller à être familier avec ses hommes, comme tant d'autres. La Normandie devait changer tout cela — et plus encore. Le débarquement allait faire de lui, comme le dit plus tard le général Ridgway, « un des plus braves, des plus durs, des plus courageux entraîneurs d'hommes de la guerre ». Pendant quarante jours, Vandervoort livra des batailles avec sa cheville cassée, à côté des hommes dont il voulait gagner la confiance et l'approbation.

Le médecin-capitaine Putnam, chirurgien du bataillon de Vandervoort, toujours furieux de sa rencontre dans la haie avec le parachutiste inconnu, retrouva le colonel et quelques soldats dans le verger. Putnam se rappelle encore très bien Vandervoort. « Il était assis, une cape imperméable sur les épaules et sur la tête, consultant une carte à la lueur d'une torche électrique. Il me reconnut, me fit signe d'approcher et me demanda à mi-voix de jeter un coup d'œil sur sa cheville, en me faisant remarquer le moins possible. Manifestement, la cheville était cassée. Il insista pour remettre sa botte de saut et nous la laçâmes très serré. » Puis, tandis que Putnam l'observait, Vandervoort se releva, prit son fusil et s'en servit comme d'une béquille. Il regarda les hommes qui l'entouraient, fit un pas en avant et leur dit :

— Eh bien, allons-y.

Et il partit le premier à travers le verger.

Comme les parachutistes anglais à l'est, les Américains — dans la gaieté ou la peine, la terreur ou la souffrance — commencèrent le travail qu'ils étaient venus accomplir en Normandie.

☆

Ainsi fut le commencement. Les premiers envahisseurs du Jour J, près de dix-huit mille Américains, Anglais, Canadiens, se trouvaient sur les flancs du champ de bataille normand. Entre eux s'étendaient les cinq plages de débarquement et, par-delà l'horizon, lentement mais sûrement, l'extraordinaire flotte de cinq mille navires approchait. Le premier de ces navires, le *Bayfield,* battant pavillon du contre-amiral américain D. P. Moon, commandant la Force U, était déjà à douze milles de Utah Beach et s'apprêtait à jeter l'ancre.

Lentement, le plan se développait, et les Allemands demeuraient toujours aveugles. Bien des raisons y contribuaient. Le mauvais temps, leur manque d'avions de reconnaissance (quelques-uns seulement étaient parvenus au-dessus des régions de concentration au cours des semaines précédentes, et tous avaient été abattus), leur entêtement à croire que le débarquement ne pourrait avoir lieu que dans le Pas-de-Calais, la confusion et le chevauchement de leurs divers commandements, leur obstination à ne pas prendre au sérieux les messages destinés à la Résistance, tout cela joua un rôle. Même les stations de radar leur firent faux bond, cette nuit-là. Celles qui n'avaient pas été bombardées furent désorientées par les « windows » largués par paquets tout le long des côtes par les avions alliés — longues bandes de papier d'étain qui donnaient sur les écrans de radar des images semblables à celles des avions. Une seule station fit un rapport. Elle ne voyait que du « trafic normal sur la Manche ».

Plus de deux heures s'étaient écoulées depuis l'atterrissage des premiers parachutistes. Ce fut seulement alors que les chefs allemands de Normandie commencèrent à comprendre qu'il se passait sans doute quelque chose d'important. Les premiers rapports leur parvenaient un à un; lentement, comme un malade qui se réveille d'une anesthésie, ils ouvrirent enfin les yeux.

CHAPITRE V

DEBOUT devant une longue table, le général Erich Marcks étudiait des cartes d'état-major étalées sous ses yeux. Ses officiers l'entouraient. Ils ne l'avaient plus quitté depuis qu'ils lui avaient souhaité son anniversaire, et l'aidaient à réunir la documentation pour le *Kriegsspiel* de Rennes. De temps en temps, le général réclamait une carte supplémentaire. Son officier de renseignements, le major Friedrich Hayn, eut l'impression que Marcks se préparait à ce *Kriegsspiel* comme à une véritable bataille.

Au milieu de la discussion, le téléphone sonna. Les conversations se turent quand le général décrocha. Hayn se souvient que « le général parut se raidir soudain ». Marcks fit signe à son chef d'état-major de prendre le deuxième écouteur. C'était le général Wilhelm Richter, commandant la 716e division qui tenait la côte au-dessus de Caen.

— Des parachutistes ont atterri à l'est de l'Orne, annonçait-il. Il semblerait que ce soit aux environs de Bréville et de Ranville... le long de l'orée nord de la forêt de Bavent...

C'était le premier rapport officiel d'une attaque alliée à parvenir à un important Q.G. allemand. La nouvelle, se rappelle Hayn, « nous frappa comme un coup de tonnerre ». Il était exactement deux heures onze du matin (heure anglaise).

Marcks téléphona sur-le-champ au général Max Pemsel, chef d'état-major de la 7e Armée. A 2 h 15, Pemsel plaça cette Armée en *Alarmstruffe II*, le plus haut état d'alerte. Le second message-Verlaine avait alors été intercepté depuis quatre heures !

Pemsel entendait ne prendre aucun risque. Il réveilla son supérieur, le général d'armée Friedrich Dollmann.

— Mon général, dit Pemsel, je crois que c'est le débarquement. Pourriez-vous venir immédiatement ?

En raccrochant, Pemsel se rappela soudain quelque chose. Parmi les nombreux renseignements reçus des services secrets, dans l'après-midi, il y avait celui d'un agent de Casablanca, qui spécifiait catégoriquement que le débarquement aurait lieu en Normandie, le 6 juin.

Pendant que Pemsel attendait l'arrivée de Dollmann, le 84e Corps envoya encore un rapport : « ... Lâcher de parachutistes près de Montebourg et de Saint-Marcouf (Manche)... Combats partiels déjà engagés[1]. » Pemsel appela promptement le chef d'état-major de Rommel au groupe d'Armées B. Il était alors 2 h 35.

A peu près au même moment, de son Q.G. de la 15e Ar-

1. On a beaucoup discuté de l'heure exacte de la première réaction allemande et des messages qui passèrent d'un QG à l'autre. Lorsque j'ai commencé mes recherches, le général d'Armée Franz Halder, ancien chef du grand état-major allemand (maintenant attaché à la section historique de l'armée américaine en Allemagne) me dit qu'il ne fallait rien croire « sur ce qui se passait chez nous, en dehors des registres et archives officiels des divers QG ». Je suivis ce conseil. Toutes les heures données (mises à l'heure anglaise), les rapports et coups de téléphone concernant les mouvements et activités allemands proviennent de ces sources officielles.

mée près de la frontière belge, le général Hans von Salmuth essayait d'obtenir des renseignements de première main. Bien que le gros de son armée se trouvât éloigné des secteurs attaqués, une de ses divisions, la 711ᵉ, aux ordres du général Josef Reichert, était en position à l'est de l'Orne sur la ligne de démarcation entre les 7ᵉ et 15ᵉ Armées. Plusieurs messages étaient arrivés, émanant de la 711ᵉ. Il y en avait un qui annonçait une descente de parachutistes près du Q.G. de Cabourg; un autre précisait que des combats étaient engagés tout autour du poste de commandement.

Von Salmuth décida de se renseigner personnellement. Il téléphona à Reichert.

— Que diable se passe-t-il chez vous ? demanda-t-il.

— Mon général, répondit la voix harassée de Reichert, si vous me le permettez, je vais vous le faire entendre.

Il y eut un silence, puis von Salmuth perçut nettement un crépitement de mitrailleuses.

— Merci, dit-il, et il raccrocha.

Il rappela immédiatement le groupe d'Armées B, et annonça qu'au Q.G. de la 711ᵉ, « le fracas de la bataille se faisait entendre ».

Les coups de téléphone de Pemsel et de von Salmuth venant presque à la suite l'un de l'autre, apportèrent au quartier général de Rommel la première nouvelle de l'offensive alliée. Etait-ce le débarquement tant attendu ? Personne ne pouvait encore l'affirmer. De fait, le vice-amiral Friedrich Ruge, aide de camp naval de Rommel, se souvient nettement que, « certains messages prétendaient qu'il s'agissait de mannequins habillés en parachutistes ».

C'était partiellement vrai. Pour ajouter à la confusion des Allemands, les Alliés avaient en effet largué des centaines de mannequins en caoutchouc fort réalistes, habillés en paras, au sud de la zone de débarquement. Des pétards fixés à ces mannequins, explosaient au sol et donnaient l'impression d'une fusillade d'armes légères. Pendant plus de trois heures, quelques-uns de ces mannequins poussèrent le général Marcks à croire que des parachutistes avaient atterri à Lessay, à quelque trente-cinq kilomètres au sud de son quartier général.

Ce furent des minutes étranges et désordonnées pour

l'état-major de von Rundstedt, à Paris, et pour les officiers de Rommel à La Roche-Guyon. Les rapports affluaient, de partout à la fois, souvent inexacts, parfois incompréhensibles, toujours contradictoires.

Le Q.G. de la Luftwaffe à Paris annonça que « cinquante à soixante bimoteurs » survolaient le Cotentin et que des parachutistes étaient tombés « près de Caen ». Le Q.G. de l'amiral Theodor Krancke — *Marinegruppenkommando West* — confirma le lâcher de parachutistes britanniques, fit observer avec une certaine nervosité que l'ennemi avait atterri près d'une de ses batteries côtières et ajouta qu'« une partie des parachutistes étaient des mannequins de paille ». Aucun de ces deux rapports ne mentionna la présence de troupes américaines dans la presqu'île du Cotentin; et cependant, à ce moment, la batterie navale de Saint-Marcouf, dominant la plage d'Utah, avait prévenu le Q.G. de Cherbourg qu'une douzaine d'Américains venaient d'être faits prisonniers. Quelques minutes à peine après son premier message, la Luftwaffe téléphona un second rapport, affirmant que des parachutistes étaient descendus près de Bayeux. En réalité, aucun n'avait sauté dans cette région.

Aux deux quartiers généraux, les officiers tentaient désespérément d'apprécier la soudaine éruption de points rouges sur leurs cartes. Les officiers du groupe d'Armées B téléphonèrent à leurs collègues d'OB West, passèrent la situation au crible et aboutirent à des conclusions qui, lorsqu'on connaît la réalité, paraissent incroyables. Par exemple le major Doertenbach, officier de renseignements d'OB West, ayant appelé le groupe d'Armées B pour s'informer, s'entendit répondre que « le chef d'état-major envisageait la situation avec beaucoup de calme », que « les parachutistes signalés représentaient peut-être l'équipage d'un bombardier abattu ».

Ce n'était pas l'avis de la 7e Armée. A trois heures du matin, Pemsel acquit la conviction que le *Schwerpunkt* — l'effort principal — était bien dirigé contre la Normandie. Ses cartes lui montraient des parachutistes à chaque extrémité du secteur de la 7e Armée, dans la presqu'île du Cotentin et à l'est de l'Orne. Des rapports très alarmants venaient d'arriver de la marine à Cherbourg. Des détecteurs de son

et des radars avaient repéré de nombreux navires approchant de la baie de Seine.

Pour Pemsel, la chose ne faisait plus de doute — le débarquement était commencé. Il téléphona à Speidel.

— Les parachutages, dit-il, constituent la première phase d'une importante offensive ennemie. On entend sur la mer des bruits de machines, ajouta-t-il.

Mais Pemsel ne réussit pas à convaincre le chef d'état-major de Rommel. La réponse de Speidel, telle qu'elle est transcrite dans les registres des communications de la 7e Armée, fut que « l'opération était strictement locale ». Son appréciation de la situation, alors exposée à Pemsel, est inscrite dans le journal d'opérations de l'armée : « Le chef d'état-major du groupe d'Armées B estime que, pour le moment, il n'y a pas lieu de considérer ceci comme une vaste offensive. »

Au moment même où Pemsel s'entretenait avec Speidel, les derniers des dix-huit mille soldats de l'Air descendaient sur la presqu'île du Cotentin. Soixante-neuf planeurs, transportant des hommes, des armes et du matériel lourd, franchissaient la côte de France à cet instant précis et se dirigeaient vers les zones d'atterrissage près de Ranville. Et, à douze milles du littoral normand, face aux cinq plages du débarquement, l'*Ancon,* navire de commandement de la Force O, battant pavillon du contre-amiral John L. Hall, laissait tomber son ancre. Derrière lui, en rangs serrés, arrivaient les bâtiments transportant les hommes de la première vague d'assaut, destinés à Omaha Beach.

Mais, à La Roche-Guyon, rien n'indiquait encore l'importance stupéfiante de l'offensive alliée; à Paris, l'OB West se rangea à l'avis de Speidel et confirma sa première appréciation de la situation. L'excellent chef d'opérations de von Rundstedt, le général Bodo Zimmermann, mis au courant de la conversation téléphonique de Pemsel avec Speidel, envoya au premier un message concordant avec celui de Speidel. « Opérations OB West ne pense pas qu'il s'agisse d'une offensive aéroportée d'envergure, d'autant plus que, d'après l'amiral commandant les côtes de la Manche (Krancke), l'ennemi lancerait des mannequins de paille. »

Il est bien difficile d'en vouloir à ces officiers de s'être si complètement trompés. Ils se trouvaient très loin de la

zone de combat et ne pouvaient se fier qu'aux rapports qui leur parvenaient. Ceux-ci étaient si fragmentaires, si déroutants, qu'ils ne permettaient pas, même aux officiers les plus lucides et les plus expérimentés, de se faire une idée précise de l'ampleur de l'attaque aéroportée — pas plus que du plan d'ensemble dont elle faisait partie. S'il s'agissait bien du débarquement, visait-il la Normandie ? Seule, la 7e Armée semblait le penser. Mais les parachutages pouvaient constituer une diversion destinée à détourner l'attention du véritable point de débarquement et de l'offensive réelle — contre la puissante 15e Armée du général Hans von Salmuth dans le Pas-de-Calais, où tout le monde s'accordait à penser que les Alliés débarqueraient. Le général de division Rudolph Hofmann, chef d'état-major de cette 15e Armée, était tellement convaincu que l'offensive aurait lieu dans son secteur qu'il appela Pemsel pour lui parier un dîner fin qu'il avait raison. « Voilà un pari que vous allez perdre », rétorqua Pemsel. Cependant, à ce moment, ni le groupe d'Armées B ni l'OB West ne possédaient assez d'éléments sûrs pour tirer des conclusions précises. On alerta les régions côtières de la Manche en prescrivant des mesures contre les attaques de parachutistes. Puis tout le monde attendit de nouveaux renseignements. Il n'était guère possible de faire autre chose.

Mais les rapports et les messages ne tardèrent pas à pleuvoir dans les postes de commandement, à travers toute la Normandie. Un des premiers problèmes, pour certaines divisions, fut de mettre la main sur leurs chefs — les généraux qui avaient déjà pris la route de Rennes en vue du *Kriegsspiel.* La plupart d'entre eux furent vite rejoints, mais deux — Karl von Schlieben et Wilhelm Falley, commandants des divisions du Cotentin — demeurèrent introuvables. Von Schlieben dormait dans sa chambre d'hôtel de Rennes et Falley était encore sur la route.

L'amiral Krancke, commandant des forces navales de l'ouest, était en tournée d'inspection à Bordeaux. Son chef d'état-major le réveilla à son hôtel et lui annonça :

— Des parachutages ont eu lieu près de Caen. L'OB West affirme qu'il s'agit d'une diversion et non du débarquement, mais nous détectons des navires. Nous croyons que ça y est vraiment.

Krancke alerta immédiatement les quelques unités dont il disposait et prit aussitôt la route pour regagner son quartier général de Paris.

Un des hommes qui reçut ses ordres au Havre était déjà une figure de légende dans la marine allemande. Le capitaine de corvette Heinrich Hoffmann s'était fait un nom en tant que commandant de vedettes rapides. Dès le début de la guerre ou presque, sa puissante flottille avait croisé dans la Manche, attaquant tous les navires qu'elle rencontrait. Hoffmann s'était également distingué lors du raid sur Dieppe et il avait audacieusement escorté les cuirassés allemands *Scharnhorst*, *Gneisenau* et *Prinz Eugen* lors de leur dramatique franchissement de la Manche en 1942.

Quand le message du quartier général lui parvint, Hoffmann se trouvait dans sa cabine du torpilleur *T-28*, bâtiment amiral de la 5e Flottille, et s'apprêtait à appareiller pour un mouillage de mines. Il rassembla immédiatement les commandes des autres bateaux. Ils étaient tous jeunes et bien que Hoffmann les prévînt que « c'était sans doute le débarquement » ils ne se montrèrent pas surpris. Ils s'y attendaient. Trois seulement des six bateaux étaient prêts, mais Hoffmann ne pouvait attendre les trois autres. Quelques minutes plus tard, les trois torpilleurs sortaient du Havre. Sur la passerelle du *T-28*, sa casquette blanche sur la nuque comme à son ordinaire, le commandant de trente-quatre ans fouillait les ténèbres. Derrière lui, les deux autres bateaux suivaient en ligne de file, imitant les moindres évolutions du guide. Ils filaient à plus de vingt-trois nœuds — fonçant au-devant de la plus gigantesque flotte jamais rassemblée.

Ceux-là, au moins, étaient en pleine action. Mais les hommes les plus abasourdis de Normandie, cette nuit-là, furent certainement les 16 242 soldats bien entraînés de la redoutable 21e division blindée, qui avait fait partie du célèbre *Afrika Korps* de Rommel. Engorgeant les villages, les hameaux, les bois sur une trentaine de kilomètres au sud-est de Caen, ces hommes se trouvaient au bord même du champ de bataille. C'était la seule *panzerdivision* capable d'intervenir immédiatement, la seule qui eût vraiment l'expérience du combat.

Depuis le début de l'alerte, officiers et hommes de troupe se tenaient auprès de leurs chars ou de leurs véhicules blindés, moteurs tournant au ralenti, attendant l'ordre de départ. Le colonel Hermann von Oppeln-Bronikowski, commandant le régiment de chars de la division, ne comprenait rien à ce retard. Il avait été réveillé peu après deux heures par le général Edgar Feuchtinger, commandant de la 21e D.B., qui lui cria tout à trac, haletant :

— Oppeln ! Rendez-vous compte ! C'est inouï ! *Ils* ont débarqué !

Puis il mit Bronikowski au courant de la situation et lui précisa que, dès le reçu de l'ordre d'attaque, la division « nettoierait immédiatement la région comprise entre Caen et la côte ». Mais aucun ordre ne vint. Rongeant son frein, sentant monter sa rage, Bronikowski attendait toujours.

A des kilomètres de là, les rapports les plus déconcertants arrivaient au lieutenant-colonel Priller, de la Luftwaffe. Le sergent Wodarczyk, son sectionnaire, et lui étaient tombés dans leurs lits vers une heure, au terrain maintenant désert de la 26e escadrille de chasse, près de Lille. Ils avaient noyé leur colère contre le haut commandement de la Luftwaffe à l'aide de quelques bonnes bouteilles de cognac. Le téléphone tira Priller d'un profond sommeil et des vapeurs d'alcool. Il se réveilla lentement, et tâtonna sur la table de chevet avant de trouver l'appareil. Le Q.G. du IIe Corps aérien appelait.

— Priller, dit l'officier d'opérations, il semble qu'une espèce de débarquement soit en cours. Je vous conseille de mettre votre escadrille en état d'alerte.

Tout endormi qu'il fût, Pips Priller sentit la moutarde lui monter au nez. Les 124 avions de son escadrille avaient quitté Lille la veille, dans l'après-midi, et ce qu'il avait toujours craint se réalisait ! Le langage de Priller, tel qu'il se le rappelle, est parfaitement impubliable, mais après avoir dit à son correspondant tout ce qu'il pensait du Q.G. et du haut commandement de la Luftwaffe, l'as de l'aviation de combat rugit :

— Et qui suis-je censé alerter, nom de Dieu ? Moi, je suis alerté. Wodarczyck aussi. Mais vous savez bien, espèces de corniauds, que je n'ai plus que deux foutus taxis !

Sur ces mots, Priller raccrocha brutalement.

Quelques minutes plus tard, le téléphone sonna de nouveau.

— Quoi encore ? glapit Priller.

C'était le même officier, qui lui répondit d'une voix suave :

— Mon cher Priller, je suis tout à fait navré. Il y a eu une erreur. Nous avons reçu un rapport erroné. Tout va bien — il n'y a pas le moindre débarquement.

Priller éprouva une telle rage qu'il ne trouva rien à répondre. Pis, il fut incapable de se rendormir.

Malgré la confusion, les hésitations et l'indécision des hauts commandements, les soldats allemands qui se trouvèrent en contact direct avec l'ennemi réagirent rapidement. Des milliers d'hommes étaient déjà en mouvement et, contrairement aux généraux du groupe d'Armées B et de l'OB West, ils ne doutaient pas une seconde du débarquement allié. De nombreux soldats repoussaient déjà l'offensive de leur mieux, isolément, au cours d'escarmouches rapides, depuis que les premiers Américains et Anglais leur étaient tombés du ciel sur la tête. Des milliers d'autres, en état d'alerte, attendaient derrière leurs formidables fortifications, prêts à repousser l'ennemi de quelque côté qu'il vînt. Ils étaient inquiets, mais décidés et courageux.

Au Q.G. de la 7ᵉ Armée, un des rares officiers généraux à ne pas être désorientés, avait réuni son état-major. Dans la chambre des cartes brillamment éclairée, le général Pemsel parlait d'une voix aussi calme et posée qu'à l'ordinaire. Ses paroles seules trahissaient son souci.

— Messieurs, dit-il, je suis convaincu que le débarquement commencera à l'aube. Notre avenir dépend des combats que nous livrerons aujourd'hui. Je vous demande à tous de faire tous les efforts possibles et de ne pas plaindre votre peine.

En Allemagne, à huit cents kilomètres de là, l'homme qui aurait pu soutenir Pemsel — le seul officier qui eût gagné bien des batailles grâce à son extraordinaire habileté à voir clair dans les situations confuses — dormait paisiblement. Au groupe d'Armées B, on n'estimait pas la situation assez grave pour appeler le feld-maréchal Erwin Rommel.

La nuit

CHAPITRE VI

Les premiers renforts rejoignaient déjà les troupes aéroportées. Dans le secteur de la 6e division britannique, 69 planeurs avaient atterri, dont 49 sur le terrain prévu près de Ranville. D'autres petites formations s'étaient posées plus tôt — notamment les forces du major Howard près des ponts de l'Orne et une formation transportant l'équipement lourd de la division — mais il s'agissait à présent du train de planeurs principal. Les sapeurs avaient bien travaillé. Ils n'avaient pas eu le temps de dégager complètement le long terrain d'atterrissage de tous les obstacles, mais ils en avaient dynamité assez pour que les appareils pussent se poser. Après l'arrivée des planeurs, la zone d'atterrissage présenta un spectacle fantastique. Sous le clair de lune, on aurait dit un cimetière de Dali. Partout, ce n'étaient qu'appareils détruits, ailes en morceaux, cabines défoncées, fuselages tordus ou dressés vers le ciel. Il ne paraissait pas possible que des hommes eussent survécu à pareil « cassage de bois », mais dans l'ensemble, les pertes étaient minimes. Plus d'hommes avaient été blessés par la D.C.A. que dans les atterrissages.

Le train de planeurs avait amené le général Richard Gale et son état-major, avec d'autres hommes, de l'équipement lourd et les fameux canons antichars. Les soldats qui jaillissaient des planeurs par paquets pensaient trouver le terrain sous le feu de l'ennemi; ils tombaient au contraire dans un étrange silence bucolique. Le sergent John Hutley, aux commandes d'un Horsa, s'était attendu à une réception brûlante, et avait prévenu son copilote :

— Saute dès qu'on aura touché terre, et file vers le plus proche abri.

Mais il n'y avait d'autres traces de bataille que les traînées multicolores des balles traceuses à l'horizon et le lointain crépitement des mitrailleuses, du côté de Ranville.

Autour d'eux, le terrain fourmillait d'hommes qui sortaient le matériel des épaves et plaçaient les canons antichars sur des jeeps. Le voyage en planeur terminé, il régnait même un certain air de liesse. Hutley, et son chargement d'hommes assis dans la cabine en miettes de leur planeur, buvaient du thé avant de partir pour Ranville.

A l'autre extrémité du champ de bataille de Normandie, dans la presqu'île du Cotentin, les premiers trains de planeurs américains se présentaient. Le général de brigade Don Pratt, celui-là même qui avait eu si peur, en Angleterre, en voyant jeter une casquette sur le lit où il était assis, occupait la place du copilote dans le planeur de tête de la 101e division. Selon les témoins, Pratt était « heureux comme un gosse » d'effectuer son premier voyage en planeur. Une procession de 52 planeurs le suivaient, par formations de quatre, remorqués par des Dakotas. Le train transportait des jeeps, des canons antichars, un hôpital de campagne au complet et même un bulldozer. Un énorme chiffre 1 était peint à l'avant du planeur de Pratt, et un immense « Aigle Hurlant », emblème de la 101e, flanqué d'un drapeau américain, ornait le fuselage de toile, de chaque côté de la cabine de pilotage. Dans la même formation, le chirurgien Emile Natalle regardait les obus éclater sous lui et les véhicules en flammes, « comme un mur de feu venant à notre rencontre ». Toujours accrochés à leurs remorqueurs, les planeurs tanguaient et oscillaient en traversant un tir de barrage « assez épais pour qu'on pût atterrir dessus ».

Contrairement aux avions des parachutistes, les planeurs approchaient de la péninsule par l'est. Ils survolaient les terres depuis quelques secondes quand les hommes virent les feux de la zone d'atterrissage de Hiesville, à six kilomètres de Sainte-Mère-l'Eglise. Une par une, les remorques en nylon longues de trois cents mètres se décrochèrent et les planeurs descendirent en sifflant. Celui de Natalle dépassa le terrain et alla s'écraser dans un champ hérissé d'« asperges de Rommel » — des rangées de lourds poteaux fichés dans le sol pour prévenir l'atterrissage de planeurs. Assis dans une jeep, à l'intérieur du planeur, Natalle regardait par les petits hublots et vit, avec une fascination horrifiée, les deux ailes se détacher et les poteaux défiler à toute vitesse. Puis il y eut un grand craquement et le planeur se cassa en deux, juste sous la jeep où se tenait Natalle. Comme il dit, « ça m'a bien facilité la sortie ».

La carcasse du planeur n° 1 gisait tout près d'eux. Dévalant le long d'un pré en pente, ses freins incapables de ralentir sa ruée à cent cinquante à l'heure, l'appareil était allé piquer du nez dans une haie. Natalle découvrit le pilote, éjecté de sa cabine, étendu dans les buissons, les deux jambes cassées. Le général Pratt avait été tué sur le coup, écrasé par les montants de la carlingue. Il fut le premier officier général, d'un côté comme de l'autre, à mourir au Jour J.

Pratt fut un des rares morts dans cet atterrissage de la 101e. Presque tous les planeurs de la division se posèrent sur le terrain de Hiesville, ou tout près. Bien que la plupart des appareils fussent détruits, l'équipement arriva en bon état. Cette réussite fut tout à fait remarquable. Rares étaient les pilotes qui avaient effectué plus de trois ou quatre atterrissages d'entraînement, et toujours en plein jour[1].

Si la 101e eut de la chance, la 82e, en revanche, n'en eut pas du tout. L'inexpérience des pilotes provoqua un désastre presque total, et faillit causer la perte des cinquante planeurs. Moins de la moitié des formations trouvèrent le terrain d'atterrissage prévu au nord-ouest de Sainte-Mère-l'Eglise; le reste alla s'écraser dans des haies vives, plongea dans des cours d'eau ou s'enlisa dans les marécages du Merderet. Le matériel et les véhicules dont on avait un si urgent besoin se trouvèrent éparpillés un peu partout et les pertes en hommes furent très lourdes. Dix-huit pilotes furent tués au cours des premières minutes. Un des pla-

1. On manquait aussi de pilotes de planeurs. « A un moment donné, rappelle le général Gavin, nous avons pensé que nous n'en aurions jamais assez. Au cours du débarquement, tous les sièges des copilotes étaient occupés par un soldat aéroporté. Aussi incroyable que cela puisse paraître, ces soldats n'avaient jamais été entraînés ni instruits dans le pilotage des planeurs ni dans leur atterrissage. Certains se trouvèrent avec un pilote blessé, et un planeur plein de soldats sur les bras se ruant à travers les tirs de barrage et la D.C.A. dans la nuit du 6 juin. Heureusement, le type de planeurs que nous utilisions n'était pas trop difficile à piloter. Mais quand on doit le faire pour la première fois et atterrir sans savoir comment en plein combat, on se sent très petit. Il y a de quoi convertir le plus endurci des hommes. »

neurs chargés d'hommes passa directement au-dessus de la tête du capitaine Robert Piper, du 505e régiment et, sous ses yeux horrifiés, « rebondit sur la cheminée d'une maison, tomba dans la cour, décrivit un ou deux tonneaux et finit par se fracasser contre un mur de pierre. Pas même un gémissement ne s'éleva de la carcasse ».

Pour la 82e, pressée par le temps, la dispersion de son train de planeurs fut une calamité. Il lui fallait des heures pour récupérer et rassembler les quelques canons et le peu de matériel arrivé en bon état. En attendant, les soldats allaient se battre avec les armes qu'ils portaient sur eux. Mais, tout bien pesé, pour les parachutistes c'était la règle : ils se battaient avec les moyens du bord jusqu'à ce qu'on les relevât.

A ce moment, les hommes de la 82e tenant l'arrière de la tête de pont — les ponts sur la Douve et le Merderet — repoussaient déjà les premières contre-attaques allemandes. Ces parachutistes n'avaient ni véhicules, ni canons antichars, peu de bazookas, presque pas de mitrailleuses ni de mortiers. Qui pis est, ils ne disposaient d'aucun moyen de transmission. Ils ne savaient pas ce qui se passait autour d'eux, quelles positions étaient tenues, quels objectifs avaient été pris. Il en était de même à la 101e, si ce n'est que les hasards de la guerre lui avaient permis de recevoir son matériel. Les soldats des deux divisions se trouvaient isolés et dispersés, mais de petits groupes montaient à l'assaut de leurs objectifs — et des points fortifiés commençaient à tomber entre leurs mains.

A Sainte-Mère-l'Eglise, sous les yeux éberlués des habitants guettant derrière leurs persiennes, des parachutistes du 505e régiment de la 82e se glissaient prudemment dans les rues désertes. Le tocsin s'était tu. Le parachute vide du soldat John Steele pendait encore au clocher et, de temps en temps, les décombres incandescents de la maison de M. Hairon lançaient vers le ciel noir des gerbes d'étincelles, illuminant brièvement les marronniers de la place. Une balle perdue sifflait parfois rageusement dans les ténèbres, mais, à part ça, il n'y avait aucun bruit; c'était partout le même silence angoissant.

Le lieutenant-colonel Edward Krause, qui menait l'attaque, s'était attendu à livrer de durs combats pour

Sainte-Mère-l'Eglise, mais en dehors de quelques tireurs isolés, il semblait que la garnison allemande eût décampé. Les hommes de Krause se hâtèrent de profiter de la situation. Ils occupèrent les édifices, placèrent des barrages sur les routes, mirent des mitrailleuses en batterie et coupèrent les fils du téléphone. D'autres envahirent la localité, glissant comme des ombres de haie en haie, de porte en porte, convergeant vers le centre, la place de l'église.

Contournant la masse de l'église, le soldat de première classe William Tucker atteignit cette place et disposa sa mitrailleuse au pied d'un arbre. Puis, en regardant la place baignée de lune, il vit un parachute et, couché près de lui, un Allemand mort. En face, d'autres cadavres gisaient en tas. Tucker, assis dans les ténèbres, cherchait à comprendre ce qui s'était passé quand il lui sembla qu'il n'était pas seul — quelqu'un se tenait derrière lui. Saisissant à pleins bras la lourde mitrailleuse, il se retourna. A hauteur de ses yeux, des bottes se balançaient lentement. Tucker recula vivement. Un parachutiste mort, suspendu aux branches de l'arbre, le regardait de ses yeux grands ouverts.

D'autres parachutistes arrivaient à présent sur la place et, eux aussi, ils virent soudain les cadavres dans les arbres. Le lieutenant Gus Sanders se souvient que « les hommes restaient là, écarquillant les yeux, en proie à une fureur effroyable ». Le lieutenant-colonel Krause survint à son tour. En voyant les parachutistes morts, il ne put prononcer que trois mots :

— Nom de Dieu !

Alors, Krause tira de sa poche un drapeau américain, vieux et un peu effrangé, le drapeau même que le 505ᵉ avait fait flotter sur Naples. Krause avait promis à ses hommes que « ce drapeau flottera avant l'aube sur Sainte-Mère-l'Eglise ». Il traversa la place, marcha jusqu'à la mairie, se fit hisser jusqu'à la corniche et fixa le drapeau à la hampe au-dessus de la porte. Il n'y eut aucune cérémonie. Sur la place aux parachutistes morts, la bataille était terminée. La bannière étoilée flottait sur la première ville de France libérée par les Américains.

Au QG de la 7ᵉ Armée allemande, au Mans, le 84ᵉ Corps

du général Marcks reçut le message suivant : « Communications coupées avec Sainte-Mère-l'Eglise... »
Il était exactement 4 h 30.

☆

Les iles Saint-Marcouf sont deux rochers arides, situés à trois milles au large de la plage d'Utah. Lors de l'élaboration compliquée du plan d'invasion, ces îles n'attirèrent l'attention que trois semaines avant le Jour J. Le grand QG supposa alors qu'elles pouvaient posséder des batteries lourdes. On ne pouvait courir le risque de les ignorer. A la hâte 132 hommes des 4e et 24e escadrons de cavalerie furent entraînés pour les enlever avant l'Heure H. Ces hommes prirent pied sur les îlots vers 4 h 30. Ils n'y trouvèrent ni canons ni soldats — rien qu'une mort subite. Car les hommes du lieutenant-colonel Edward C. Dunn n'eurent pas plus tôt fait deux pas sur les grèves qu'ils se trouvèrent pris dans un hideux réseau de mines S — ces petites mines qui bondissaient pour éclater à hauteur de la ceinture en étripant les victimes — semées comme graines au vent. En quelques secondes la nuit fut déchirée par le fracas des explosions et des hurlements des blessés. Trois lieutenants furent blessés immédiatement, deux soldats furent tués et le lieutenant Alfred Rubin, blessé lui aussi, ne devait jamais oublier « le spectacle d'un homme gisant à ses pieds et crachant des roulements à billes ». A la fin de la journée, leurs pertes s'élèveraient à dix-neuf tués et blessés. Entouré de morts et d'agonisants, le lieutenant-colonel Dunn lança le signal « Mission accomplie ». Ce furent les premières troupes à envahir l'Europe par mer. Mais leur action ne fut qu'un infime détail du débarquement, une victoire inutile et amère.

☆

Dans la zone britannique, tout près de la côte et à cinq kilomètres à peine à l'est de Sword Beach, le lieutenant-colonel Terence Otway et ses hommes se terraient sous un feu de mitrailleuses serré, au bord du réseau de barbelés et des champs de mines protégeant la puissante batterie de

Merville. La situation était désespérée. Au cours des longs mois d'entraînement, Otway n'avait jamais compté que toutes les phases de l'attaque si compliquée se dérouleraient comme prévu. Mais il n'était pas préparé non plus à un échec complet. C'était pourtant ce qui s'était produit.

Le bombardement avait échoué. Le train de planeurs spécial s'était perdu, et avec lui l'artillerie, les lance-flammes, les mortiers, les détecteurs de mines et les échelles d'escalade. Des 700 hommes de son bataillon, Otway n'en avait retrouvé que 150 et, pour s'emparer de la batterie, qui comptait 200 défenseurs, ces soldats n'avaient que leurs fusils, leurs Sten, des grenades, quelques torpilles Bangalore et une mitrailleuse lourde. Ils n'hésitèrent pourtant pas à entreprendre l'assaut en remplaçant l'absence de moyens par l'improvisation.

Avec des pinces coupantes, ils avaient déjà pratiqué des brèches dans le premier réseau de barbelés, et mis en position leurs quelques torpilles Bangalore pour faire sauter le reste. Un groupe ouvrit un passage à travers le champ de mines, besogne terrifiante. Rampant sur les coudes et les genoux dans le clair de lune, ils cherchèrent les fils métalliques en tâtant le terrain devant eux du bout de leurs baïonnettes. A ce moment, les 150 hommes d'Otway se terraient dans des fossés et des trous d'obus ou le long des haies, attendant l'ordre d'attaquer. Le général Glade, commandant la 6ᵉ division aéroportée, avait recommandé à Otway :

— Votre état d'esprit doit être le suivant : un échec est impensable...

Otway regardait les hommes qui l'entouraient en se disant que les pertes seraient lourdes. Mais il fallait réduire au silence les canons de la batterie — ils pouvaient massacrer les troupes débarquant à Sword Beach. Les chances étaient désespérées, estimait-il, mais il n'existait pas d'alternative. Il fallait monter à l'assaut. Il le savait, tout comme il savait que la dernière partie de son plan soigneusement mis au point était vouée à l'échec. Les trois planeurs qui devaient s'écraser sur la batterie au moment de l'attaque par terre ne descendraient pas avant d'avoir reçu un signal spécial — une bombe lumineuse, lancée d'un mortier. Or, Otway n'avait ni la bombe ni le mortier. Il possédait bien les fusées éclairantes et son pistolet lance-fusées, mais celles-ci n'étaient utilisées que pour signaler le succès d'une attaque. Son dernier espoir d'être soutenu s'évanouissait.

Les planeurs se présentèrent à l'heure dite. Les avions remorqueurs allumèrent leurs feux d'atterrissage et larguèrent les planeurs. Il n'y en avait que deux, transportant chacun une vingtaine d'hommes. Le troisième, dont la remorque s'était rompue au-dessus de la Manche, avait réussi à regagner l'Angleterre en vol plané, sans dégâts. Les parachutistes entendirent le léger murmure des appareils qui arrivaient sur la batterie. Impuissant, Otway vit les planeurs, baignés de lune, perdre de l'altitude et décrire des cercles, tandis que leurs pilotes cherchaient désespérément le signal qu'Otway ne pouvait leur lancer. Ils descendirent encore et les Allemands ouvrirent le feu. Les mitrailleuses braquées sur les parachutistes se tournèrent vers les engins silencieux. Des chapelets de balles traceuses de vingt millimètres déchirèrent les fuselages de toile sans protection. Et les planeurs tournaient toujours, obéissant aveuglément au plan, cherchant obstinément le signal d'Otway. Complètement bouleversé, au bord des larmes, le lieutenant-colonel serrait les poings et ne pouvait rien.

Enfin les planeurs renoncèrent. L'un d'eux vira sur l'aile et alla se poser six kilomètres plus loin. L'autre passa si bas au-dessus des Anglais anxieux et impatients que les soldats Alan Mower et Pat Hawkins crurent qu'il s'écraserait sur la batterie. Au dernier moment l'appareil se redressa et alla se catapulter dans un bois voisin. Instinctivement, quelques hommes firent un geste pour quitter leur cachette et se porter au secours des survivants. Mais on les en empêcha immédiatement.

— Que personne ne bouge ! N'abandonnez pas vos positions, chuchotèrent les officiers harassés.

Il n'y avait à présent plus rien à attendre. Otway donna le signal d'attaquer. Le soldat Mower l'entendit crier :

— En avant ! On va prendre cette foutue batterie !

Et ils se ruèrent.

Dans un fracas assourdissant, les torpilles Bangalore pratiquèrent de grandes brèches dans les barbelés. Le lieutenant Mike Dowling glapissait :

— Avancez ! Avancez !

Une fois encore, une trompe de chasse sonna dans la nuit. Hurlant et tirant, les paras d'Otway plongèrent à travers les barbelés dans la fumée dense des explosions. Devant eux, au-delà d'un *no man's land* de mines, de tranchées et de fosses à canons, se dressait la batterie. Soudain, des fusées rouges éclatèrent au-dessus de la tête des assaillants en marche et un tir nourri de mitrailleuses, de Schmeissers et de fusils les accueillit. A travers le barrage meurtrier, les hommes courbés avançaient en courant, se jetaient à terre, couraient encore, rampaient et se relevaient pour se ruer de nouveau à l'assaut. Ils plongeaient dans des trous d'obus, en jaillissaient et repartaient. Des mines explosaient. Le soldat Mower entendit un cri et quelqu'un hurla :

— Arrêtez ! Arrêtez ! Y a des mines partout !

A sa droite, Mower vit un caporal grièvement blessé, assis par terre, éloignant les hommes à grands gestes, et il l'entendit répéter :

— N'approchez pas ! N'approchez pas !

Par-dessus le tumulte des explosions, de la fusillade et des hurlements des soldats, le lieutenant Alan Jefferson, en avant, continuait de souffler dans sa trompe de chasse. Soudain, le soldat Sid Capon entendit exploser une mine et vit Jefferson s'abattre. Il courut vers le lieutenant, mais celui-ci lui cria :

— Non ! En avant ! En avant !

Et puis, couché sur le sol, Jefferson porta sa trompe à ses lèvres et se remit à sonner de plus belle. Maintenant ce n'étaient que cris et hurlements dans un éblouissement de grenades tandis que les parachutistes sautaient dans les tranchées et luttaient corps à corps avec l'ennemi. Le soldat Capon, en atteignant une des tranchées, se trouva nez à nez avec deux soldats allemands. L'un d'eux éleva vivement au-dessus de sa tête une trousse de la Croix-Rouge en signe de reddition et s'écria :

— *Russki ! Russki !*

C'étaient deux « volontaires » russes. Sur le moment, Capon ne sut qu'en faire. Puis il vit d'autres Allemands qui se rendaient et des parachutistes qui les poussaient dans la tranchée. Il leur confia ses deux prisonniers et continua de monter à l'assaut de la batterie.

Là, Otway, le lieutenant Dowling et une quarantaine d'hommes se battaient déjà férocement. Les soldats qui avaient nettoyé les tranchées et les fosses à canons couraient à présent autour des fortifications de béton en vidant les chargeurs de leurs Sten et en jetant des grenades par les meurtrières. La bataille fut sanglante et sauvage. Les soldats Mower et Hawkins et un servant de fusil mitrailleur Bren, galopant sous un déluge de feu de mortiers et de mitrailleuses, atteignirent un côté de la batterie, trouvèrent une porte ouverte et s'y précipitèrent. Un artilleur allemand mort gisait dans le passage étroit, mais il semblait n'y avoir personne d'autre. Mower laissa ses deux compagnons à la porte et s'engagea dans la galerie. Il déboucha dans une vaste salle et vit une lourde pièce de campagne dressée sur une plate-forme, flanquée de hautes piles d'obus. Mower retourna en courant vers ses camarades et leur expliqua avec enthousiasme son plan pour « faire sauter tout le foutu bazar en lançant des grenades au milieu des obus ». Mais ils n'en eurent pas le temps. Tandis que les trois hommes discutaient sur le seuil, il y eut une brusque explosion. L'homme du Bren mourut sur le coup. Hawkins fut atteint dans le ventre. Quant à Mower, il crut que son dos était « lacéré par un bon millier d'aiguilles rougies à blanc ». Il ne pouvait plus contrôler ses jambes. Elles tressautaient toutes seules — comme les jambes des agonisants. Mower était certain qu'il allait mourir et il ne voulait pas finir de cette façon. Il se mit à crier au secours. Il appela sa mère.

Dans toute la batterie, les Allemands se rendaient. Le soldat Capon rattrapa Dowling et ses hommes à temps pour voir « les Fritz se pousser dans la porte à qui se rendrait le premier ». Les hommes de Dowling fendirent deux des canons en tirant deux obus simultanément dans chacun d'eux et rendirent les deux autres provisoirement inutilisables. Puis Dowling alla retrouver Otway. Il se mit au garde-à-vous devant son colonel, la main droite serrée sur le côté gauche de la poitrine.

— La batterie a été prise selon les ordres, mon colonel. Les canons sont détruits.

La bataille était terminée; elle avait duré un quart d'heure. Otway lança une fusée jaune — le signal de mission réussie — avec son pistolet Very. Un avion de reconnaissance de la R.A.F. aperçut le signal et prévint par radio le croiseur *Arethusa* au large, quinze minutes exactement avant que le croiseur n'ouvrît le feu sur la batterie. En même temps, l'officier de transmissions d'Otway expédia un message confirmatif par pigeon voyageur. Il avait porté l'oiseau pendant toute la bataille. Une petite capsule plastique était fixée à sa patte, contenant un papier avec ce seul mot de code « Hammer » (marteau). Un moment plus tard, Otway découvrit le cadavre du lieutenant Dowling. Il était mourant quand il avait fait son rapport.

Otway prit la tête de son bataillon hagard et le conduisit hors de la batterie de Merville. Il n'avait pas reçu ordre de tenir la position après la destruction des pièces. Ses hommes avaient d'autres missions. Ils ne firent que vingt-deux prisonniers. Sur les deux cents Allemands de la garnison, cent soixante-dix-huit étaient morts ou mourants, et Otway avait perdu presque la moitié de son effectif — soixante-dix tués et blessés. Fait ironique, les canons détruits étaient moitié moins puissants que ne le signalaient les rapports. Et, quarante-huit heures plus tard, les Allemands reviendraient dans cette batterie. Deux des canons tireraient sur les plages. Mais pendant les quelques heures critiques qui suivirent, la batterie de Merville resta silencieuse, abandonnée.

Le groupe d'Otway n'avait pas assez de matériel médical et de médicaments, et aucun moyen de transport; il fallut se résigner à laisser sur place les plus grands blessés. Mower fut porté au-dehors sur une planche. Hawkins était trop affreusement touché pour être transporté. Les deux hommes survécurent pourtant — même Mower, avec cinquante-sept éclats d'obus dans le corps. La dernière chose qu'il se rappelle, tandis que ses camarades l'emportaient, c'est le hurlement de Hawkins :

— Hé, les gars, pitié ! Bon Dieu, me laissez pas crever ici ! Me laissez pas !

Puis la voix devint de plus en plus indistincte, lointaine, étrange. Miséricordieusement, Mower perdit connaissance.

☆

L'aube approchait — cette aube vers laquelle dix-huit mille parachutistes tendaient, en se battant. En moins de cinq heures, ils en avaient plus accompli que ne l'espéraient le général Eisenhower et ses officiers. Les troupes aéroportées et parachutées avaient désorienté l'ennemi, perturbé les communications et désormais, en tenant les deux flancs de la zone de débarquement, elles bloquaient dans une large mesure l'arrivée des renforts allemands.

Dans le secteur britannique, les troupes du major Howard avaient fini par s'emparer des ponts vitaux sur l'Orne et le canal de Caen. A l'aube, les cinq passages sur la Dives seraient détruits. Le lieutenant-colonel Otway et son bataillon amputé avaient anéanti la batterie de Merville et les parachutistes tenaient les hauteurs dominant Caen. Ainsi, les Britanniques avaient accompli leurs principales missions et tant que les diverses voies de communications resteraient sous surveillance, la contre-attaque allemande serait ralentie ou même complètement arrêtée.

A l'autre extrémité des cinq plages de débarquement, les Américains, malgré un terrain plus difficile et des ordres de missions plus variés, avaient fait d'aussi bon travail. Les hommes du lieutenant-colonel Krause avaient pris l'important carrefour de Sainte-Mère-l'Eglise. Au nord de la petite ville, le bataillon du lieutenant-colonel Vandervoort avait coupé la voie de chemin de fer principale reliant Cherbourg au reste du pays et se tenait prêt à repousser toutes les attaques dans ce secteur. Le général de brigade Gavin et ses hommes étaient retranchés autour des passages stratégiques sur la Douve et le Merderet, et tenaient les arrières d'Utah Beach. La 101e division du général Maxwell Taylor était encore très dispersée; à l'aube, l'effectif disponible de la division ne serait encore que de 1 100 hommes, sur un total de 6 500. Malgré ce handicap, des soldats avaient néanmoins atteint la batterie de Saint-Martin-de-Varreville, pour découvrir que les canons en avaient été enlevés. D'autres étaient en vue des écluses capitales de La Barquette, qui commandaient les inondations de la presqu'île. Et bien qu'aucune des digues routières partant de la plage d'Utah n'eût été atteinte, des groupes de soldats s'y dirigeaient et tenaient déjà le bord ouest des régions inondées, derrière la plage elle-même.

Les hommes des troupes alliées aéroportées avaient envahi le continent par air, et conquis les points d'appui initiaux pour l'offensive par mer. Désormais, ils attendaient les forces arrivant sur les bateaux pour s'enfoncer avec elles au cœur de l'Europe hitlérienne. Les avant-postes américains se trouvaient déjà à vingt kilomètres des plages d'Utah et d'Omaha, à l'intérieur des terres. Pour les troupes terrestres, l'Heure H — 6 h 30 — sonnerait dans cent cinq minutes.

CHAPITRE VII

A 4 h 45 du matin, le sous-marin de poche *X-23* du lieutenant de vaisseau George Honour fit surface dans une mer très creuse à un mille au large de la côte normande. A vingt milles de là, son jumeau, le *X-20,* l'imita. Ces deux bateaux jalonnaient les extrémités du secteur de débarquement anglo-canadien — comprenant les plages Sword, Juno et Gold. Chaque équipage avait pour tâche de gréer un mât pourvu d'un feu à éclats, d'installer tous les autres appareils de signalisation optique et radio-électrique. Après quoi ils attendraient les premiers navires anglais qui se guideraient sur leurs signaux.

A bord du *X-23,* Honour repoussa le panneau et se dressa, tout ankylosé, sur le pont étroit. Les vagues balayaient celui-ci et il dut se cramponner pour ne pas être emporté. Son équipage épuisé le suivit. Accrochés aux rambardes, les pieds dans l'eau, ils aspiraient goulûment l'air frais. Ils se trouvaient devant Sword Beach depuis l'aube du 4 juin, et étaient demeurés en plongée plus de 21 heures par jour. En tout, depuis leur appareillage de Portsmouth le 2 juin, ils avaient passé sous l'eau quelque 74 heures.

Leurs tribulations n'étaient pas finies. Sur les plages britanniques, l'Heure H variait, de 7 h à 7 h 30. Par conséquent, il leur fallait tenir encore pendant deux heures, jusqu'à l'arrivée de la première vague d'assaut. Jusque-là, le *X-23* et le *X-20* demeureraient à la surface, immobiles, offrant une excellente cible aux batteries de côte allemandes. Et, bientôt, il ferait jour.

CHAPITRE VIII

PARTOUT, des hommes attendaient cette aube, mais aucun avec autant d'anxiété que les Allemands. Car, à présent, un nouveau son de cloche, fort menaçant, se faisait entendre dans la cascade de messages tombant sur les bureaux des QG de Rommel et de von Rundstedt. Tout au long des côtes, les stations de l'amiral Krancke captaient des bruits de navires — non pas isolés, mais par vingtaines, par centaines. Pendant plus d'une heure les rapports s'étaient succédé. Enfin, un peu avant 5 heures, l'opiniâtre général Pemsel, de la 7e Armée, téléphona à Speidel, chef d'état-major de Rommel, pour lui dire tout à trac :

— On signale une concentration de navires entre les embouchures de l'Orne et de la Vire. Il est facile d'en conclure qu'un débarquement et une offensive de grande envergure contre la Normandie sont imminents.

A son QG des environs de Paris, le feld-maréchal von Rundstedt avait déjà tiré la même conclusion. Il continuait cependant à penser que l'offensive signalée contre la Normandie ne constituerait qu'une « attaque de diversion » et pas encore le véritable débarquement. Néanmoins, Rundstedt avait agi. Il avait déjà ordonné à deux massives divisions blindées — la 12e S.S. et la *Panzer Lehr,* toutes deux en réserve près de Paris — de se rassembler et de se ruer vers la côte. Tactiquement, ces deux divisions dépendaient de l'OKW, et ne devaient pas bouger sans un ordre exprès ou une approbation du Führer. Mais von Rundstedt avait passé outre et tenté sa chance; il ne pouvait croire qu'Hitler le désavouerait. Convaincu que les Alliés avaient choisi la Normandie pour une « attaque de diversion », von Rundstedt demanda officiellement les réserves à l'OKW. Son message télétypé déclarait : « L'OB West est persuadé que, s'il s'agit vraiment d'une offensive ennemie d'envergure, elle ne peut être repoussée qu'en prenant des mesures immédiates. Celles-ci supposent l'envoi dès aujourd'hui de toutes les réserves stratégiques possibles... c'est-à-dire la 12e S.S. et la *Panzer Lehr*. Si ces deux divisions se mettent en route sur l'heure, elles peuvent participer à la bataille des côtes dans la journée. Dans ces conditions, OB West demande à OKW de faire donner ces réserves... » C'était un message de pure forme, simplement destiné aux archives.

A Berchtesgaden, dans les montagnes romantiques de la Bavière méridionale, bien loin des réalités quotidiennes, le message fut transmis au bureau du général Alfred Jodl, chef des opérations. Jodl dormait, son état-major ne jugea pas la situation assez sérieuse pour le réveiller. Le message pouvait attendre.

A cinq kilomètres de là, dans leur retraite montagnarde, Hitler et sa maîtresse Eva Braun dormaient aussi. Comme à l'habitude, Hitler s'était couché à quatre heures du matin et son médecin personnel, le docteur Morell, lui avait donné un somnifère, sans lequel il ne pouvait dormir. Vers cinq heures, l'amiral Karl Jesko von Puttkamer, son aide de camp naval, fut réveillé par un coup de téléphone venant du QG de Jodl. Son correspondant — Puttkamer ne se souvient plus de son identité — lui apprit qu'il s'était produit « une espèce de débarquement en France ». On ne savait encore rien de précis — de fait, on affirma à l'amiral que « les premiers renseignements étaient extrêmement vagues ». Fallait-il en informer le Führer ? Les deux hommes en discutèrent et finirent par se mettre d'accord pour laisser Hitler dormir en paix. « De toute façon, dit Puttkamer aujourd'hui, il n'y avait pas grand-chose à lui dire. Nous craignions, tous les deux, si je le réveillais à cette heure indue, qu'il ne connût une de ses terribles crises de nerfs au bout desquelles il prenait toujours des décisions insensées. » L'amiral décida d'attendre la fin de la matinée pour donner ces nouvelles à Hitler. Il éteignit sa lumière et se rendormit tranquillement.

En France, les généraux d'OB West et du groupe d'Armées B s'installèrent dans l'attente. Ils avaient mis leurs forces en état d'alerte et appelé les réserves blindées; c'était désormais aux Alliés de jouer. Impossible d'apprécier encore l'ampleur de l'offensive. Personne ne savait — n'était même capable de deviner — l'importance de la flotte alliée. Le débarquement principal aurait-il lieu en Normandie ? Personne ne pouvait l'affirmer en dépit des indices qui se multipliaient. Les généraux avaient fait tout leur possible. Le reste dépendait des simples soldats de la Wehrmacht stationnés le long des côtes. Ils prenaient une importance soudaine. Pour le moment, ils regardaient vers la mer, en se demandant s'il s'agissait d'un simple exercice d'alerte ou si le grand jour était enfin venu.

Dans son bunker dominant Omaha Beach, le major Werner Pluskat n'avait reçu aucune nouvelle de ses supérieurs depuis une heure du matin. Il avait froid, il était fatigué, exaspéré, se sentait affreusement seul et ne comprenait pas pourquoi aucun rapport ne lui était parvenu des P.C. régimentaire ou divisionnaire. Evidemment, le fait que le téléphone n'eût pas sonné de la nuit était plutôt rassurant; cela voulait sans doute dire qu'il ne se passait rien de grave. Mais les parachutistes, les formations massives d'avions ? Pluskat n'arrivait pas à chasser son malaise. Une nouvelle fois, il tourna les jumelles d'artillerie vers la gauche, partit de la sombre masse du Cotentin et balaya lentement l'horizon. Il vit les mêmes bancs de brume sur la mer, les mêmes miroitements de lune, la même mer agitée, tachetée de crêtes blanches. Rien n'avait changé. Tout paraissait paisible.

Derrière lui, dans l'abri, son chien Harras dormait, étendu de tout son long. A côté, le capitaine Ludz Wilkening bavardait à mi-voix avec le lieutenant Fritz Theen Pluskat alla les rejoindre.

— Toujours rien. Je crois que je vais renoncer.

Mais il revint devant la meurtrière, contempla le ciel qui

pâlissait à l'approche de l'aube, et décida d'effectuer une dernière observation, par acquit de conscience.

Avec lassitude, il balança une fois de plus les jumelles vers la gauche. Lentement, il suivit l'horizon et parvint au centre de la baie. Alors, les jumelles s'arrêtèrent. Pluskat se raidit, regarda attentivement.

A travers les lambeaux de brume qui se dissipaient, l'horizon s'emplissait de navires, comme par enchantement, des bateaux de toute sorte, de toute taille, qui évoluaient tranquillement, comme s'ils étaient là depuis des heures. On aurait dit qu'il y en avait des milliers. C'était une armada spectrale, surgie de nulle part. Le souffle coupé, figé sur place, Pluskat contempla le spectacle sans y croire, plus ému qu'il ne l'avait jamais été. A ce moment, l'univers du bon soldat Pluskat commença de s'écrouler. Il se rappelle qu'en ces derniers instants, il comprit, avec calme et certitude, que « c'était la fin de l'Allemagne ».

Se tournant vers Wilkening et Theen, avec une étrange indifférence, il leur dit simplement :

— C'est le débarquement. Voyez vous-même.

Puis il appela au téléphone le major Block, au Q.G. de la 352e division.

— Block, fit-il, c'est bien le débarquement. Il y a au moins dix mille navires, là devant moi.

En prononçant ces paroles, il eut le sentiment qu'elles devaient paraître incroyables.

— Voyons, Pluskat, du calme ! coupa sèchement le major. A eux tous, les Américains et les Anglais ne possèdent pas autant de bateaux. Personne n'en possède un tel nombre !

L'incrédulité de Block fit sortir Pluskat de son espèce de léthargie.

— Vraiment, s'écria-t-il avec passion. Si vous ne me croyez pas, venez donc un peu ici voir vous-même ! C'est fantastique ! C'est incroyable !

Il y eut un bref silence, puis Block demanda :

— De quel côté se dirigent ces navires ?

Téléphone en main, Pluskat se retourna vers la meurtrière du bunker et répondit :

— Droit sur moi !

TROISIÈME PARTIE

LA JOURNÉE

CHAPITRE PREMIER

JAMAIS il n'y avait eu d'aube semblable. Dans le petit jour gris, l'immense flotte alliée, majestueuse, grandiose, redoutable, se déployait devant les cinq plages de débarquement. La mer fourmillait de navires. Les pavillons de guerre claquaient au vent d'un bout de l'horizon à l'autre, depuis Utah Beach, dans le Cotentin, jusqu'à Sword Beach à l'embouchure de l'Orne. Les monstrueux cuirassés, les croiseurs menaçants, les sveltes destroyers se détachaient sur le ciel. Derrière eux venaient les gros navires de commandement, hérissés d'antennes, puis les transports, les bateaux de débarquement, remplis d'hommes et de matériel, lourds et lents, profondément enfoncés dans l'eau. Tournant autour des transports de tête, attendant le signal de l'assaut, des essaims de chalands et d'embarcations s'agitaient sur les vagues, bourrés à craquer de soldats qui seraient les premiers à descendre sur les plages.

Cette immense armada bouillonnait d'activité et de bruit. Les moteurs haletaient et gémissaient tandis que les patrouilleurs allaient et venaient à travers le fourmillement des petits bâtiments. Des grues grinçaient pour mettre à la mer les véhicules amphibies. Les garants glissaient dans les palans en amenant les embarcations d'assaut qui tossaient contre les coques, chargées d'hommes blêmes. Les haut-parleurs glapissaient « Alignez-vous, alignez-vous ! », tandis que les vedettes, comme des chiens de berger, hâtaient la formation. Sur les gros transports, les soldats se pressaient à la rambarde, attendant leur tour de s'affaler par les échelles glissantes ou les filets pour parvenir dans les chalands noyés d'embruns qui tanguaient lourdement. Et, pardessus tout ce bruit et cette confusion, tous les haut-parleurs de tous les navires ne cessaient de lancer des exhortations :

— Luttez pour mettre vos hommes à terre, luttez pour sauver vos bateaux, si vous avez assez de force, luttez pour vous sauver vous-même... Rentrez-leur dedans, la 4e division, faites-les gueuler ! N'oubliez pas, le Grand Rouge vous montre le chemin... Les Rangers, à vos postes... N'oubliez pas Dunkerque ! Rappelez-vous Coventry ! Que Dieu vous bénisse tous !... *Nous mourrons sur le sable de notre France chérie, mais nous ne retournerons pas* [1]... Ce coup-ci, ça y est, les gars, Terminus, tout le monde descend, y a pas d'aller-retour ! Vingt-neuf et c'est complet ! » Et puis les deux messages que la plupart de ces hommes n'ont pu oublier : « Poussez les embarcations ! », et « Notre Père qui êtes aux cieux, que votre nom soit sanctifié... »

Le long des rambardes encombrées, beaucoup d'hommes quittèrent leurs places pour aller dire au revoir à des camarades partant sur d'autres canots. Soldats et matelots, devenus bons amis au cours des longues heures passées à bord, se souhaitèrent mutuellement bonne chance. Et des centaines d'hommes prirent le temps d'échanger leurs adresses « des fois que... ». Le sergent Roy Stevens, de la 29e division, joua des coudes dans la cohue pour retrouver son frère jumeau. « J'ai fini par lui mettre la main dessus, rappelle-t-il. Il m'a souri et m'a tendu la main. Je lui ai dit non, qu'on se serrerait la main à une croisée de chemins en France, comme on avait décidé. Nous nous sommes dit au revoir et je ne devais jamais plus le revoir. » A bord du *Prince Leopold*, Joseph Lacy, aumônier des 5e et 2e bataillons de Rangers, se frayait un passage à travers la foule et le soldat de première classe Max Coleman l'entendit répéter : « A partir de maintenant, je prierai à votre place. Ce que vous allez accomplir aujourd'hui est une prière en soi. »

A bord de tous les navires, les officiers couronnaient leurs allocutions avec le genre de phrases colorées ou his-

1. En français dans le texte.

toriques qu'ils jugeaient séantes en cette occasion — et cela donnait parfois des résultats inattendus. Le lieutenant-colonel John O'Neill, dont les sapeurs, spécialement entraînés, devaient débarquer à Omaha et Utah avec la première vague d'assaut, pour détruire les obstructions, pensa avoir trouvé la conclusion idéale quand il tonna :

— Quoi qu'il arrive, débarrassez-moi de ces foutus obstacles !

Tout près de lui, une voix tranquille observa :

— Je crois que ce salaud-là a la trouille aussi.

Le capitaine Sherman Burroughs, de la 29e division, confia au capitaine Charles Cawthorn qu'il avait l'intention de réciter « L'exécution de Dan Mac Grew » pendant le trajet vers la plage. Le lieutenant-colonel Elzie Moore, qui devait conduire la brigade du Génie à Utah Beach, se trouva sans discours. Il projetait de réciter un extrait qu'il jugeait fort approprié du récit d'une autre invasion de la France, une scène de bataille de l'*Henri V* de Shakespeare, mais ne put se rappeler que le premier vers : « Une fois de plus sur la brèche, mes chers amis... », et décida d'y renoncer. Le major C.K. King, de la 3e division britannique, qui faisait partie de la première vague de Sword Beach, avait choisi un passage de la même pièce. Il avait même pris soin de recopier les vers, qui se terminaient par ces mots : « Celui qui survivra à cette journée, et rentrera sauf chez lui, Se dressera sur la pointe des pieds quand on nommera ce jour... »

Le rythme s'accélérait. Au large des plages américaines, des bateaux de plus en plus nombreux, chargés d'hommes, se joignaient à la ronde qui dansait autour des grands navires. Trempés, malheureux, en proie au mal de mer, ces hommes allaient prendre la tête pour pénétrer en Normandie, par les plages d'Omaha et d'Utah. Dans le secteur des grands transports, l'embarquement battait son plein. L'opération se révélait complexe et dangereuse. Les soldats étaient tellement chargés de matériel qu'ils pouvaient à peine se mouvoir. Ils portaient tous un gilet pneumatique de sauvetage, et, en plus de leurs armes, des musettes, des outils de terrassement, des masques à gaz, des paquets de pansement, des cantines, des couteaux, des rations; tout le monde transportait aussi une quantité supplémentaire de grenades, d'explosifs et de munitions — jusqu'à 250 cartouches. Les troupes spécialisées emportaient en plus tout le matériel requis pour leurs missions particulières. Certains disent qu'ils devaient peser près de cent cinquante kilos quand ils se traînèrent sur les ponts pour gagner leurs embarcations. Tout ce bric-à-brac était indispensable, mais le major Gerden Johnson, de la 4e division d'infanterie, trouvait que « ses hommes étaient réduits à une allure de tortues ». Ses soldats étaient tellement surchargés, pensait le lieutenant Bill Williams, de la 29e, « qu'ils ne pourraient guère se battre ». Le 1re classe Rudolph Mozgo, penché sur la rambarde et voyant l'embarcation cogner contre la coque, en montant et descendant sur les vagues, se disait que si lui et son matériel arrivaient seulement à s'embarquer « la moitié de la bataille serait gagnée ».

Beaucoup d'hommes, peinant pour conserver leur équilibre en descendant le long des filets d'assaut, furent blessés bien avant d'essuyer le feu ennemi. Le caporal Harold Janzen, d'une section de mortiers, alourdi par deux rouleaux de câbles et plusieurs téléphones de campagne, essaya de minuter le balancement de l'embarcation qui l'attendait. Il sauta quand il crut le bon moment venu, calcula mal son coup, tomba de quatre mètres au fond du bateau et s'assomma avec son mousqueton. Il y eut des blessés plus sérieux. Le sergent Romeo Pompei entendit un cri au-dessous de lui, regarda et vit un homme pendu au filet, à qui l'embarcation écrasait le pied contre la coque du navire. Pompei, lui, tomba la tête la première dans l'embarcation et se cassa les dents de devant.

Les hommes qui embarquaient du pont dans les embarcations qu'on mettait ensuite à la mer n'étaient pas mieux lotis. Le major Thomas Dallas, un des commandants du 29e bataillon, et son état-major, se trouvèrent suspendus entre ciel et mer, quand les palans se coincèrent. Ils restèrent dans cette position — un mètre en dessous de la vidange des poulaines (w.-c. de l'équipage) — pendant près de vingt minutes. « Les poulaines ne cessaient pas d'être utilisées, rappelle-t-il, et pendant ces vingt minutes, nous avons tout reçu sur la tête. »

Les vagues s'élevaient parfois si haut que les embarcations montaient et descendaient comme des yoyos sous les palans de bossoirs. Un bateau de Rangers se trouvait à mi-hauteur de la muraille du *Prince Charles,* quand une lame monstrueuse le souleva et faillit le ramener sur le pont. La vague se retira, et le bateau s'affala le long des garants en secouant ses occupants, écœurés, comme des poupées.

En descendant dans les embarcations, les vieux combattants expliquaient aux recrues ce qui les attendait. A bord de l'*Empire Anvil,* le caporal Michael Kurtz, de la 1re division, rassembla son escouade et passa ses consignes à ses hommes : « Tous tant que vous êtes, je veux que vous baissiez la tête en dessous du plat-bord. Dès qu'on aura été repérés, on se fera canarder. Si vous vous en sortez, bravo. Sinon, autant mourir là qu'ailleurs. Allons-y. » Au moment où Kurtz et ses hommes s'embarquaient, ils entendirent des cris. Une autre embarcation venait de se retourner, déversant tous ses hommes à la mer. Le bateau de Kurtz atteignit l'eau sans encombre. Ils virent alors les hommes du premier nager le long de la coque du transport. Au moment où l'embarcation de Kurtz s'éloignait, un des soldats qui barbotaient leur cria : « Adieu, caves ! » Kurtz regarda ses hommes. Chaque visage portait la même expression cireuse, vide.

Il était 5 h 30 du matin. Déjà, la première vague se rapprochait des plages. Pour ce gigantesque assaut par mer que le monde libre avait eu tant de mal à préparer, 3 000 hommes seulement menaient l'attaque. C'étaient les groupes de combat des 1re, 29e et 4e divisions et des unités annexes — équipes de démolition sous-marine de l'armée et de la marine, chars et Rangers. A chaque groupe de combat un point de débarquement précis était assigné. Le 16e régiment de la 1re division, commandée par le général Clarence R. Huebner, par exemple, devait aborder sur une moitié d'Omaha Beach, le 116e de la 29e division, aux ordres du général Charles H. Gerhardt, sur l'autre [1]. Ces zones avaient été divisées en sous-secteurs portant chacun un nom de code. Les hommes de la 1re division débarque-

1. Des groupes de combat de la 1re et de la 29e division participaient à cet assaut, mais les débarquements proprement dits étaient placés sous le commandement de la 1re division, tout au moins en ce début de l'offensive.

raient à Easy Red, Fox Green et Fox Red, la 29e à Charlie, Dog Green, Dog White, Dog Red et Easy Green.

L'atterrissage à Omaha et Utah était chronométré à la minute près. Sur la moitié d'Omaha dévolue à la 29e division, 32 chars amphibies devaient toucher terre à Dog White et Dog Green et prendre position au bord de l'eau pour couvrir la première vague d'assaut, à l'heure H moins cinq minutes : 6 h 25. A l'heure H précise — 6 h 30 — huit LCT débarqueraient d'autres chars directement à Easy Green et à Dog Red. Une minute plus tard — à 6 h 31 — les troupes d'assaut aborderaient dans tous les secteurs. A 6 h 33, les équipes de démolition du Génie arriveraient, avec la redoutable mission de déblayer seize passages larges de cinquante mètres à travers les mines et les obstacles. Elles disposaient tout juste de vingt-sept minutes pour achever ce travail délicat. A partir de sept heures du matin, de six à en six minutes, cinq vagues, le gros des troupes du premier assaut, débarqueraient.

Tel était le plan concernant les deux plages. Tout avait été si soigneusement mis au point et chronométré, que l'on attendait l'équipement lourd et la grosse artillerie à Omaha une heure et demie plus tard, et l'arrivée de grues, de half-tracks et de véhicules de dépannage des chars était même prévue à 10 h 30. Cet horaire était tellement précis et compliqué qu'il paraissait impossible de le respecter. Fort probablement les responsables l'avaient prévu.

Les hommes de la première vague d'assaut ne distinguaient pas encore la ligne brumeuse des côtes de Normandie car ils s'en trouvaient à neuf milles. Certains bâtiments de guerre échangeaient déjà des salves avec les batteries allemandes, mais ce tir était encore lointain et impersonnel, pour les soldats des embarcations. Personne ne les visait encore. Pour le moment, leur ennemi numéro un était le mal de mer. Peu en étaient exempts. Les chalands d'assaut, chargés chacun de trente hommes et de leur matériel pesant, étaient si bas sur l'eau que les vagues les recouvraient sans cesse. A chaque nouvelle lame, ils roulaient et tanguaient et le colonel Eugene Caffey, de la brigade spéciale du 1er Génie, se souvient que certains soldats, allongés au fond du bateau, « se laissaient arroser copieusement, indifférents à tout, se moquant de vivre ou de mourir ». Mais, pour ceux qui ne souffraient pas du mal de mer, la vue de l'incroyable flotte constituait un spectacle merveilleux et terrifiant. Dans le bateau du caporal Gerald Burt, plein de démolisseurs du Génie, un homme soupira d'un air navré en regrettant de ne pas avoir apporté son appareil photographique.

☆

A trente milles de là, le commandant Heinrich Hoffmann, à bord de son torpilleur, en tête de la 5e flottille, aperçut un étrange brouillard irréel couvrant la mer devant lui. Comme il l'observait, un avion sortit de ce paquet de coton, confirmant ses soupçons — il s'agissait certainement d'un écran de fumée. Hoffmann plongea dans cette brume pour voir ce qu'il y avait, et connut le plus grand choc de son existence. De l'autre côté du rideau de fumée, il se trouva en face d'un incroyable rassemblement de navires, la flotte anglaise presque au complet. Partout où le regard se portait, ce n'étaient que cuirassés, croiseurs et destroyers qui le dominaient de leur masse. « J'ai eu l'impression d'être assis dans un youyou », dit Hoffmann. Presque instantanément, une grêle d'obus s'abattit sur ses petits bateaux rapides et souples. Sans une seconde d'hésitation, l'audacieux Hoffmann, malgré sa ridicule infériorité numérique, donna l'ordre d'attaquer. Quelques instants plus tard, — ce fut l'unique contre-offensive navale du Jour J — dix-huit torpilles filèrent en direction de la flotte alliée.

Sur la passerelle du destroyer norvégien *Svenner*, le lieutenant de vaisseau anglais Desmond Lloyd les vit venir, ainsi que d'autres officiers sur les passerelles du *Warspite*, du *Ramillies* et du *Largs*. Le *Largs* battit promptement en arrière toute. Deux torpilles passèrent entre le *Warspite* et le *Ramillies*. Le *Svenner* n'arriva pas à s'écarter de leur chemin. Son capitaine glapit :

— A gauche toute ! Tribord en avant toute ! Bâbord en arrière toute !

Il cherchait désespérément à évoluer pour placer les torpilles parallèlement à son navire. Le lieutenant de vaisseau Lloyd, les yeux rivés à ses jumelles, vit que les torpilles allaient frapper sous la passerelle. Il n'eut qu'une seule idée : « Jusqu'où vais-je sauter ? » Avec une lenteur désespérante, le *Svenner* abattit sur bâbord et pendant une seconde ou deux, Lloyd crut qu'ils étaient sauvés. Mais la manœuvre échoua. Une torpille vint s'écraser contre la chaufferie. Le *Svenner* parut se soulever hors de l'eau, frémit et se brisa en deux. Le quartier-maître mécanicien Robert Dowie, du dragueur *Dunbar*, à côté, fut stupéfait de voir le destroyer s'enfoncer dans la mer « son avant et son arrière formant un V parfait ». Il y eut trente morts. Le lieutenant de vaisseau Lloyd, indemne, nagea pendant près de vingt minutes, en soutenant un matelot à la jambe cassée jusqu'à ce que le destroyer *Swift* vînt les repêcher tous les deux.

Pour Hoffmann, bien en sécurité à présent de l'autre côté de l'écran de fumée, l'important était de donner l'alerte. Il signala la nouvelle au Havre, sereinement ignorant que sa radio de bord avait été mise hors de service au cours de la brève bataille qui venait d'avoir lieu.

☆

A bord du navire amiral *Augusta*, au large des plages américaines, le général Omar N. Bradley se mit du coton dans les oreilles et braqua ses jumelles sur les chalands de débarquement qui couraient à l'assaut de la côte. Ils avançaient régulièrement, portant les hommes de la 1re Armée américaine. Bradley se sentait profondément ému et inquiet. Quelques heures plus tôt, il croyait encore qu'une seule petite division « statique » allemande, trop étirée, la 716e, tenait la région côtière, des environs d'Omaha Beach jusqu'à la zone britannique. Mais au départ d'Angleterre, les services secrets alliés lui avaient fait savoir qu'une division supplémentaire venait de s'installer dans le secteur. La nouvelle était parvenue trop tard pour que Bradley pût prévenir ses troupes, déjà « au secret ». Les hommes des 1re et 29e divisions se dirigeaient donc vers Omaha Beach, sans se douter que la redoutable 352e division, remarquablement entraînée, les attendait [1].

---

1. Les services secrets alliés étaient persuadés que la 352e occupait ces positions depuis très peu de temps, et uniquement en vue d'un « exercice de défense ». En réalité, certaines de ses unités se trouvaient

Le bombardement naval qui devait leur faciliter la tâche (Bradley priait pour qu'il en soit ainsi) allait commencer. A quelques milles de là, à bord du croiseur français léger *Montcalm* le contre-amiral Jaujard s'adressait à ses officiers et à ses hommes. D'une voix brisée par l'émotion, il leur dit :

— *C'est une chose terrible et monstrueuse que d'être obligés de tirer sur notre propre patrie, mais je vous demande de le faire aujourd'hui*[1].

A quatre milles au large d'Omaha Beach, à bord du destroyer américain *Carmick*, le capitaine de frégate Robert O. Beer appuya sur le bouton de l'interphone et cria :

— Ecoutez-moi tous ! Le bal va commencer, le plus grand auquel il vous sera jamais donné d'assister, mes enfants ! Alors, en piste et dansons, maintenant !

Il était 5 h 50. Les bâtiments de guerre britanniques avaient ouvert le feu depuis plus de vingt minutes. Le bombardement du secteur américain commença alors. La côte parut se transformer en volcan. Le fracas de la bataille roula sourdement tout le long du littoral de Normandie, quand les lourdes pièces se mirent à pilonner systématiquement leurs objectifs. Le ciel gris s'illumina et de gros nuages de fumée tourbillonnèrent au-dessus de la terre.

Au large des plages de Sword, de Juno et de Gold, les cuirassés *Warspite* et *Ramillies* déversèrent des tonnes d'acier sur les puissantes batteries du Havre et de l'embouchure de l'Orne. Les croiseurs et les destroyers crachèrent une grêle d'obus sur les points fortifiés, les blockhaus et les redoutes. Avec une précision stupéfiante, les canonniers de l'*Ajax*, célèbre depuis la bataille du Rio de la Plata, détruisirent quatre pièces de 150, d'une distance de onze kilomètres. Au large d'Omaha, les grands cuirassés *Texas* et *Arkansas*, totalisant à eux deux dix pièces de 355, douze canons de 305 et douze de 125, arrosèrent de six cents obus la batterie juchée à la Pointe du Hoc, dans

cantonnées sur les côtes et dominaient Omaha Beach depuis plus de deux mois — certaines depuis plus longtemps encore. Pluskat et ses pièces d'artillerie, par exemple, étaient là depuis le mois de mars. Mais jusqu'au 4 juin, les services secrets alliés plaçaient encore la 352e dans les environs de Saint-Lô, à plus de trente kilomètres de ses positions réelles.

1. En français dans le texte.

l'espoir de faciliter l'escalade aux bataillons de Rangers qui se dirigeaient déjà vers les falaises hautes de plus de trente mètres. Au large d'Utah, le cuirassé *Nevada* et les croiseurs *Tuscaloosa, Quincy* et *Black Prince* paraissaient reculer à chacune de leurs salves. Tandis que les gros bâtiments tonnaient à cinq ou six milles au large, les destroyers s'approchaient à un mille ou deux du rivage et, en ligne de file, couvraient d'une nappe de feu tout le réseau des fortifications.

Les effroyables salves du bombardement naval firent une profonde impression sur les hommes qui les virent et les entendirent. L'enseigne de vaisseau anglais, Richard Ryland, se sentit soulevé de fierté par « l'aspect majestueux des cuirassés » et se demanda « si ce n'était pas la dernière fois qu'un tel spectacle s'offrait ». A bord du *Nevada,* le timonier Charles Langley fut presque terrifié par ce bombardement. Il ne voyait pas « comment une armée pouvait tenir sous un pareil déluge de feu » et se disait que « la flotte aurait sans doute terminé sa besogne en deux ou trois heures ». Et dans les chalands filant à ras des vagues, sous ce dais d'acier, les soldats malheureux et trempés, en proie au mal de mer, qui écopaient de leur mieux avec leurs casques, levèrent la tête et poussèrent des vivats.

Un nouveau bruit vint s'ajouter au fracas. D'abord lentement et sourdement, comme un bourdonnement de quelque insecte géant, puis allant crescendo pour éclater comme un tonnerre, les bombardiers et les chasseurs firent leur apparition dans le ciel. Ils survolèrent l'immense flotte, en formations serrées, aile contre aile. Neuf mille avions! Des Spitfire, des Thunderbolt et des Mustang vrombirent au-dessus des têtes. Sans se soucier, apparemment, du déluge d'obus de la flotte, ils mitraillèrent les plages et l'intérieur, reprirent de la hauteur, évoluèrent et recommencèrent. Au-dessus d'eux, croisant à toutes les altitudes possibles, venaient les bombardiers moyens B-26 de la 9ᵉ Force aérienne et, plus haut encore, hors de vue derrière l'épais édredon de nuages et de fumée, vrombissaient les appareils lourds — les Lancaster de la R.A.F. et de la 8ᵉ Force, les Forteresses volantes et les Liberator. On s'étonnait que le ciel pût en contenir autant. Les soldats levèrent des yeux mouillés de larmes d'émotion, la gorge serrée, et se dirent que, désormais, tout irait bien. La protection aérienne les couvrait — l'ennemi serait cloué au sol, ses canons détruits, les plages criblées d'entonnoirs. Mais trois cent vingt-neuf bombardiers, incapables de voir à travers les nuages, craignant de bombarder leurs propres troupes, déversaient treize mille bombes à l'intérieur des terres, à cinq kilomètres de leurs objectifs, les meurtriers canons d'Omaha Beach [1].

☆

La dernière explosion fut toute proche. Le major Werner Pluskat crut que son abri se désagrégeait. Un autre obus frappa la falaise, juste en dessous. La violence du choc fit tournoyer Pluskat et le rejeta en arrière. Il tomba lourdement sur le sol, sous une grêle de débris. L'épais nuage de poussière obscurcit sa vue, mais il entendit ses hommes crier. Et d'autres projectiles frappèrent la falaise. Sous l'effet du choc Pluskat ne pouvait presque plus parler.

Le téléphone sonna. C'était le QG de la 352e division :

— Quelle est la situation ? demanda une voix.

— Nous sommes bombardés, réussit à prononcer Pluskat. Durement bombardés.

Il percevait alors des explosions en arrière de son abri. Une autre salve atteignit le sommet de la falaise, projetant une avalanche de terre et de pierres devant les embrasures. Le téléphone sonna de nouveau. Cette fois, Pluskat ne put trouver l'appareil et le laissa sonner. Il s'aperçut qu'il était complètement recouvert d'une fine poussière blanche et que son uniforme était en lambeaux.

Le bombardement s'atténua pendant quelques instants, leur laissant un court répit, et quand la poussière se dissipa, Pluskat vit Theen et Wilkening allongés sur le ciment. Il cria à Wilkening :

— Vous feriez bien de gagner votre position pendant cette accalmie !

---

1. Il y avait huit bunkers de béton avec des canons de 75 et plus; trente-cinq pillboxes avec des pièces d'artillerie de divers calibres et (ou) des armes automatiques; quatre batteries d'artillerie; dix-huit canons antichars; six mortiers; trente-cinq rampes de lancement de fusées, avec quatre tubes de 38 mm chacune, et pas moins de quatre-vingt-cinq nids de mitrailleuses.

Wilkening jeta un regard sombre à Pluskat — son poste se trouvait dans un autre observatoire, à quelque distance. Pluskat profita du répit pour téléphoner à ses batteries. A sa profonde stupéfaction, aucun de ses vingt canons — des Krupp tout neufs de divers calibres — n'avait été touché. Il ne comprenait pas comment ces batteries, situées à huit cent mètres au plus de la rive, eussent pu échapper au bombardement; il n'y avait même pas un blessé parmi les servants. Pluskat se demanda si l'ennemi n'avait pas pris les observatoires pour les batteries elles-mêmes. Les dommages reçus par le sien semblaient l'indiquer.

Le téléphone sonna de nouveau au moment où le bombardement reprenait. La même voix voulait savoir « l'emplacement exact des points de chute ».

— Bon Dieu, glapit Pluskat, ça tombe de tous les côtés ! Qu'est-ce que vous voulez que je fasse ? Que j'aille mesurer les trous avec un double décimètre ?

Il raccrocha brutalement et regarda autour de lui. Dans le bunker, personne ne paraissait avoir été blessé. Wilkening était parti. Theen se tenait devant une des embrasures. Pluskat s'aperçut alors que Harras avait disparu; mais il avait bien trop à faire pour s'occuper de son chien. Il reprit le téléphone, s'approcha de la seconde embrasure et regarda au-dehors. Il y avait encore plus d'embarcations que la dernière fois, lui sembla-t-il, et elles étaient beaucoup plus proches. Bientôt, elles entreraient dans son champ de tir. Il appela le colonel Ocker, au P.C. du régiment.

— Tous mes canons sont intacts, annonça-t-il.

— Parfait, répondit le colonel. Je vous conseille maintenant de regagner au plus vite votre P.C.

Pluskat appela alors ses directeurs de tir :

— Je rentre, leur dit-il. Et attention, hein. N'ouvrez pas le feu avant que l'ennemi n'atteigne le rivage.

Les chalands transportant les troupes de la 1re division américaine à Omaha Beach n'avaient plus beaucoup de chemin à parcourir. Derrière les escarpements dominant Easy Red, Fox Green et Fox Red, les servants des quatre batteries de Pluskat attendaient qu'ils se rapprochassent encore un peu.

La journée

☆

« *Ici, Londres... Ici, Londres...*

« *Instructions urgentes du commandement suprême. La vie de beaucoup d'entre vous dépend de votre célérité et de votre obéissance immédiate. Ce message s'adresse tout spécialement à ceux qui habitent dans un rayon de trente-cinq kilomètres de n'importe quelle partie de la côte.* »

Debout devant la fenêtre de la maison de sa mère à Vierville, à l'extrémité ouest d'Omaha Beach, Michel Hardelay regardait la flotte d'invasion. Les canons tonnaient toujours et Hardelay sentait la terre trembler sous lui. Toute la famille — sa mère, son frère, sa nièce et la bonne — s'était réunie au salon. Pour tous le doute n'était plus possible; le débarquement aurait lieu à Vierville même. Hardelay considérait avec fatalisme le sort de sa maison. Elle serait certainement détruite. Au fond de la pièce, la radio diffusait toujours le même message de la BBC, inlassablement répété depuis plus d'une heure.

« *Quittez sur l'heure les agglomérations et prévenez ceux de vos voisins qui n'auraient pas entendu ce message... N'empruntez pas les routes à grande circulation. Partez à pied et n'emportez que ce que vous pouvez porter facilement... Gagnez la campagne le plus vite possible... Ne formez pas de groupes qui pourraient ressembler à des concentrations de troupes...* »

Hardelay se demanda si l'Allemand à cheval viendrait apporter comme d'habitude le café aux servants des batteries. C'était presque l'heure; il ne tarderait pas. Effectivement Hardelay le vit arriver, sur son même percheron, accompagné de son même tintamarre de gamelles. Le soldat chevauchait tranquillement. Il atteignit le tournant — et vit la flotte. Pendant une seconde ou deux, il demeura figé, comme pétrifié. Puis il sauta à terre, trébucha, tomba, se releva et courut vers un abri. Le cheval poursuivit calmement sa route jusqu'au village. Il était exactement 6 h 15.

CHAPITRE II

Les interminables files d'embarcations n'étaient plus qu'à un mille de la côte. Pour les 3 000 Américains de la première vague l'Heure H allait sonner dans quinze minutes.

Le fracas était assourdissant et, dans ce tonnerre, les bateaux progressaient régulièrement, laissant derrière eux un long sillage blanc. Dans les chalands ballottés par les vagues, les hommes devaient hurler pour se faire entendre par-dessus le tintamarre des moteurs. Au-dessus d'eux, comme un monstrueux parapluie d'acier, les obus se croisaient et s'entrecroisaient. Et, de la côte, leur parvenaient les explosions du tapis de bombes. Les canons du Mur de l'Atlantique demeuraient étrangement silencieux. Les hommes virent apparaître la ligne sombre de la côte et ce silence de l'ennemi les rendit perplexes. Ils tentèrent de se rassurer et se dirent qu'après tout, le débarquement serait peut-être plus facile qu'ils ne l'avaient cru.

Les rampes, à l'avant des chalands, heurtaient lourdement chaque vague, et une eau verte et glacée, striée d'écume, retombait en averse sur les soldats. Il n'y avait pas de héros dans ces embarcations — rien que des hommes malheureux, gelés, inquiets et malades, tellement serrés les uns contre les autres et si gênés par leur équipement qu'ils vomissaient parfois les uns sur les autres. Kenneth Crawford, du *Newsweek*, dans la première vague destinée à Utah, vit un jeune soldat de la 4e division couvert de vomissures, secouer la tête avec dégoût, anéanti par sa propre misère et l'entendit murmurer :

— Ce mec Higgins, il a pas de quoi être fier d'avoir inventé un rafiot pareil !

Certains n'avaient même pas le temps de songer à leur sort ou à leurs malaises — ils étaient trop occupés à écoper pour sauver leur peau. Dès l'instant où ils eurent quitté les transports, de nombreux bateaux embarquèrent de l'eau. Au début, les hommes ne s'inquiétèrent pas de cette eau qui venait tourbillonner autour de leurs jambes; ce n'était qu'un désagrément de plus qu'il leur fallait supporter. Le lieutenant George Kerchner, des Rangers, regarda celle qui montait régulièrement dans son embarcation et se demanda si c'était grave. On lui avait répété sur tous les tons que les LCA[1] étaient insubmersibles. Mais soudain, à la radio, les hommes de Kerchner entendirent un appel au secours :

— Ici *LCA 860!... LCA 860...* Nous coulons! Nous coulons!

Et puis il y eut une dernière exclamation :

— Bon Dieu, ça y est ! On a coulé !

Immédiatement, les hommes de Kerchner se mirent à écoper comme des forcenés.

Dans le bateau qui suivait celui de Kerchner, le sergent Regis Mac Closkey, des Rangers aussi, avait également bien des ennuis. Depuis plus d'une heure ses hommes et lui se livraient à cette même besogne. Leur bateau transportait les munitions pour l'attaque de la Pointe du Hoc, et tous les paquetages des Rangers. Il se remplissait si vite que Mac Closkey était certain qu'il allait couler. Un seul espoir lui restait : le délester suffisamment. Il ordonna à ses hommes de lancer par-dessus bord tout ce qui n'était pas indispensable. Les rations, les vêtements de rechange et les paquetages passèrent ainsi à la mer. Dans un des sacs, il y avait 1 200 dollars que le soldat Chuck Vella avait gagnés aux dés; dans un autre, le dentier du sergent-chef Charles Frederick.

Ces naufrages se produisirent aussi bien dans le secteur d'Omaha Beach que dans celui d'Utah — dix au large d'Omaha, sept devant Utah. Certains hommes furent repêchés par des canots de sauvetage qui les suivaient de près, d'autres durent nager pendant des heures avant d'être recueillis. Et d'autres enfin, dont personne n'entendit les cris et les appels, alourdis par leur matériel et leurs munitions, se noyèrent en vue des côtes de France, sans avoir tiré un seul coup de fusil.

En un instant, la guerre était devenue une chose person-

1. Landing craft assault : chalands d'assaut.

nelle. Les troupes qui avançaient vers Utah Beach virent le guide d'une des files se soulever brusquement et exploser. Quelques secondes plus tard, des têtes parurent et les survivants se cramponnèrent aux débris flottants. Une seconde explosion se produisit presque immédiatement. L'équipage d'un chaland qui essayait de mettre à l'eau quatre des trente-deux chars amphibies destinés à Utah, abaissa la rampe droit sur une mine submergée. L'avant de l'embarcation sauta et le sergent Orris Johnson, d'un LCA voisin, vit avec horreur un char « monter à plus de trente mètres en l'air, se retourner lentement sur lui-même, retomber à l'eau et disparaître ». Parmi les nombreux morts, devait-il apprendre par la suite, se trouvait son copain Don Neill.

Des centaines de soldats en route pour Utah Beach virent les cadavres, entendirent les hurlements et les appels de ceux qui se noyaient. Le lieutenant Francis X. Riley, de la Coast Guard, se souvient de la scène comme si c'était hier. Cet officier de vingt-quatre ans, qui commandait un LCI [1], ne put qu'écouter « les cris d'angoisse et les supplications des soldats blessés qui nous adjuraient de les tirer de l'eau ». Mais Riley avait ordre de « débarquer ses hommes à l'heure dite, sans se soucier des blessés ». Essayant de se boucher les oreilles pour ne plus entendre, Riley passa devant les malheureux. Il ne pouvait rien faire. Dans une embarcation transportant des troupes du 8ᵉ R.I. de la 4ᵉ division, le lieutenant-colonel James Batte entendit un de ses hommes au visage cireux murmurer en voyant flotter des corps de noyés :

— Ces salauds-là ont de la veine. Ils n'ont plus le mal de mer.

La vue de ces corps, la fatigue du long trajet et le spectacle menaçant des sables et des dunes d'Utah Beach tout proches, tirèrent pourtant les hommes de leur léthargie. Le caporal Lee Cason, qui venait tout juste d'avoir vingt ans, se trouva soudain en train « d'invectiver salement Hitler et Mussolini pour nous avoir fourrés dans ce pétrin ». Sa véhémence surprit ses compagnons. Pour la

---

1. Landing craft Infanterie : chaland de débarquement pour l'infanterie.

première fois ils entendaient Cason jurer. Dans beaucoup de bateaux, les soldats vérifiaient nerveusement leurs armes. Les hommes devenaient si jaloux de leurs munitions que le colonel Eugene Caffey fut incapable de persuader un seul de ses hommes de lui céder un chargeur pour son fusil. Caffey, qui ne devait débarquer qu'à 9 heures, s'était glissé subrepticement à bord d'une embarcation du 8e R.I. afin de rejoindre sa chère vieille brigade du 1er Génie. Il n'avait pas le moindre équipement et bien que tous les hommes du bateau fussent surchargés de munitions, ils s'y « cramponnaient comme des perdus ». Caffey réussit finalement à charger son fusil en mendiant une balle seulement à huit soldats.

Au large d'Omaha Beach, un désastre se produisit. Près de la moitié des chars amphibies destinés à soutenir les troupes d'assaut coulèrent. Le plan prévoyait que 64 de ces chars seraient mis à l'eau à deux ou trois milles au large pour gagner la plage par leurs propres moyens. Trente-deux étaient affectés au secteur de la 1re division — Easy Red, Fox Green et Fox Red. Les chalands qui les transportaient atteignirent leurs positions, les rampes furent abaissées et vingt-neuf chars se lancèrent à la mer. Les étranges véhicules, soutenus par de grandes jupes en toile imperméable, gonflées à l'air, commencèrent à avancer. Puis la catastrophe s'abattit sur le 741e bataillon de chars. Sous les coups de bélier des lames, les jupes pneumatiques se déchirèrent; les supports se brisèrent, les moteurs furent noyés et, un par un, vingt-sept chars coulèrent à pic. Des hommes se hissèrent par les panneaux, gonflèrent leur gilet de sauvetage et se jetèrent à l'eau. Certains réussirent à lancer des radeaux pneumatiques. D'autres coulèrent dans leurs cercueils d'acier.

Deux des chars, durement malmenés et presque submergés, se dirigeaient toujours vers la plage. Les équipages de trois autres eurent la chance d'être à bord d'un chaland dont la rampe se coinça. Ils débarquèrent directement à terre plus tard. Trente-deux autres — destinés au secteur de la 29e division — furent sauvés. Les commandants des chalands qui les transportaient, horrifiés par la catastrophe dont ils venaient d'être témoins, décidèrent sagement de les amener à pied d'œuvre, directement sur les plages. Mais la perte des blindés de la 1re division allait coûter des centaines de morts et de blessés au cours des minutes suivantes.

A deux milles au large, les nouveaux arrivants virent flotter dans l'eau les vivants et les morts. Ceux-ci se balançaient doucement au gré des vagues, portés par la marée vers la côte, comme s'ils cherchaient dans la mort à rejoindre leurs camarades. Ceux-là, montant et descendant sur les lames, hurlaient et suppliaient leurs camarades de leur apporter un secours qu'ils ne pouvaient leur donner. Le sergent Régis Mac Closkey, son embarcation de munitions maintenant hors de danger, vit des hommes dans l'eau « criant, appelant au secours, nous tendant les bras, nous suppliant de nous arrêter, et nous ne pouvions rien. Rien, pour personne ». Mac Closkey serra les dents, se détourna quand son bateau défila devant ces malheureux et, quelques secondes plus tard, vomit par-dessus bord. Le capitaine Robert Cunningham et ses hommes virent aussi des survivants qui se débattaient. Les marins de l'équipage poussèrent instinctivement le bateau vers eux. Une vedette rapide leur coupa la route et leur ordonna par hautparleur :

— Vous n'êtes pas un canot de sauvetage ! Avancez ! Gagnez la terre !

Dans une autre embarcation, le sergent Noel Dube, d'un bataillon du Génie, récita son acte de contrition.

La musique martiale et meurtrière du bombardement parut s'enfler à mesure que les longues files sinueuses des embarcations approchaient d'Omaha Beach. Des navires spéciaux, croisant à mille mètres du rivage, joignirent leur feu à celui de la flotte; puis des milliers de fusées aveuglantes passèrent par-dessus les têtes en sifflant. Pour ces hommes, il était inconcevable que quelque chose pût résister à l'incroyable déluge d'acier qui venait s'écraser sur les positions allemandes. Une brume couvrait la plage et des panaches de fumée s'élevaient doucement des feux d'herbes sur les dunes. Les canons allemands se taisaient toujours. Les chalands allaient aborder. Dans les rouleaux au bord de la plage, les hommes apercevaient la jungle mortelle des obstacles de béton et d'acier. Il y en avait partout, couverts de guirlandes de barbelés et coiffés de mines, aussi affreux et cruels que les soldats l'avaient supposé. Au-delà de ces défenses, la plage elle-même était déserte; rien ni personne n'y bougeait. Les embarcations avançaient toujours... cinq cents mètres... quatre cent cinquante... Toujours pas de riposte ennemie. Portée par des lames de plus d'un mètre de haut, la flottille de débarquement bondissait en avant. Alors le bombardement massif se leva pour se transporter sur des cibles plus lointaines, à l'intérieur. Les premières embarcations n'étaient plus qu'à quatre cents mètres du rivage lorsque les canons allemands — ces canons dont personne ne pensait qu'ils eussent pu résister au pilonnage massif de la marine et de l'air — entrèrent en action.

Dans le fracas infernal, un son se fit entendre, plus proche, plus net, plus menaçant que tout le reste — le crépitement des balles de mitrailleuses venant s'écraser contre la coque d'acier des chalands. L'artillerie gronda. Les obus de mortiers tombèrent en pluie. Tout au long des six kilomètres de la plage d'Omaha, les canons allemands crachèrent leur acier.

C'était l'Heure H.

Ils mirent le pied sur la plage d'Omaha, ces hommes épuisés et peu glorieux que personne n'enviait. Pas de fiers étendards pour eux, pas de clairons ni de trompettes. Ils n'avaient pour eux que l'Histoire. Ils appartenaient à des régiments qui avaient bivouaqué dans des lieux appelés Valley Forge, Stoney Creek, Antietam, Gettysburg[1], qui s'étaient battus en Argonne. Ils avaient traversé les plages d'Afrique, de Sicile, de Salerne. Et ils allaient en aborder une autre qui ne tarderait pas à s'appeler « Omaha la Sanglante ».

Le feu le plus intense venait des falaises et des escarpements situés de part et d'autre de la plage en forme de croissant — dans le secteur Dog Green de la 29e division à l'ouest et le secteur de Fox Green de la 1re division à l'est. Les Allemands y avaient concentré leurs plus puissants moyens, pour battre les principales issues de la plage, à Vierville et vers Colleville. Tout au long de la plage, les hommes essuyèrent un feu écrasant quand leurs embar-

1. Batailles célèbres de la Guerre d'Indépendance et de la Guerre de Sécession (N. d. T.)

cations abordèrent, mais ceux de Dog Green et de Fox Green n'avaient pas la moindre chance de s'en sortir; les servants des pièces des falaises dominaient directement les chalands malhabiles qui se présentaient dans ces secteurs. Lourdement chargés, trop lents, les bateaux paraissaient presque stationnaires. Ils offraient des cibles faciles. A leur barre, les marins qui avaient déjà bien du mal à les diriger à travers la forêt d'obstacles minés durent faire face à ce feu.

Certaines embarcations, incapables de se frayer un passage parmi le labyrinthe des obstructions et sous la pluie de projectiles, furent refoulées et errèrent le long de la côte à la recherche d'un point de débarquement moins bien défendu. D'autres, s'obstinant à accoster au point prévu, furent si durement bombardées que leurs hommes sautèrent en eau encore profonde où ils furent impitoyablement mitraillés. Des chalands volèrent en morceaux en touchant terre. Le bateau du sous-lieutenant Edward Gearing, avec trente soldats de la 29e division, se désintégra en un instant, à trois cents mètres de la sortie de Dog Green vers Vierville. Gearing et ses hommes furent projetés à la mer. Commotionné, à moitié noyé, le sous-lieutenant de dix-neuf ans remonta à la surface à plusieurs mètres de l'endroit où son bateau avait coulé. D'autres survivants apparurent un à un. Ils avaient perdu leur casque, leurs armes et leurs équipements. Gearing vit un de ses hommes, tout près de lui, qui se débattait sous le poids d'un poste de radio pesant, accroché sur son dos, et hurlait :

— Pour l'amour de Dieu ! Je me noie !

Personne ne put porter secours au radio avant qu'il ne coulât. Pour Gearing et ce qui restait de sa section, les épreuves ne faisaient que commencer. Il leur faudrait trois heures encore pour gagner la plage. Et là, Gearing apprendrait qu'il était le seul officier indemne de sa compagnie. Tous les autres étaient morts ou grièvement blessés.

Le long d'Omaha Beach, l'abaissement des rampes parut donner le signal d'une recrudescence du feu ennemi, d'un mitraillage plus concentré et, une fois de plus, le tir le plus nourri se dirigea sur les secteurs de Dog Green et de Fox Green. Les chalands de la 29e division, arrivant à Dog Green, s'échouèrent sur des bancs de sable. Les rampes tombèrent et les hommes sortirent dans une eau profonde d'un à deux mètres. Ils n'avaient qu'une idée en tête : traverser deux cents mètres de sable semé d'obstacles, remonter la plage de galets et gagner l'abri douteux qu'offrait le pied des escarpements. Mais, alourdis par leur équipement, incapables de courir dans l'eau profonde et sans protection d'aucune sorte, ils se trouvèrent pris sous un feu croisé de mitrailleuses et d'armes légères.

Epuisés par les longues heures passées à bord des transports et des chalands, anéantis par le mal de mer, les soldats durent lutter pour leur vie dans de l'eau qui les recouvrait parfois entièrement. Le soldat David Silva vit les hommes qui le précédaient se faire faucher l'un après l'autre en franchissant la rampe. Lorsque son tour arriva, il sauta dans l'eau jusqu'aux aisselles et, empêtré par son fourniment, resta pétrifié en voyant les balles gifler la surface tout autour de lui. En quelques secondes les rafales de mitrailleuse labourèrent son paquetage et son uniforme. Silva eut l'impression de servir de cible dans un « tir aux pigeons ». Il crut apercevoir le mitrailleur allemand qui le visait, mais ne put pas riposter. Son fusil était plein de sable. Silva pataugea vers l'avant, bien décidé à atteindre la plage devant lui. Il finit par atteindre la terre ferme et courut vers l'abri de la falaise, complètement inconscient de ses deux blessures, une dans le dos, l'autre à la jambe droite.

Tout le long de la plage, au bord de l'eau, des hommes s'abattaient. Certains étaient tués sur le coup, d'autres appelaient pitoyablement les médecins à l'aide, tandis que la marée montante les submergeait inexorablement. Le capitaine Sherman Burroughs se trouvait parmi les morts. Son ami, le capitaine Charles Cawthorn, vit son cadavre doucement ballotté par le flot. Cawthorn se demanda si Burroughs avait récité à ses hommes « l'Exécution de Dan Mac Grew » comme il en avait eu l'intention. Et quand le capitaine Carrol Smith le vit à son tour, il ne put s'empêcher de songer que Burroughs « ne souffrirait plus de ses atroces migraines ». Burroughs avait reçu une balle dans la tête.

A Dog Green, en quelques minutes de carnage, une compagnie entière fut mise hors de combat. Moins de la moitié de l'effectif survécut à la marche sanglante depuis les chalands jusqu'au bord de la plage. Les officiers furent tués, grièvement blessés, ou disparurent, et les hommes commotionnés, sans armes, se serrèrent au pied de la falaise toute la journée. Dans le même secteur, une autre compagnie souffrit des pertes encore plus grandes. La compagnie C du 2ᵉ bataillon de Rangers avait reçu l'ordre d'anéantir les points fortifiés à la Pointe-de-la-Percée, légèrement à l'ouest de Vierville. Les Rangers débarquèrent avec la première vague d'assaut, dans deux embarcations, à Dog Green. Ils furent décimés. Le chaland de tête fut coulé presque instantanément par l'artillerie allemande, et douze hommes furent tués sur le coup. Dès que la rampe du deuxième fut ouverte, des rafales de mitrailleuses arrosèrent les Rangers, en tuant et en blessant quinze. Les survivants voulurent courir à l'abri des falaises. Ils tombèrent les uns après les autres. Le première classe Nelson Noyes, courbé sous le poids de son bazooka, fit cent mètres avant d'être forcé de se jeter à terre. Il se releva et courut encore. Quand il arriva à l'abri, il était blessé à la jambe. Alors qu'il était étendu là, Noyes vit les deux Allemands qui avaient tiré se pencher pour le regarder, du haut de la falaise. Il se souleva sur les coudes, ouvrit le feu avec sa mitraillette et les abattit tous les deux. Quand le capitaine Ralph E. Goranson, commandant de la compagnie, arriva à son tour au pied de la falaise, il ne lui restait que trente-cinq Rangers sur un effectif de soixante-dix. Au coucher du soleil, il n'en demeurerait plus que douze.

Les malheurs et les désastres s'accumulèrent sur la tête des hommes d'Omaha Beach. Des soldats découvrirent qu'on ne les avait pas mis à terre dans leurs secteurs. Certains s'en trouvaient écartés de trois kilomètres. Des sections de la 29ᵉ division se trouvaient mélangées à des bataillons de la 1ʳᵉ. Les unités qui devaient aborder à Easy Green, par exemple, et conquérir la sortie des Moulins, s'aperçurent qu'ils étaient à l'extrémité orientale de la plage, en plein enfer de Fox Green. Presque tous les chalands prirent terre légèrement à l'est des points prévus. La dérive d'une vedette pilote, un courant assez fort portant à l'est le long de la rive, la brume et la fumée des feux de broussailles qui masquaient les repères, tout cela avait contribué à produire des erreurs. Des compagnies entraînées pour assaillir certaines positions précises ne les virent jamais. De petits groupes se trouvèrent cloués au sol, isolés sur un terrain qu'ils ne reconnaissaient pas, bien souvent sans officiers ni moyens de communication.

Les équipes de démolition qui devaient déblayer des passages à travers les obstructions, furent non seulement dispersées mais en retard de quelques fatales minutes. Leurs hommes, désorientés, se mirent au travail là où ils se trouvaient. Mais leur bataille était perdue d'avance. Pendant les quelques minutes qui leur restaient avant l'arrivée de la vague suivante, ils dégagèrent seulement cinq passages et demi, au lieu des seize prévus. Ces équipes travaillèrent contre la montre avec l'énergie du désespoir, mais tout s'acharna contre eux — des fantassins se mêlèrent à eux, d'autres s'abritèrent derrière les obstacles qu'ils s'apprêtaient à faire sauter et des chalands, soulevés par les lames, faillirent les écraser. Le sergent Barton A. Davis, du 299e bataillon d'assaut du Génie, vit une embarcation pleine de troupes de la 1re division arriver droit sur lui, à travers les obstacles. Une terrifiante explosion se produisit, le bateau se désintégra. Davis eut l'impression que tous ses occupants étaient projetés en l'air. Des cadavres et des membres épars retombèrent autour de l'épave en feu. « J'ai vu les hommes, comme des points noirs, essayer de nager à travers la nappe d'essence qui s'étalait sur la mer et comme nous nous demandions ce qu'il fallait faire, un torse sans tête traversa les airs et s'abattit près de nous avec un bruit flasque parfaitement écœurant. » Davis ne voyait pas comment un seul être avait pu survivre à l'effroyable explosion, mais deux hommes s'en tirèrent. On les repêcha, grièvement brûlés, mais bien vivants.

Cette catastrophe ne dépassa pas en horreur celle qui avait frappé la propre unité de Davis, les héroïques sapeurs de la Brigade Spéciale du Génie. Les chalands transportant leurs explosifs reçurent des obus et brûlèrent au bord de la plage. Les Allemands, voyant les soldats du Génie s'affairer au milieu des obstructions, parurent les prendre spécialement pour cibles. Tandis que les équipes fixaient leurs charges de plastic, les tireurs visaient la mine qui surmontait l'obstacle. D'autres fois, ils semblaient attendre que les sapeurs eussent préparé la destruction de longues rangées de chevalets et de tétraèdres d'acier ou de béton et faisaient sauter le tout par un tir de mortier, avant que l'équipe eût pu se mettre à l'abri. A la fin de la journée, il ne resterait que la moitié de ces hommes. Le sergent Davis serait lui-même blessé. A la nuit tombée, il se retrouverait à bord d'un navire-hôpital, en route pour l'Angleterre...

Il était 7 heures. La seconde vague d'assaut arriva dans le chaos d'Omaha Beach. Encore une fois, des hommes barbotèrent à terre sous le feu roulant de l'ennemi. De nouveaux chalands allèrent grossir le tas d'épaves fumantes ou flambantes. Chaque nouvelle rangée d'embarcations apportait son tribut sanglant à la marée montante, et tout au long de la plage doucement incurvée, des Américains morts se heurtaient du coude dans le ressac.

La mer rejetait au rivage les débris et les épaves de l'armée d'invasion. Matériel lourd, caisses de munitions, postes de radio brisés, téléphones de campagne, masques à gaz, outils de terrassement, cantines d'acier, casques et ceintures de sauvetage jonchaient la plage. On y voyait de grands rouleaux de fil de fer, de cordages et de barbelés, des caisses de rations, des détecteurs de mines et des armes par centaine, depuis des fusils cassés jusqu'à des bazookas hors d'usage. Les coques crevées des chalands prenaient les positions les plus extraordinaires. Des chars en flammes crachaient de grandes spirales de fumée noire. Des bulldozers gisaient sur le flanc parmi les obstructions. Près d'Easy Red, on vit une guitare flotter à l'aventure parmi les détritus guerriers.

De petits îlots de blessés parsemaient la plage. En passant, les soldats remarquèrent que ceux qui le pouvaient se tenaient assis, très droits, comme s'ils se croyaient désormais immunisés. Ils paraissaient tranquilles, calmes et silencieux, en apparence indifférents à tout ce qui les entourait. Le sergent Alfred Eigenberg, infirmier affecté à la 6e Brigade Spéciale du Génie, se souvient d'avoir été frappé par « l'extraordinaire politesse des plus grièvement atteints ». Pendant les premières minutes qui suivirent son arrivée sur la plage, Eigenberg trouva tant de blessés qu'il

« ne sut plus par quel bout commencer, ni par qui ». A Dog Red, il vit un très jeune soldat assis sur le sable, la jambe « ouverte du genou à l'aine aussi nettement que si un chirurgien l'eût fait au bistouri ». La blessure était si profonde qu'Eigenberg vit battre l'artère fémorale. Le soldat était fortement commotionné. Très calmement, il annonça à Eigenberg :

— J'ai pris mes pilules de sulfamides et j'ai saupoudré ma blessure avec toute ma poudre de sulfamide. Ça va aller, pas vrai ?

L'infirmier de dix-neuf ne sut pas très bien comment répondre. Il fit une piqûre de morphine et dit :

— Bien sûr, ça va aller.

Puis, rapprochant les bords de l'entraille, Eigenberg fit la seule chose qui lui vint à l'esprit : il les assujettit avec des épingles de nourrice.

Les hommes de la troisième vague d'assaut arrivèrent dans ce chaos et cette confusion — et s'arrêtèrent. Quelques minutes plus tard, la quatrième vague déferla — et s'arrêta. Les hommes étaient étendus épaule contre épaule, sur le sable, les galets et le goémon. Ils s'accroupissaient derrière les obstacles; ils s'abritaient derrière les cadavres. Cloués au sol par le feu d'un ennemi qu'ils avaient cru anéanti, désorientés par les erreurs de navigation, déconcertés par l'absence des trous d'obus qu'ils espéraient trouver après le bombardement aérien et dans lesquels ils pensaient se terrer, atterrés par la dévastation et la mort qui les entouraient, les hommes restèrent comme pétrifiés au bord de l'eau, paraissant en proie à une étrange léthargie. Confondus par l'étendue des dégâts, certains se dirent que tout était perdu. Le sergent William Mac Clintock, du 741e bataillon de chars, rencontra un soldat assis au bord de l'eau, inconscient des rafales de mitrailleuses qui balayaient le terrain. Il restait là et « jetait des galets dans l'eau en pleurant sans bruit, comme si son cœur allait éclater ».

Cette prostration ne devait pas durer. Déjà, comprenant enfin que rester sur la plage équivalait à une condamnation à mort, des hommes se relevaient et avançaient.

☆

A quinze kilomètres de là, à Utah Beach, les soldats de la 4e division envahissaient la plage et se ruaient vers l'intérieur. La troisième vague venait d'aborder et il n'y avait pour ainsi dire pas d'opposition ennemie. Quelques obus tombaient, quelques rafales de mitrailleuses crépitaient, quelques coups de feu éclataient de-ci, de-là, mais rien de comparable au tir de barrage et aux corps à corps furieux que les hommes tendus et énervés de la 4e division attendaient. Nombreux furent ceux qui comparèrent ce débarquement à un simple exercice. Le première classe Donald N. Jones, dans la seconde vague, eut l'impression que ce n'était qu'une « manœuvre après tant d'autres ». Certains furent même déçus, s'estimant presque frustrés; les longs mois d'entraînement en Angleterre, à Slapton Sands, avaient été plus pénibles. Le soldat de première classe Ray Mann se sentit « un peu carotté » parce que « après tout, on en faisait tout un plat, mais le débarquement, c'était pas grand-chose ». Les obstructions elles-mêmes étaient moins redoutables que l'on n'avait craint : seulement quelques cônes de béton, des pyramides et des hérissons en acier, éparpillés sur la plage. Peu de ces obstacles étaient minés, et tous émergeaient, ce qui facilitait beaucoup la tâche des équipes de démolition, déjà à l'œuvre. Les sapeurs avaient ouvert une brèche de cinquante mètres à travers les défenses, pratiqué une sortie dans le talus bordant la plage, et pensaient qu'en une heure toute celle-ci serait déblayée.

Etirés sur seize cents mètres de sable, leurs jupes de toile pendant mollement autour d'eux, les chars amphibies étaient déjà là — constituant une des principales raisons du succès. Surgissant de l'eau avec la première vague, ils avaient apporté un soutien efficace aux troupes qui fonçaient à travers la plage. Leur apparition, après le bombardement préliminaire, semblait avoir démoralisé la garnison allemande. Cependant, l'attaque connut, elle aussi, sa part de pertes et de misère. Le première classe Rudolph Mozgo, à peine eut-il mis le pied sur le sable, vit son premier cadavre. Un char avait été frappé de plein fouet et Mozgo trouva « un des hommes qui pendait par-dessus la tourelle ». Le sous-lieutenant Herbert Taylor, de la Brigade Spéciale du 1er Génie, fut pétrifié par le spectacle d'un homme « décapité par un éclat d'obus à vingt pas de moi ». Et le soldat Edward Wolfe passa devant un Américain mort « assis sur la plage, adossé à un poteau, comme s'il dormait ». L'homme était si paisible, il avait l'air si naturel, que Wolfe « eut envie d'aller le secouer pour le réveiller ».

Le général de brigade Theodore Roosevelt allait et venait sur le sable, la tête haute, en massant de temps en temps son épaule arthritique. Malgré ses 57 ans — seul officier général à débarquer avec la première vague — il avait insisté pour obtenir cette mission. Après une première requête repoussée, Roosevelt en présenta promptement une autre. Dans une note adressée au général Raymond O. Barton, commandant de la 4e division, Roosevelt plaida sa cause en disant : « Ça rassurera les gamins de me savoir auprès d'eux. » Barton céda à contrecœur, mais cette décision le tourmentait. « Quand j'ai dit au revoir à Ted, en Angleterre, rappelle-t-il, je m'attendais à ne jamais le revoir vivant. » Vivant, l'indomptable Roosevelt l'était bien. Le sergent Harry Brown, du 8e R.I., le vit « une canne d'une main, une carte de l'autre, se baladant comme s'il cherchait un terrain à vendre ». De temps en temps, un obus éclatait sur la plage et faisait jaillir des gerbes de sable. Cela paraissait agacer Roosevelt, qui s'époussetait d'un geste impatient.

Au moment où les chalands de la troisième vague abordaient et où les hommes avançaient lentement dans l'eau, on entendit soudain le grondement d'une pièce allemande de 88 et des obus arrosèrent la plage, éclatant au milieu des troupes. Une douzaine d'hommes s'abattirent. Une ou deux secondes plus tard, une silhouette solitaire surgit de la fumée, la figure noircie, sans casque et sans équipement. L'homme continuait d'avancer, le regard fixe, complètement commotionné. Tout en appelant un infirmier, Roosevelt courut vers le soldat. Il le prit par les épaules et lui dit doucement :

— Je crois qu'on va te ramener à bord d'un bateau, fils.

Pour le moment, seul Roosevelt et quelques-uns de ses officiers savaient que le débarquement d'Utah n'avait pas eu lieu au point prévu. Ce fut une erreur heureuse; les batteries lourdes qui auraient pu décimer les troupes restaient intactes, mais elles se trouvaient devant le secteur où aurait dû se produire l'attaque. Cette erreur était due à plusieurs causes. Déroutée par la fumée du bombardement naval qui lui cachait les amers, dépalée par un fort courant parallèle à la côte, une vedette pilote avait guidé les chalands de la première vague vers un endroit situé à près de deux kilomètres de la plage fixée. Au lieu d'envahir la portion de plage devant les sorties 3 et 4 — deux des cinq routes en chaussée vers lesquelles se dirigeait la 101ᵉ aéroportée — toute la tête de pont avait glissé de près de deux mille mètres et se trouvait à présent à cheval sur la sortie 2. Par un caprice du destin, au même moment, le lieutenant-colonel Robert G. Cole et une petite troupe disparate des 101ᵉ et 82ᵉ divisions aéroportées venaient d'atteindre l'extrémité ouest de la sortie 3. Ils furent les premiers parachutistes à atteindre une des chaussées. Cole et ses hommes se dissimulèrent dans les marais pour attendre l'arrivée des soldats de la 4ᵉ division.

Sur la plage, aux abords de la sortie 2, Roosevelt s'apprêtait à prendre une décision capitale. Trente mille hommes et trois mille cinq cents véhicules allaient arriver par vagues successives. Il pouvait soit les laisser débarquer dans ce secteur improvisé, relativement calme, avec son unique chaussée de dégagement, soit les diriger vers la plage prévue, qui possédait deux dégagements. Si l'unique sortie ne pouvait être ouverte et tenue, l'endroit se transformerait en une gigantesque nasse. Le général consulta ses officiers et prit sa décision. Renonçant aux objectifs prévus, la 4ᵉ division s'enfoncerait à l'intérieur des terres par la chaussée unique, et attaquerait l'ennemi où et quand elle le trouverait. Tout dépendait de la rapidité de l'action. Il s'agissait de déboucher au plus vite, avant que l'ennemi ne fût revenu de sa surprise. L'opposition était faible, les hommes de la 4ᵉ traversaient la plage avec célérité. Roosevelt se tourna vers le colonel Eugene Caffey, de la 1ʳᵉ Brigade Spéciale du Génie :

— J'avance, dit-il. Prévenez la Marine de débarquer le reste ici. Nous allons commencer notre guerre à partir de ce point.

☆

Au large d'Utah Beach, les canons du *Corry* étaient rouges tant ils tiraient vite. Les marins arrosaient les volées avec des manches à incendie. Le capitaine de corvette George Hoffman avait mouillé son destroyer devant la plage et, depuis, ses pièces crachaient huit obus à la minute. Une batterie allemande ne donnerait plus d'inquiétude à personne; le *Corry* l'avait ouverte comme une grenade avec 110 obus bien placés. Les Allemands ripostaient — et bien. Le destroyer était le seul que leurs observateurs pussent voir avec netteté. Des avions devaient tendre un rideau de fumée, pour protéger les « bâtiments du soutien rapproché », mais celui du *Corry* avait été abattu. Une batterie, en particulier, située sur les escarpements dominant Utah Beach — d'après les lueurs de bouche, elle se trouvait près du village de Saint-Marcouf — paraissait concentrer sa furie sur le destroyer ainsi exposé. Hoffman décida de s'éloigner avant qu'il ne fût trop tard. « Notre bateau leur montra son derrière comme une vieille fille le sien à un Marine », dit aujourd'hui le radio Bennie Glisson.

Mais le *Corry* évoluait dans des eaux peu profondes, au voisinage des récifs; le commandant n'était donc pas entièrement maître de sa manœuvre. Pendant quelques minutes, il dut jouer un terrible jeu du chat et de la souris avec les artilleurs allemands. Essayant de deviner le point de chute de leurs prochaines salves, Hoffman fit décrire au *Corry* un véritable ballet, une sorte de valse hésitation saccadée, fonçant en avant, battant en arrière, abattant sur bâbord, puis sur tribord, s'arrêtant net, repartant, tout en tirant sans interruption. Le destroyer *Fitch* le voyant en fâcheuse posture, se mit lui aussi à pilonner la batterie de Saint-Marcouf. Mais rien ne la découragea. Presque encadré par ses projectiles, Hoffman réussit néanmoins à s'éloigner. Enfin, certain d'avoir paré les récifs, il ordonna :

— A droite toute ! En avant toute !

Le *Corry* bondit; Hoffman regarda derrière lui. Une grêle d'obus s'abattait dans son sillage, faisant jaillir des geysers. Il respira plus à l'aise, s'estimant hors de danger. Or, à cet instant précis, la chance abandonna le *Corry*. Filant plus de vingt-huit nœuds, le destroyer donna du nez en plein contre une mine.

Une terrifiante explosion projeta le navire à demi hors de l'eau. La violence du choc étourdit Hoffman. Il eut l'impression qu'« un tremblement de terre venait de soulever son bateau ». Au local de la radio, Bennie Glisson, qui regardait justement par le hublot, eut le sentiment d'être « plongé dans une bétonneuse ». Il fut projeté contre le plafond et se cassa le genou en retombant.

La mine coupa presque le *Corry* en deux. Une déchirure, large de plus de trente centimètres fendit le pont. L'avant et l'arrière se dressèrent vers le ciel. Seules les superstructures les retenaient encore. Les chaufferies et la chambre des machines furent noyées. Dans la chaufferie II la chaudière sauta, ébouillantant les hommes. Il y eut peu de survivants. Le gouvernail se coinça. Quoique privé de vapeur, le *Corry* fonçait toujours de l'avant. Hoffman se rendit soudain compte que certains de ses canons tiraient encore — les servants chargeaient et tiraient à la main.

L'amas de ferrailles tordues qui avait été le *Corry* couvrit plus de mille mètres avant de s'arrêter. Immédiatement, les batteries allemandes l'encadrèrent. Hoffman donna l'ordre d'abandonner le navire. En quelques minutes, neuf obus au moins vinrent s'écraser sur la coque. L'un d'eux fit sauter les munitions des pièces de 40 mm. Un autre mit en marche le fumigène de l'arrière et faillit asphyxier l'équipage qui s'embarquait fébrilement dans les canots et sur les radeaux.

Soixante centimètres couvraient le pont lorsque Hoffman, après un dernier regard à son navire, sauta pardessus bord et nagea vers un radeau. Derrière lui, le *Corry* s'enfonçait lentement et se posait sur le fond, laissant émerger ses mâts et une partie des superstructures. Ce fut la plus grave perte de la marine américaine, au Jour J. L'équipage de 284 hommes eut 13 morts ou disparus et 33 blessés, plus qu'il n'y en avait eu jusqu'alors à Utah Beach.

Hoffman croyait avoir été le dernier à quitter le *Corry*. Il se trompait. Personne ne sait à présent qui resta, mais quand les canots et les radeaux s'écartèrent, d'autres navires aperçurent un matelot qui escaladait l'arrière du *Corry*. Il ramassa tranquillement le pavillon, dont la drisse était coupée, puis, moitié à la nage, moitié en s'accrochant à des débris, il atteignit le mât avant. Du pont du *Butler,* le gabier Dick Scrimshaw le vit avec stupeur et admiration, sous un déluge de feu, attacher calmement le pavillon et le hisser en haut de ce mât. Puis il s'éloigna à la nage. Scrimshaw regarda le pavillon prendre un instant au-dessus de l'épave du *Corry.* Ensuite l'étamine se déploya et claqua au vent.

☆

Des fusées porte-amarre s'élevèrent à la Pointe du Hoc devant les trente mètres à pic de la falaise. Entre les plages d'Omaha et d'Utah, la troisième vague d'assaut américaine abordait. Des armes légères déversèrent une pluie d'acier sur les trois compagnies de Rangers du lieutenant-colonel James E. Rudder lorsqu'elles entreprirent de réduire au silence les batteries lourdes qui, d'après les services secrets alliés, menaçaient de part et d'autre le secteur américain. Les neuf chalands transportant les 225 hommes du 2ᵉ bataillon de Rangers s'agglomérèrent sur l'étroite plage que surplombait la falaise. Ce surplomb les protégeait un peu des rafales de mitrailleuses et des grenades, mais pas beaucoup. Du large, le destroyer anglais *Talybont* et le destroyer américain *Satterlee* canonnaient méthodiquement le sommet.

Les Rangers de Rudder devaient, en principe, atteindre le pied de la falaise à l'Heure H. Mais la vedette pilote de tête, ayant dérivé, conduisit la petite flottille devant la Pointe de la Percée, à près de cinq kilomètres à l'est. L'erreur n'échappa pas à Rudder, mais il perdit un temps précieux à ramener ses chalands dans le droit chemin. Ce retard lui coûta ses 500 hommes de soutien — le reste du 2ᵉ et le 5ᵉ bataillon de Rangers, commandé par le lieutenant-colonel Max Schneider. Le plan prévoyait que Rudder lancerait des fusées en atteignant le sommet de la falaise, pour signaler aux autres Rangers qui attendaient à quelques milles au large qu'ils pouvaient avancer. Si aucun signal n'était parvenu à 7 heures, le colonel Schneider devait supposer que l'attaque avait échoué, et se diriger vers Omaha Beach, à six kilomètres de là, pour avancer vers l'ouest, sur les talons de la 29ᵉ division, afin de prendre la batterie à revers. Il était alors 7 h 10. Aucune fusée n'avait été lancée. Schneider se dirigea donc vers Omaha. Rudder et ses 225 Rangers se trouvèrent seuls.

Le spectacle était apocalytique. Les fusées s'élevaient, entraînant les câbles et les échelles de corde, munis de grappins. Des obus et des balles de mitrailleuses balayaient le sommet, déversant sur les Rangers des mottes de terre et une grêle de pierraille. Les hommes fonçaient à travers l'étroite plage, criblée de trous d'obus, avec leur matériel. De-ci, de-là, sur la falaise, des casques allemands apparaissaient et l'ennemi déversait des grenades « presse-purée » ou tirait des rafales de Schmeissers. Les Rangers bondissaient d'un abri à l'autre, déchargeaient leurs péniches et tiraient vers le haut — tout à la fois. Devant la Pointe, deux véhicules amphibies — des DUKWS — équipés de longues échelles télescopiques empruntées pour la circonstance au corps des pompiers de Londres, essayaient d'approcher de la côte. Du haut de ces échelles, des Rangers arrosaient les positions ennemies avec des fusils automatiques Browning et des mitraillettes.

L'assaut prit un caractère de furie. Certains n'attendirent même pas que les cordes fussent accrochées. Leurs armes en bandoulière, ils se creusèrent des prises avec leurs couteaux et se mirent à grimper, comme des mouches, cette falaise aussi haute qu'une maison de neuf étages. Quelques grappins s'ancrèrent. D'autres soldats commencèrent à grimper le long des échelles et des cordes. Des hurlements s'élevèrent quand les Allemands coupèrent ces cordes et que les Rangers s'abattirent dans le vide. A deux reprises celles où montait le première classe Harry Robert furent tranchées. A la troisième tentative, il réussit à gagner une sorte de niche, tout en haut sous le surplomb. Le sergent Billy Petty essaya de se hisser à la force des poignets mais, bien qu'il fût un excellent gymnaste, la corde était si mouillée et si boueuse qu'il n'y parvint pas. Petty essaya alors avec une échelle, monta de dix mètres mais retomba quand cette échelle fut coupée d'en haut. Il recommença pourtant. Le sergent Herman Stein, sur une autre échelle, faillit tout lâcher quand sa « Mae West » (gilet de sauvetage pneumatique) se gonfla accidentellement et le repoussa du rocher. Il « lutta pendant une éternité » avec ce gilet, mais il y avait des hommes au-dessus et au-dessous de lui, sur la même échelle. Il ne saurait dire comment il poursuivit son escalade.

A ce moment une vingtaine de cordes étaient établies. Soudain, le sergent Petty, montant pour la troisième fois, fut saupoudré de terre et de cailloux. Penchés au bord de la falaise, les Allemands mitraillaient les Rangers. Ils se battaient avec l'énergie du désespoir, malgré le feu nourri des destroyers et la mitraillade provenant des échelles de pompiers. Petty vit un soldat qui grimpait à ses côtés se raidir soudain et tomber à la renverse. Stein le vit aussi, ainsi que le première classe de vingt ans, Carl Bombardier. Sous leurs yeux horrifiés, l'homme lâcha la corde et tomba, rebondissant de corniche en corniche; Petty pensa qu'il « mettait une éternité à s'écraser sur la plage ». Lui-même se cramponna à sa corde, paralysé. Il n'arrivait plus à forcer sa main à s'élever et se souvient d'avoir dit tout haut : « Non, c'est trop difficile. » Mais les balles de mitrailleuses l'éperonnèrent. Quand les rafales se rapprochèrent, Petty se « dégela aussi sec », et se hissa désespérément jusqu'au sommet.

Un peu partout, des hommes y parvenaient et se jetaient dans des trous d'obus. Pour le sergent Regis Mac Closkey qui avait réussi vaille que vaille à faire aborder son chaland de munitions, troué de toutes parts, le haut plateau de la Pointe du Hoc présentait un spectacle incroyable et fantastique. Le sol était tellement perforé par les obus et les bombes du bombardement préliminaire, naval et aérien, qu'on aurait dit « les cratères de la lune ». Un étrange silence était tombé, tandis que les soldats arrivaient en foule et s'élançaient dans les trous protecteurs. Le tir avait cessé, il n'y avait pas un ennemi en vue et de quelque côté que le regard se portât, on ne voyait que cratères béants, trous d'obus et crevasses à perte de vue — un effroyable *no man's land* de cauchemar.

Le colonel Rudder avait déjà établi son premier P.C., dans une niche au bord de la falaise. De là, son officier des transmissions, le lieutenant James Eikner, envoya le message « Gloire à Dieu ». Cela signifiait : « Tous les hommes sont sur la falaise. » Mais c'était un peu optimiste. Au pied de la muraille naturelle, le médecin-major des Rangers, pédiatre dans le civil, soignait les mourants et fermait les yeux des morts — environ vingt-cinq hommes. Le nombre des vaillants Rangers diminuait à chaque minute. A la fin de la journée, il n'en resterait plus que 90 valides sur 225. Fait atroce : cet effort héroïque était inutile. Il n'existait pas de canons en cet endroit. Le renseignement que Jean Marion, chef de section de la Résistance, avait vainement tenté de transmettre à Londres était exact. Les bunkers à demi détruits de la Pointe du Hoc étaient vides — les canons n'avaient jamais été montés [1].

Dans son trou de bombe au sommet de la falaise, le sergent Petty, épuisé par son escalade, reprenait haleine avec les quatre servants de son fusil automatique Browning. Une légère brume couvrait la terre labourée et déchirée, et l'air était lourd d'un âcre relent de poudre. Petty promena un regard presque rêveur autour de lui. Et, sur le rebord de son trou, il vit alors deux moineaux se disputer un ver.

— Regardez, dit-il à ses compagnons. Ils prennent leur petit déjeuner.

☆

En ce moment de la grande et tragique matinée, la dernière phase du débarquement commença. Dans l'autre moitié du secteur d'invasion, la 2e Armée britannique du général M.C. Dempsey arrivait à terre, sombre ou joyeuse, avec pompe et cérémonie, et toute la nonchalance que les Britanniques affectent pour masquer leurs émotions. Depuis quatre longues années ils attendaient ce jour. Ils n'attaquaient pas simplement des plages, mais des souvenirs amers — ceux de Munich et de Dunkerque, des retraites humiliantes, des raids aériens innombrables et meurtriers, des jours sombres où ils s'étaient trouvés seuls. Les Canadiens les accompagnaient, avec leur propre

---

1. Deux heures plus tard, une patrouille de Rangers trouva une batterie de cinq canons abandonnée, dans une position camouflée à près de deux kilomètres à l'intérieur des terres. Des pyramides d'obus entouraient les pièces prêtes à tirer, mais les Rangers ne virent aucune trace de servants, ni rien qui indiquât qu'il y en avait eu. Ces canons étaient probablement destinés aux positions de la Pointe du Hoc.

compte à régler après les pertes sanglantes de Dieppe. Et il y avait aussi les Français, ardents, piaffants, en ce jour du retour au pays.

Une étrange jubilation régnait. Au large de Sword le haut-parleur d'un chaland de sauvetage lança la joyeuse polka populaire, « Roll out the Barrel ». Les accents de « Nous ne savons pas où nous allons » montèrent d'un bateau lance-fusées devant Gold Beach. Les Canadiens en route vers Juno Beach entendirent les notes aiguës d'un clairon. Certains soldats chantaient. Le soldat de marine Denis Lowell se souvient que « les gars étaient debout et braillaient tous les vieux refrains de l'armée et de la marine ». Et les hommes de la 1re Brigade spéciale de Lord Lovat, impeccables et resplendissants, en bérets verts (ces commandos refusaient de porter le casque), allèrent à la bataille au son plaintif des cornemuses. A mesure que leurs chalands passaient devant le *Scylla*, navire amiral de Vian, les commandos saluaient à leur manière, « pouce en l'air ». Accoudé à la rambarde, le matelot de dix-huit ans Ronald Northwood pensa que « c'étaient bien les plus chics types qu'il eût jamais vus ».

Même les obstructions et les tirs de barrage furent considérés par les hommes avec un certain détachement. A bord d'un LCT, le télégraphiste John Weber regarda un capitaine des Royal Marines étudier le réseau compliqué d'obstacles minés qui défendait la côte et l'entendit murmurer tranquillement au patron de l'embarcation :

— Dites-moi, mon vieux, tâchez de m'amener mes gars à terre, vous serez gentil.

Dans un autre chaland, un major de la 50e division contempla rêveusement les mines en forme de soucoupes nettement visibles au faîte des obstacles et dit à l'homme de barre :

— Pour l'amour du ciel, ne faites pas tomber ces foutues noix de coco, sinon on fera tous le voyage en enfer à l'œil.

Le chaland d'un commando du 48e Royal Marines fut accueilli par des rafales de mitrailleuses très serrées devant Juno et les hommes se jetèrent à l'abri des superstructures. Tous, sauf le capitaine Daniel Flunder. Mettant calmement son stick sous son bras, il marcha tête haute, de long en large sur le pont. « Je pensais, expliqua-t-il plus tard, que c'était l'attitude à adopter. » (Et tandis qu'il arpentait le pont, une balle traversa son étui à cartes.) A bord d'un chaland lancé vers Sword Beach, le major C.K. King, comme il se l'était promis, lisait imperturbablement l'*Henri* V de Shakespeare. Dans le fracas des diesels, les jaillissements d'embruns, le grondement de la bataille, King récitait au haut-parleur : « Et les gentilshommes maintenant au lit en Angleterre... Se croiront maudits de ne pas s'être trouvés ici... »

Certains pouvaient à peine attendre que la bataille commençât. Deux sergents irlandais, James Percival de Lacy, dit Paddy, qui avait levé son verre à Valera quelques heures plus tôt, « pour nous avoir évité la guerre »., et son inséparable, Paddy Mac Quaid, se tenaient devant la rampe de leur embarcation. Fortifiés par de solides rasades de bon rhum de la Royal Navy, ils contemplaient les soldats d'un air solennel. Mac Quaid, le regard fixé sur les Anglais qui les entouraient, observa gravement :

— De Lacy, tu ne trouves pas que certains de ces gars-là ont l'air un peu timide ?

En approchant des côtes, De Lacy cria à ses hommes :

— Ça y est, maintenant ! On y va ! Au galop !

L'embarcation racla le fond. Tandis que les soldats en jaillissaient au pas de course, Mac Quaid glapit à l'adresse de la côte enfumée :

— Sortez de là, si vous êtes des hommes, et venez voir à vous battre !

A ce moment, il disparut sous l'eau. Un instant plus tard, il reparut, soufflant, crachant, et jura :

— Ah, les vaches ! Voilà qu'ils essayent de me noyer avant que je sois même sur la plage !

En abordant à Sword, le soldat Hubert Victor Baxter, de la 3e division britannique, lança le moteur de son Bren autopropulseur et, les yeux juste au-dessus de son masque blindé, descendit dans l'eau. A côté de lui sur un siège surélevé, se tenait son ennemi intime, le sergent « Dinger » Bell, avec qui Baxter avait des démêlés depuis des mois. Bell hurla :

— Baxter ! Remontez-moi votre siège que vous puissiez voir où vous allez !

— Pas de danger, hé ! glapit en réponse Baxter. J'y vois bien assez comme ça !

Puis, tandis qu'il remontait sur le sable, le sergent, dans l'enthousiasme du moment, refit le geste qui avait décidé de leur inimitié. Il écrasa son poing sur le casque de Baxter et rugit :

— En avant ! En avant !

Quand les commandos abordèrent à Sword Beach, le cornemuseux de Lord Lovat, William Millin, sauta de son embarcation et se trouva dans l'eau jusqu'aux aisselles. Il voyait de la fumée s'élever de la plage devant lui, et entendait le fracas des mortiers. Tandis que Millin pataugeait vers la plage, Lord Lovat lui cria :

— Sonne-nous « Highland Laddie », mon gars !

De l'eau jusqu'à la ceinture, Millin mit l'embouchure à ses lèvres et continua d'avancer à travers les rouleaux, aux sons aigrelets de son instrument. Au bord de la plage, méprisant la mitraille, il s'arrêta, reprit haleine, puis se mit à parader, sans cesser de s'époumoner. Les soldats défilèrent devant lui aux accents de « La route des îles », mêlés au sifflement des balles et aux grondements des obus.

— Vas-y, Jock, mon gars ! lui cria l'un d'eux.

— A plat ventre, foutu cinglé ! lui lança un autre.

Tout le long des plages de Sword, de Juno et de Gold — sur trente kilomètres, d'Ouistreham, à l'embouchure de l'Orne, jusqu'au village du Hamel, à l'ouest — les Britanniques envahirent la côte. Le sable se couvrait d'hommes surgis des embarcations et, presque partout dans ce secteur, les vagues très creuses et les obstacles sous-marins causèrent plus de dégâts que le tir de l'ennemi.

Les hommes-grenouilles arrivèrent les premiers — 120 spécialistes de la démolition — afin d'ouvrir des brèches de trente mètres à travers les obstructions. Ils avaient vingt minutes pour effectuer ce travail, avant l'approche de la première vague d'assaut. Les obstacles étaient redoutables, et plus serrés que partout ailleurs en Normandie. Le sergent Peter Henry Jones, du Royal Marines, nagea dans un labyrinthe de pylônes en acier, de barreaux, de hérissons et de cônes en béton. Dans le coin qu'il avait à dégager, Jones trouva douze obstacles majeurs, dont certains mesuraient jusqu'à cinq mètres de long. Quand un autre homme-grenouille, le lieutenant de vaisseau John B. Taylor, vit le fantastique réseau de défenses sous-marines qui l'entourait, il cria à son chef que « ce foutu boulot était impossible ». Mais il ne renonça pas. Sous le feu de l'ennemi, Taylor, comme ses compagnons, se mit méthodiquement au travail. Ils firent sauter les obstacles un par un, ceux-ci étant trop importants pour être détruits en groupes. Ils s'affairaient encore quand les chars amphibies se présentèrent, suivis de près par la première vague d'assaut. Les hommes-grenouilles, qui se hâtaient de sortir de l'eau, virent des embarcations, poussées par le courant, exploser sur des mines. Les pieux, les hérissons et les barres déchirèrent les coques d'acier et, tout au long des plages, des chalands coulèrent. Les eaux ressemblèrent bientôt à un cimetière de bateaux. Les LCT venaient presque s'empiler les uns sur les autres. Le télégraphiste Webber se souvient d'avoir pensé que « le débarquement était une tragédie ». Quand son embarcation aborda, Weber vit « des chalands flamber, des monceaux de ferraille sur la plage, des chars et des bulldozers en feu ». Et quand un LCT passa devant lui, repartant vers le large, il fut atterré de voir « l'incendie qui ravageait le pont ».

A Gold Beach, Jones, qui travaillait à présent avec le Génie à dégager la plage, vit une embarcation arriver, pleine d'hommes debout qui s'apprêtaient à débarquer. Saisi par une vague, le bateau pivota, se souleva et retomba sur une série de tétraèdres d'acier minés. Jones vit le chaland exploser dans un fracas assourdissant. Le spectacle lui rappela « un film au ralenti — les hommes au garde-à-vous qui s'élevaient dans les airs, comme au sommet d'un jet d'eau, des corps et des débris de corps se détachant comme des gouttes ».

A tout moment, des embarcations s'écrasaient contre les obstacles. Sur les seize qui transportaient à Gold Beach les commandos du 47e Royal Marines, quatre furent démolies complètement; onze, gravement endommagées, s'échouèrent. Une seule put revenir à son transport. Le sergent Donald Gardner et ses hommes du 47e furent jetés à l'eau, à cinquante mètres du rivage. Ils perdirent tout leur équipement et durent nager sous la mitraille. Tandis qu'ils se débattaient dans la mer, Gardner entendit une voix qui disait :

— On est peut-être indiscrets. Ça m'a l'air d'une plage privée.

En abordant à Juno, les commandos du 48e Royal Marines ne se heurtèrent pas seulement aux obstructions, ils essuyèrent un tir de mortier intense. Le lieutenant Michael Aldworth et une quarantaine de ses hommes s'accroupirent à l'avant de leur LCT sous les obus qui pleuvaient autour d'eux. Aldworth leva la tête pour voir où en étaient les choses, et vit des hommes accourir de l'arrière en criant :

— Quand est-ce qu'on arrive ?

— Patientez, les gars, c'est pas notre tour ! leur répondit à tue-tête le lieutenant.

Il y eut un silence et puis une voix tranquille demanda :

— Nous, on veut bien, mon vieux, mais combien de temps ça va durer, à votre avis ? Parce que l'arrière se remplit salement d'eau.

Les hommes du chaland en difficulté furent rapidement recueillis par diverses embarcations. Il y en avait tant, rappelle Aldworth, « qu'on avait l'impression de héler un taxi à Bond Streeet ». Certains furent déposés sans encombre à la plage; d'autres furent repêchés par un destroyer canadien, mais une cinquantaine de soldats se retrouvèrent à bord d'un LCT qui avait déchargé ses chars et avait ordre de regagner l'Angleterre directement. Rien de ce que ces hommes furieux purent faire ou dire ne persuada le patron de changer de cap. Un officier, le major de Stackpoole, avait été blessé à la cuisse, mais en apprenant la destination de l'embarcation, il rugit :

— Grotesque ! Vous êtes tous cinglés !

Sur ces mots, il plongea par-dessus bord et nagea vers le rivage.

Pour la plupart des troupes, les obstructions se révélèrent la plus terrible épreuve du débarquement. Une fois passées les lignes d'obstacles minés, les soldats s'aperçurent que l'opposition ennemie était assez sporadique sur les trois plages — redoutable dans certains secteurs, légère ou inexistante dans d'autres. Sur la moitié ouest de Gold Beach, les hommes du 1er Hampshire furent presque décimés tandis qu'ils avançaient péniblement dans des eaux parfois profondes de deux mètres. Ils se débattaient dans les lames, roulés par le ressac, sous un déluge de mortiers et de rafales de mitrailleuse provenant du Hamel, point fortifié qu'occupait la redoutable 352e division allemande. Les hommes tombaient comme des mouches. Le soldat Charles Wilson entendit une voix étonnée s'écrier :

— J'ai touché le gros lot, mes amis !

Wilson se retourna et vit l'homme, une étrange expression d'incrédulité sur le visage, glisser sous l'eau sans un autre mot. Wilson continua d'avancer. Il avait déjà été mitraillé dans l'eau — sauf qu'à Dunkerque, il marchait dans l'autre sens. Le soldat George Stunell, lui aussi, vit des hommes tomber tout autour de lui. Il rencontra un Bren automoteur arrêté dans un mètre d'eau, moteur tournant et le conducteur « figé au volant et trop terrifié pour conduire sa machine sur le sable ». Stunell le repoussa sans ménagements et, sous une grêle de balles, mena le véhicule à terre. Stunell fut ravi de cet exploit, mais, soudain, il s'étala la tête la première; une balle venait de s'écraser contre son étui à cigarettes dans la poche de sa tunique, avec une violence inouïe. Une ou deux minutes plus tard, il s'aperçut qu'il était blessé dans le dos et dans les côtes. La même balle l'avait traversé de part en part.

Le 1er Hampshire devait mettre près de huit heures à neutraliser les défenses du Hamel et, à la fin du Jour J, ses pertes s'élèveraient à 200 hommes. Chose curieuse, en dehors des obstructions, les troupes qui abordèrent de part et d'autre de ce régiment n'eurent guère à souffrir. Sur la gauche, les soldats du 1er Dorset avaient quitté la plage au bout de quarante minutes. A côté d'eux, les hommes du Green Howard débarquèrent avec une telle fougue et une telle détermination qu'ils poussèrent vers l'intérieur et enlevèrent leur premier objectif en moins d'une heure. Le sergent-major Stanley Hollis, qui avait déjà tué 90 Allemands, s'empara d'une mitrailleuse à lui tout seul. L'impassible Hollis aux nerfs d'acier, utilisant ses grenades et sa Sten, tua deux ennemis et en captura vingt à l'aube d'un jour au cours duquel il devait encore en tuer dix.

Sur la plage à droite du Hamel, tout était si tranquille que certains soldats se montrèrent déçus. L'infirmier Geoffrey Leach vit les troupes et les véhicules envahir la plage et découvrit que « le service de santé n'avait rien de mieux à faire que d'aider à décharger les munitions ». Pour le soldat de marine Denis Lovell, le débarquement ressemblait à « encore une de ces foutues manœuvres comme chez nous ». Son unité, un commando du 47e Royal Marines, progressa rapidement, évita tout contact avec l'ennemi, poussa vers l'ouest et se dirigea à marche forcée vers Port-en-Bessin, distant de dix kilomètres, afin d'établir la liaison avec les Américains. Ils espéraient rencontrer les premiers Américains d'Omaha Beach vers midi.

Mais les choses ne devaient pas se passer ainsi. Contrairement aux Britaniques et aux Canadiens qui n'avaient pas rencontré un adversaire de taille dans la 716e division allemande, fatiguée et de qualité inférieure, formée de « volontaires » russes ou polonais, les Américains d'Omaha étaient encore tenus en respect par la redoutable 352e. De plus, les Anglais utilisèrent au maximum les chars amphibies et une collection extravagante de véhicules spéciaux. Certains, dit « fléaux », battaient le terrain devant eux avec des chaînes pour faire sauter les mines. D'autres transportaient de petits ponts ou d'immenses rouleaux de lattes en fer qui, une fois déroulés, formaient une route solide sur terrain mou. D'autres encore apportaient des bûches géantes, destinées à servir d'escabeaux pour passer par-dessus les murs, ou à combler les fossés antichars. Ces inventions, et le bombardement intense et prolongé dont avaient bénéficié les plages anglaises, apportèrent aux premières troupes une protection supplémentaire.

Elles rencontrèrent cependant quelques poches de résistance assez fortes. Sur une moitié de Juno Beach, les soldats de la 3e division canadienne se battirent à travers une foison de nids de mitrailleuses et de tranchées, dans des maisons fortifiées et dans les rues de Courseulles avant de réussir à percer et à pousser vers l'intérieur. Mais, dans ce secteur, la résistance fut écrasée en deux heures. Le matelot Edward Ashworth, débarqué d'un LTC qui avait amené des troupes et des chars sur la plage de Courseulles, vit des soldats canadiens conduire six prisonniers derrière une dune voisine. Ashworth jugea que c'était l'occasion ou jamais de se procurer le casque allemand qu'il désirait ramener en souvenir. Il courut vers l'endroit et découvrit les six Allemands « gisant tout ratatinés ». Ashworth se pencha sur un cadavre, toujours bien décidé à prendre son casque. Mais il découvrit que « le type avait la gorge tranchée — ils avaient tous la gorge tranchée ». Ashworth se détourna « malade comme un perroquet et j'ai pas eu mon chapeau de fer-blanc ».

Le sergent Paddy de Lacy, également dans le secteur de Courseulles, avait capturé douze Allemands qui étaient sortis d'une tranchée, presque avec empressement, les bras levés au-dessus de la tête. De Lacy les examina un moment en silence. Il avait perdu un frère en Afrique du Nord. Puis il dit au soldat qui se trouvait à côté de lui :

— Non, mais regarde-moi un peu ces imbéciles ! Regarde-les ! Allez, ah, emmène-les, que je ne les voie plus.

Il s'éloigna et alla se faire une tasse de thé pour calmer sa colère. Pendant qu'il faisait chauffer un quart d'eau sur une boîte Sterno, un jeune officier « qui n'avait guère de poil au menton », s'approcha et lui dit sévèrement :

— Allons, sergent, ce n'est pas le moment de faire du thé !

De Lacy leva les yeux et, aussi patiemment que le lui permettaient ses vingt et un ans de service, répondit :

— Mon lieutenant, nous ne jouons plus au petit soldat — c'est la vraie guerre. Qu'est-ce que vous diriez de revenir dans cinq minutes pour boire une bonne tasse de thé ?

C'est ce que fit l'officier.

Pendant que la bataille faisait rage aux environs de Courseulles et dans le village, des hommes, des canons, des chars, des véhicules et du matériel ne cessaient d'arriver sur la plage. Le mouvement vers l'intérieur s'opéra souplement, très efficacement. Le capitaine de vaisseau Colin Maud, commandant de plage, ne supporta aucun traînard à Juno. La plupart des hommes, comme le sous-lieutenant John Beynon, furent un peu « époustouflés » par ce grand officier barbu, à l'allure imposante et à la voix tonnante, qui accueillait chaque nouveau contingent par ces mots :

— Je suis le président du comité de réception de cette petite sauterie. Donnez-vous donc la peine d'entrer et grouillez-vous.

Presque personne n'eut la velléité de discuter avec le

concierge de Juno Beach; Beynon se souvient qu'il avait une matraque dans une main et retenait de l'autre un énorme berger allemand à l'air féroce. On ne pouvait souhaiter effet plus frappant. Le correspondant de l'I.N.S. Joseph Willicombe se souvient d'une petite discussion futile qu'il eut avec le maître de plage. On avait affirmé à Willicombe, qui avait débarqué avec la première vague canadienne, qu'il lui serait permis d'expédier au navire amiral un message de vingt-cinq mots, sur l'émetteur-récepteur du commandant de plage, pour être retransmis aux Etats-Unis. Personne n'avait songé à en prévenir Maud, sans doute. Il regarda fixement Willicombe et gronda :

— Mon cher, figurez-vous qu'il y a une petite guerre en train, par ici.

Willicombe dut reconnaître la valeur de l'argument[1].

Les Canadiens souffrirent beaucoup à Juno. Des trois plages britanniques, ce fut la plus sanglante. La grosse mer avait retardé le débarquement. Des récifs, tranchants comme des rasoirs, sur la moitié est, et les rangées d'obstacles mirent en pièce les embarcations. Qui pis est, le bombardement naval et aérien n'avait pas réussi à anéantir les batteries côtières, ou bien les avait totalement manquées et, dans certains secteurs, les troupes débarquèrent sans l'appui des chars. Devant Bernières et Saint-Aubin-sur-Mer, la 8e brigade canadienne et le commando du 48e Marines abordèrent sous un feu intense. Une compagnie perdit près de la moitié de son effectif dans la ruée vers la plage. Le tir d'artillerie de Saint-Aubin était tellement concentré qu'il provoqua une catastrophe particulièrement horrible. Un char, verrouillé pour raison de sécurité

---

1. A Juno, les correspondants de guerre restèrent sans moyens de communication, jusqu'à ce que Ronald Clark, de l'United Press, arrivât avec deux paniers de pigeons voyageurs. Les correspondants rédigèrent rapidement de brefs articles, les glissèrent dans les capsules plastiques fixées aux pattes des volatiles et les lâchèrent. Malheureusement, les pigeons étaient si lourdement chargés que beaucoup retombèrent. Certains réussirent à s'élever, décrivirent quelques cercles dans les airs et... se dirigèrent vers les lignes allemandes. Debout sur la plage, Charles Lynch, de Reuter, montrait le poing aux oiseaux et leur criait : « Traîtres ! Sales traîtres ! » D'après Willicombe, quatre pigeons « se montrèrent loyaux ». Ils réussirent à regagner le ministère de l'Information à Londres en quelques heures.

et roulant follement sur le sable afin d'échapper au tir meurtrier, passa sur les morts et les mourants. Le capitaine Daniel Flunder, d'un commando, se retourna sur la dune, vit ce qui se passait et, sans se soucier des obus et de la mitraille, courut sur la plage, en hurlant à pleins poumons :

— Mes hommes ! Ce sont mes hommes !

Fou de rage, Flunder frappa les flancs du char de son stick, mais le tank poursuivait sa route. Flunder arracha alors la goupille d'une grenade et fit sauter une des chenilles du char. Ce ne fut qu'en ouvrant le capot que les occupants, ahuris, comprirent ce qui se passait.

Malgré la violence du combat, les Canadiens et les commandos quittèrent les plages de Bernières — Saint-Aubin en moins d'une demi-heure et plongèrent vers l'intérieur. Les vagues d'assaut qui suivirent rencontrèrent peu d'opposition et, au bout d'une heure, la plage était si tranquille que l'aérostier John Murphy, appartenant à une unité de ballons de barrage, trouva que « notre pire ennemi étaient les poux de mer qui nous rendirent fous quand la marée s'est mise à monter ». Au-delà des plages, des combats de rues allaient occuper les troupes pendant près de deux heures encore, mais ce secteur de Juno, tout comme la moitié ouest, se trouva solidement tenu dès ce moment.

Les commandos du 48e se battirent à travers Saint-Aubin-sur-Mer et, obliquant à l'est, longèrent le littoral. Leur mission était particulièrement périlleuse. Juno se trouvait à une dizaine de kilomètres de Sword. Le 48e était chargé de combler cet intervalle et d'établir la liaison entre les deux plages. Un autre commando, le 41e, devait débarquer à Lion-sur-Mer, à l'extrémité de Sword Beach, se rabattre à droite et marcher vers l'ouest. Les deux unités auraient dû se rejoindre en quelques heures, à peu près à mi-chemin. Tel était le plan, mais, presque simultanément, les deux commandos se heurtèrent à des difficultés. A Langrune, à deux kilomètres environ à l'est de Juno, le 48e se trouva dans une région fortifiée qui défiait toute pénétration. Chaque maison était une forteresse. Des mines, des barbelés et des murs de béton — certains hauts de deux mètres et épais d'un mètre cinquante — obstruaient les rues. De ces positions, un tir nourri accueillit les envahisseurs. Sans chars et sans artillerie, le 48e dut s'arrêter.

A Sword, neuf kilomètres plus loin, le 41ᵉ, après un accostage difficile, obliqua vers l'ouest et se dirigea vers Lion-sur-Mer. Là, les Français leur apprirent que la garnison allemande avait décampé. Le renseignement paraissait exact. Mais à la sortie de la ville, les commandos tombèrent sur un tir de barrage qui détruisit immédiatement trois des chars de soutien. De villas innocentes et paisibles transformées en places fortes, jaillissaient des rafales de mitrailleuse et un déluge d'obus de mortier tomba sur les commandos. Comme le 48ᵉ, le 41ᵉ dut s'arrêter.

Dès lors, bien que personne n'en eût encore connaissance au GQG allié, une brèche capitale de neuf kilomètres de large existait dans la tête de pont — une brèche à travers laquelle les chars de Rommel, s'ils avançaient assez vite, pouvaient atteindre la côte et, en attaquant à droite et à gauche le long du rivage, écraser les troupes britanniques.

Lion-sur-Mer fut un des rares coins vraiment mauvais de Sword Beach. Des trois plages anglaises, on s'attendait à ce que Sword fût la mieux défendue. Les unités avaient été prévenues que les pertes y seraient lourdes. Le soldat John Gale, du 1ᵉʳ South Lancashire Regiment, raconte qu'on leur « avait annoncé tout à trac et de sang-froid que la première vague d'assaut serait très probablement anéantie ». « Quoi qu'il arrive, avait-on dit aux commandos, il nous faut ces plages car il n'y aura aucune évacuation... aucun retour. » A en croire les souvenirs du caporal James Colley et du soldat Stanley Stewart, les hommes du 4ᵉ commando s'attendaient à être « liquidés sur les plages », car on leur avait annoncé que leurs pertes s'élèveraient sans doute à « quatre-vingt-quatre pour cent ». Et les hommes qui devaient débarquer en avant de l'infanterie, dans des chars amphibies, avaient été prévenus que « même ceux qui parviendront à accoster peuvent s'attendre à soixante pour cent de pertes ». Le soldat Christopher Smith, conducteur d'un char amphibie, pensait que ses chances de survie étaient bien minces. La rumeur avait fait monter ces estimations à quatre-vingt-dix pour cent et Smith avait tendance à le croire car, au moment où son unité quittait l'Angleterre, des hommes avaient vu de grands paravents de toile dressés à Gosport, sur la plage, et « on racontait que ça servirait à trier les morts qu'on ramènerait ».

Pendant un moment, il sembla que les pires des prédictions allaient se réaliser. Dans certains secteurs, les troupes de la première vague d'assaut furent intensément mitraillées et canonnées. A Sword, du côté d'Ouistreham, les hommes du 2e East York gisaient morts ou blessés, sur toute la largeur de la plage. Personne ne saura jamais combien d'hommes moururent au cours de cette première ruée sanglante, mais, semble-t-il, ce régiment perdit la majorité de ses deux cents tués du Jour J pendant ces premières minutes. Le spectacle terrifiant de toutes ces silhouettes kaki recroquevillées paraissait confirmer les pires craintes des troupes suivantes. Certains virent « les cadavres empilés comme des bûches » et comptèrent « plus de cent cinquante morts ». Le soldat John Mason, du 4e commando, qui débarqua une demi-heure plus tard, fut atterré de se voir « courir parmi des tas de fantassins qui étaient tombés comme des quilles ». Et le caporal Fred Mears, appartenant au commando de Lord Lovat, fut « suffoqué de voir les East Yorks empilés en tas... Ça ne leur serait probablement pas arrivé s'ils s'étaient déployés ». Tout en courant sur le sable, bien décidé à ce que « Jesse Owens soit une tortue » à côté de lui, il se souvient d'avoir songé avec un certain cynisme que « la prochaine fois, ils feraient attention ».

Bien que sanglante, la bataille fut brève [1]. A part les pertes initiales, l'offensive sur Sword progressa rapidement et rencontra peu d'opposition soutenue. Les débarquements furent si réussis que beaucoup d'hommes arrivant quelques minutes à peine après la première vague furent étonnés d'être reçus par quelques coups de fusils isolés. Ils virent

1. Les controverses dureront longtemps sur la nature des combats de Sword Beach. Les hommes du régiment d'East York sont en contradiction avec leur propre histoire qui prétend que ce débarquement ressembla « à un exercice d'entraînement, en plus facile ». Les troupes du 4e commando affirment que lorsqu'elles accostèrent à l'heure H plus 30, elles trouvèrent les soldats de l'East York encore au bord de l'eau. D'après le général E.E.E. Cass, commandant la 8e brigade qui débarqua à Sword, les East Yorks avaient bien quitté la plage quand le 4e commando arriva. Les pertes à l'arrivée du 4e commando sont estimées à trente hommes. Sur la moitié ouest de la plage, dit Cass, « l'opposition avait été neutralisée à huit heures et demie, sauf pour quelques tireurs isolés ». Les hommes du 1er South Lancashire n'eurent que peu de pertes à déplorer et avancèrent rapidement vers l'intérieur. Le 1er Suffolk qui les suivait ne perdit que quatre hommes.

les plages obscurcies de fumée, les infirmiers et les officiers de santé soignant les blessés, des « tanks-fléaux » qui faisaient sauter des mines, des chars et des véhicules calcinés jonchant le sable, mais rien du carnage auquel ils s'attendaient. Pour ces troupes aux nerfs tendus à vif, à qui l'on avait laissé prévoir un holocauste, le débarquement fut presque une déception.

Dans bien des coins de Sword Beach, il régnait même une joyeuse atmosphère de vacances. Çà et là, le long du front de mer, de petits groupes de Français enthousiastes faisaient de grands signes aux soldats et criaient : « *Vivent les Anglais !* »[1]. Le soldat de marine Leslie Ford remarqua un Français « carrément sur le bord de la plage, qui avait l'air de donner une leçon de stratégie à des civils qui l'entouraient ». Ford pensa qu'ils étaient complètement fous, car les plages et le bord de mer étaient infestés de mines et encore sous le feu occasionnel de l'ennemi. Des gens se jetaient au cou des soldats et les embrassaient goulûment, sans avoir l'air de se rendre compte du danger. Le caporal Harry Norfield et le canonnier Ronald Allen furent stupéfaits de voir « un personnage magnifiquement habillé et portant un casque de cuivre étincelant, qui descendait vers la plage ». Ce « personnage » se révéla être le maire de Colleville-sur-Orne, petit village situé à deux kilomètres à l'intérieur des terres, qui avait décidé de venir accueillir officiellement les troupes d'invasion[2].

Certains Allemands paraissaient aussi avides que les Français d'accueillir les troupes. Le sapeur Henry Jennings n'eut pas plus tôt débarqué qu'il fut « confronté par une collection d'Allemands — « volontaires » russes et polonais pour la plupart — pressés de se rendre ». Mais ce fut le capitaine Gerald Norton, d'une unité de la *Royal Artillery*, qui connut la plus grande surprise de tous : il fut reçu « par quatre Allemands qui, leurs valises faites, avaient l'air d'attendre le premier moyen de transport venu pour quitter la France ».

Echappant au chaos de Sword, de Juno et de Gold, les troupes britanniques et canadiennes envahirent les terres.

1. En français dans le texte. (N. d. T.)
2. J'imagine que le maire de Colleville était aussi capitaine des pompiers, ce qui expliquerait le casque de cuivre. (N. d. T.)

Leur avance était sérieuse, efficace, et ne manquait pas d'une certaine grandeur. A mesure que les hommes se battaient dans des bourgs et des villages, les exemples d'héroïsme et de courage se multipliaient. Certains se souviennent d'un major de commando des Royal Marines, qui, les deux bras emportés, encourageait ses hommes de la voix en leur criant :

— Avancez, avancez, mes petits, avant que Fritz se rende compte qu'on est de la fête !

D'autres rappellent la gaieté fanfaronne et la foi merveilleuse des blessés qui attendaient patiemment que le service de santé les rejoignît. Certains faisaient signe aux troupes qui défilaient, d'autres leur criaient : « On se verra à Berlin, les copains ! » Le canonnier Ronald Allen ne devait jamais oublier un soldat, grièvement blessé au ventre. Adossé à un mur, il lisait tranquillement un livre.

La rapidité s'imposait désormais. De Gold Beach, les troupes se dirigèrent vers Bayeux, à une dizaine de kilomètres à l'intérieur des terres. De Juno, les Canadiens poussèrent vers la route nationale Bayeux-Caen, et le terrain d'aviation de Carpiquet, à quinze kilomètres. Et, partant de Sword, les Anglais se ruèrent vers Caen. Ils étaient tellement sûrs de prendre la ville que les correspondants de guerre furent même prévenus, ainsi que le rappellera plus tard Noel Monks du *Daily Mail* de Londres, qu'une conférence de presse aurait lieu « au point X, à Caen, à 16 heures ». Le commando de Lord Lovat, qui quittait le secteur de Sword, ne perdit pas de temps. Il devait relever les troupes de la 6e division aéroportée du général Gale, qui tenaient les ponts sur l'Orne à six kilomètres de là et Lovat avait promis à Gale qu'il serait là « à midi pétant ». En tête de colonne, derrière un char, le cornemuseux Bill Millin jouait gaillardement *Blue Bonnets over the Border* (*Bonnets Bleus par-delà la frontière*).

Pour dix Anglais, ceux des sous-marins de poche *X-20* et *X-23*, le Jour J était terminé. Au large de Sword Beach, le lieutenant de vaisseau George Honour manœuvrait parmi les lignes de chalands qui avançaient vers la côte en longues colonnes régulières. Sur cette grosse mer, ses superstructures presque submergées, le *X-23* ne se distinguait guère que par ses pavillons claquant à la brise. Le gabier Charles Wilson, à bord d'un LCT, « faillit tomber par-dessus bord de saisissement » quand il vit ce qu'il crut être « deux grands pavillons apparemment sans support » qui s'avançaient vers lui entre les lames. En voyant passer le *X-23*, Wilson ne put s'empêcher de se demander « ce que diable un sous-marin de poche pouvait bien avoir à foutre dans le débarquement ». Posément, le *X-23* avançait dans la zone des transports, à la recherche de son remorqueur, qui portait le nom prédestiné de *En Avant* (en français). L'opération Gambit était terminée. Le lieutenant de vaisseau Honour et ses quatre compagnons rentraient chez eux.

Les hommes pour qui ils avaient balisé l'approche des plages progressaient sur la terre de France. Tout le monde était optimiste. Le Mur de l'Atlantique était crevé. Pourtant, une question capitale se posait. Combien de temps mettraient les Allemands à revenir de leur surprise ?

CHAPITRE III

PAISIBLE et calme, Berchtesgaden reposait dans le petit matin. La journée était déjà chaude et lourde, les nuages s'appesantissaient sur les montagnes. Dans le nid d'aigle d'Hitler, sur l'Obersalzberg, rien ne bougeait. Le Führer dormait. A quelques kilomètres de là, à la *Reichskanzlei*, le QG d'Hitler, c'était un matin comme les autres. Le général Alfred Jodl, chef des opérations à l'OKW, était debout depuis six heures du matin, il avait pris son habituel petit déjeuner léger (une tasse de café, un œuf à la coque et un seul toast) et maintenant, dans son bureau insonore, il lisait tranquillement les rapports de la nuit.

Les nouvelles d'Italie continuaient d'être mauvaises. Rome était tombée vingt-quatre heures plus tôt et le feld-maréchal Albert Kesselring dirigeait la retraite de ses troupes durement talonnées. Jodl pensait que les Alliés réussiraient peut-être à percer avant même que Kesselring pût dégager ses bataillons et s'établir sur de nouvelles positions plus au nord. Jodl était tellement inquiet de l'effondrement probable en Italie, qu'il avait donné l'ordre à son adjoint, le général Walter Warlimont, de se rendre auprès de Kesselring pour voir exactement où en étaient les choses. Warlimont devait partir dans la soirée.

Il n'y avait rien de nouveau en Russie. Bien que l'autorité de Jodl ne s'étendît pas au théâtre oriental d'opérations, il avait depuis longtemps manœuvré adroitement pour se mettre en mesure de « conseiller » le Führer dans la conduite de la guerre en Russie. L'offensive d'été soviétique pouvait commencer d'un jour à l'autre et tout au long des trois mille kilomètres de front, 200 divisions allemandes — plus d'un million cinq cent mille hommes — l'attendaient de pied ferme. Mais, ce matin-là, le front russe était calme. L'aide de camp de Jodl avait également déposé sur le bureau plusieurs rapports émanant du QG de von Rundstedt, au sujet d'une offensive alliée en Normandie. Jodl ne pensait pas que la situation fût bien sérieuse, du moins pas pour le moment. Non, pour le moment, ce qui l'inquiétait surtout, c'était l'Italie.

Dans la caserne de Strub, à quelques kilomètres, le général Warlimont suivait attentivement l'offensive de Normandie, depuis quatre heures du matin. Il avait reçu le télétype de l'OB West réclamant les réserves blindées — la *Panzer Lehr* et la 12e DB S.S. — et discuté au téléphone avec le général Günther Blumentritt, chef d'état-major de von Rundstedt. A ce moment, Warlimont appelait Jodl.

— Blumentritt m'a téléphoné au sujet des réserves de panzers, annonça-t-il. OB West voudrait les faire avancer dans les zones de débarquement immédiatement.

D'après les souvenirs de Warlimont, il y eut un long silence, pendant que Jodl réfléchissait.

— Vous êtes sûr qu'il s'agit bien du débarquement ? demanda-t-il enfin, et il poursuivit sans attendre la réponse de Warlimont : D'après les rapports que j'ai reçus, il pourrait s'agir d'une diversion... d'une ruse de guerre. OB West a bien assez de réserves en ce moment... Il devrait essayer de repousser cette offensive avec les forces dont il dispose. Je ne crois pas que le moment soit bien choisi pour libérer les réserves de l'OKW... Il faut attendre que la situation s'éclaircisse.

Warlimont savait qu'il était inutile de discuter, malgré sa conviction que le débarquement de Normandie avait plus d'importance que Jodl ne paraissait le croire.

— Mon général, répondit-il, vu la situation en Normandie, dois-je me rendre comme prévu en Italie ?

— Mais naturellement. Oui, bien entendu, il n'y a pas de raison..., répliqua Jodl, et il raccrocha.

Warlimont repoussa le téléphone, se tourna vers le général von Buttlar-Brandenfels, chef des Opérations de l'Armée, et lui fit part de la décision de Jodl.

— Je plains Blumentritt, dit-il. Cette décision est tout à fait contraire à la stratégie que je croyais convenue en cas de débarquement.

Warlimont était « troublé » par l'interprétation littérale donnée par Jodl à l'ukase d'Hitler concernant les panzers. Ces divisions appartenaient effectivement à l'OKW et étaient par conséquent soumises à l'autorité directe du Führer. Mais, tout comme von Rundstedt, Warlimont avait toujours compris que « en cas de débarquement allié, qu'il s'agît ou non d'une diversion, les panzers seraient automatiquement libérées, sur l'heure ». Warlimont estimait que c'était la seule manœuvre logique; l'homme qui se trouvait sur place, et avait à faire face à l'ennemi, devait avoir toutes les unités possibles à sa disposition, pour s'en servir comme il l'entendait, surtout quand cet homme était un des derniers « Chevaliers Noirs » de l'Allemagne, le vénérable stratège von Rundstedt. Jodl avait le pouvoir de libérer les panzers, mais il n'entendait courir aucun risque. Comme le rappelle par la suite Warlimont, « Jodl prit la décision qu'il pensait qu'Hitler aurait prise ». Cette attitude, de l'avis de Warlimont, constituait un exemple frappant « de l'absence d'autorité dans l'Etat autoritaire ». Mais personne ne discutait les décisions de Jodl. Warlimont demanda Blumentritt. La décision de faire donner les panzers dépendait uniquement du caprice de celui que Jodl considérait comme un génie militaire — Hitler.

L'officier qui avait envisagé pareille situation et espéré en parler à Hitler se trouvait seulement à deux heures de route de Berchtesgaden. Le feld-maréchal Erwin Rommel, dans sa maison d'Herrlingen, près d'Ulm, paraît avoir été complètement oublié dans le désordre général. Rien, pas un mot dans les archives et les registres méticuleusement tenus à jour du groupe d'Armées B, ne laisse supposer que Rommel, à cette heure-là, était averti du débarquement.

Au QG de l'OB West, aux portes de Paris, la décision de Jodl fit l'effet d'une bombe. On ne parvenait pas à y croire. Le général Bodo Zimmermann, chef des opérations, se souvient que von Rundstedt « fulminait de rage, la figure congestionnée, bredouillant de colère ». Zimmermann non plus n'en croyait pas ses oreilles. Pendant la nuit, par un coup de téléphone à l'OKW, Zimmermann avait informé le lieutenant-colonel Friedel, officier de service, qu'OB West avait alerté les deux divisions de panzers. Avec amertume, Zimmermann rappelle que « personne ne formula la moindre objection contre cette mesure ». A ce moment il téléphonait de nouveau à l'OKW. Il s'entretint avec le général von Buttlar-Brandenfels, très froid, calquant son attitude sur celle de Jodl, qui se laissa même aller à un accès de fureur et rugit :

— Ces divisions sont sous le contrôle direct de l'OKW ! Vous n'aviez pas le droit de les alerter sans notre approbation ! Je vous donne l'ordre de les stopper immédiatement ! Rien ne doit être fait sans l'ordre exprès de notre Führer !

Quand Zimmermann tenta de discuter, von Buttlar lui coupa sèchement la parole :

— Faites ce qu'on vous dit !

Von Rundstedt aurait dû parler à son tour. En tant que feld-maréchal, il pouvait appeler Hitler personnellement, et il est permis de penser que les panzers eussent été libérées immédiatement. Mais von Rundstedt ne lui téléphona pas, ni à l'aube, ni dans la journée. Même l'importance capitale du débarquement ne parvint pas à décider ce vieil aristocrate à supplier l'homme qu'il appelait généralement « ce caporal bohémien [1] ».

Mais ses officiers continuaient de bombarder l'OKW de coups de téléphone et faisaient d'inutiles efforts pour changer la décision de Jodl. Ils appelèrent Warlimont, von Buttlar-Brandenfels et même le général Rudolf Schmundt,

1. D'après von Buttlar-Brandenfels, Hitler n'ignorait pas le mépris que lui vouait von Rundstedt. « Tant que le feld-maréchal grogne, disait-il, c'est que tout va bien. »

adjoint d'Hitler. Cette étrange bataille par fil devait durer des heures. Zimmermann la résume ainsi : « Quand nous les avertîmes que si nous n'obtenions pas les panzers, les débarquements de Normandie pouvaient réussir et qu'on ne pouvait prévoir ce qui suivrait, on nous répliqua simplement que *nous* n'étions pas en mesure de juger — que le débarquement principal viendrait plus tard, et que de toute façon, le véritable débarquement aurait lieu ailleurs [1]. » Hitler, protégé par son petit cercle de thuriféraires militaires, dans son univers fermé et balsamique de Berchtesgaden, continuait de dormir.

Au QG de Rommel, à La Roche-Guyon, le général Speidel, chef d'état-major, ignorait encore tout de la décision de Jodl. Il était persuadé que les deux divisions de panzers avaient été alertées et se trouvaient déjà en route. D'autre part, Speidel savait que la 21e panzer se dirigeait vers la région au sud de Caen et, bien qu'il fallût un peu de temps pour que les chars y arrivassent, certaines unités de reconnaissance d'infanterie devaient déjà être engagées. Au QG, on était donc nettement optimiste. « L'impression générale, se souvient le colonel Leodegard Freyberg, était que les Alliés seraient rejetés à la mer à la fin de la journée ». Le vice-amiral Friedrich Ruge, aide de camp naval de Rommel, partageait l'euphorie générale, mais il remarqua un fait étrange : les domestiques du duc et de la duchesse de La Rochefoucauld allaient sans bruit de pièce en pièce, et décrochaient tranquillement les précieuses tapisseries des Gobelins.

La 7e Armée, qui se battait effectivement, semblait avoir peu de raisons pour se montrer optimiste. Les officiers de son état-major étaient fermement persuadés que la 352e division avait rejeté l'envahisseur à la mer, entre Vierville et Colleville, c'est-à-dire à Omaha Beach. Voici ce qui s'était passé : un officier d'un blockhaus dominant la

1. Hitler s'était tellement convaincu que le « vrai » débarquement aurait lieu dans le Pas-de-Calais qu'il conserva la 15e Armée de von Salmuth sur ses positions jusqu'au 24 juillet ! A ce moment, il était trop tard. Chose curieuse, Hitler semble avoir été le seul à croire, au début, que le débarquement pourrait avoir lieu en Normandie. Le général Blumentritt dit qu'il « se souvient très bien d'un coup de téléphone de Jodl, en avril, au cours duquel il lui dit que le Führer avait des renseignements formels et qu'un débarquement en Normandie n'était pas impossible ».

plage réussit à transmettre à son QG un rapport encourageant sur l'issue de la bataille. Le rapport fut tenu pour si capital qu'il fut transcrit mot pour mot : « Au bord de l'eau, disait cet observateur, l'ennemi cherche à se mettre à l'abri derrière nos obstructions. Un grand nombre de véhicules, dont dix chars, brûlent sur la plage. Les équipes de démolition ont renoncé. Les débarquements ont cessé. Les embarcations restent au large. Le feu de notre artillerie et de nos armes automatiques est bien placé et a déjà infligé de lourdes pertes à l'ennemi. Un grand nombre de morts et de blessés gisent sur le rivage [1]... »

C'étaient les premières bonnes nouvelles que recevait la 7e Armée. Il en résulta une telle allégresse que lorsque le général von Salmuth, commandant la 15e, proposa d'envoyer sa 356e division d'infanterie en soutien, son offre fut déclinée avec dédain. « Nous n'en avons pas besoin », lui dit-on.

Mais, bien que tout le monde se sentît confiant, le général Pemsel, chef d'état-major, essayait toujours de se faire une idée précise de la situation. Ce n'était pas commode, car il n'y avait pour ainsi dire plus de communications. Les lignes et les câbles avaient été coupés et détruits par la Résistance française, les parachutistes ou le bombardement naval et aérien. Pemsel déclara au QG de Rommel :

— Je livre le genre de bataille que Guillaume le Conquérant a dû livrer — à vue de nez et à l'oreille.

Pemsel ignorait encore à quel point son réseau de communications était perturbé. Seuls des parachutistes, croyait-il, étaient descendus sur le Cotentin. A cette heure, il ne savait absolument rien des débarquements sur la côte est, à Utah Beach.

Pemsel, incapable de définir les limites géographiques

1. Le rapport a été transmis, entre huit et neuf heures, directement au chef des opérations de la 352e, le lieutenant-colonel Ziegelmann, par un certain colonel Goth qui commandait les fortifications de la Pointe de la Percée dominant Omaha Beach du côté de Vierville. Il causa tant de jubilation que Ziegelmann, d'après son propre récit écrit après la guerre, fut certain qu'il avait affaire à « des forces ennemies inférieures ». Les rapports qui suivirent se montrèrent de plus en plus optimistes et, à onze heures, le général Kraiss, commandant la 352e, était si convaincu d'avoir éliminé la tête de pont d'Omaha qu'il retira certaines de ses troupes pour les envoyer renforcer l'aile droite de la division dans le secteur britannique.

exactes de l'offensive, était cependant certain d'une chose. L'assaut contre la Normandie constituait bel et bien le grand débarquement. Il persistait à le répéter à ses supérieurs, aux QG de Rommel et de von Rundstedt, mais presque personne ne l'écoutait. Comme le signalèrent les rapports matinaux du groupe d'Armées B et de l'OB West, « il est encore trop tôt pour savoir s'il s'agit d'une attaque de diversion ou de l'offensive proprement dite ». Les généraux continuaient d'attendre le *Schwerpunkt*. N'importe quel simple soldat stationné en Normandie aurait pu leur dire où celui-ci se trouvait.

☆

A huit cents mètres de Sword Beach, le caporal Josef Häger, tremblant et ahuri, finit par trouver la détente de sa mitrailleuse et se remit à tirer. Tout autour de lui, la terre semblait se soulever. Le fracas était assourdissant. Sa tête bourdonnait et le mitrailleur de dix-huit ans était malade de terreur. Il s'était bien battu, et avait aidé à couvrir la retraite de sa compagnie depuis le moment où les lignes de la 716e division avaient été rompues devant Sword Beach. Häger ne savait pas combien de Tommies il avait atteints. Fasciné, il les avait vus quitter la plage et les avait fauchés les uns après les autres. Il s'était demandé bien souvent, par le passé, quel effet cela lui ferait de tuer un ennemi. Il en avait discuté bien des fois avec ses camarades, Huf, Saxler et Ferdi Klug. Häger le savait maintenant : c'était affreusement facile. Huf n'avait pas vécu assez longtemps pour s'en rendre compte, il avait été tué au début de leur fuite. Häger l'avait abandonné dans une haie, la bouche ouverte, un trou à la place du front. Häger ne savait pas où était Saxler, mais Ferdi se tenait à ses côtés, à moitié aveugle, le visage en sang. Et maintenant, Häger savait que ce n'était plus qu'une question de temps, et qu'ils allaient tous mourir. Avec dix-neuf camarades — tout ce qui restait de la compagnie — il se terrait dans une tranchée devant un petit blockhaus. De tous côtés, pleuvaient des obus de mortier, des rafales de mitrailleuses et des balles. Ils étaient encerclés, et ne pouvaient que se rendre ou se faire tuer. Tous le savaient — tous sauf le capitaine qui tirait à la mitrailleuse dans le blockhaus, derrière eux, refusait de les laisser entrer et ne cessait de crier :

— Il faut tenir ! Il faut tenir !

Ces instants furent les plus atroces de la vie de Häger. Il ne savait plus sur quoi il tirait. Chaque fois que le tir de l'ennemi se calmait un peu, il appuyait sur la détente et sentait sa mitrailleuse tressauter. Cela lui donnait du courage. Puis le déluge de feu recommençait, et tous ces hommes hurlaient au capitaine :

— Laissez-nous entrer ! Laissez-nous entrer !

Ce furent peut-être les chars qui le firent changer d'avis. Tous entendirent le tintamarre et le fracas de ferraille. Il y en avait deux. Le premier s'arrêta de l'autre côté d'un grand pré. Le second poursuivit sa route lentement, écrasa lourdement une haie, passa devant trois vaches qui ruminaient tranquillement dans un pâturage, puis les soldats de la tranchée virent son canon se relever, lentement, s'apprêtant à tirer à bout portant. A cet instant précis, miraculeusement, incroyablement, le char s'enflamma. Dans la tranchée, un servant de bazooka qui en était à son dernier projectile trapu et camard, avait fait mouche. Hypnotisés, n'en croyant pas leurs yeux, Häger et son ami Ferdi virent le panneau du char en flammes s'ouvrir et, à travers les nuages de fumée noire, un homme essayer désespérément de se sauver. Hurlant, les vêtements en feu, il sortit à demi de l'ouverture, puis s'effondra, restant suspendu contre le flanc du char. Häger se tourna vers Ferdi et murmura :

— J'espère que Dieu nous réserve une meilleure mort.

Le second char, se tenant prudemment hors de portée du bazooka, se mit à tirer à son tour, et, enfin, le capitaine fit entrer tout le monde dans son blockhaus. Häger et les autres survivants se ruèrent à l'intérieur, et tombèrent dans un nouveau cauchemar. Le bunker, à peine plus grand qu'une pièce normale, était rempli de morts et de mourants. En plus, il y avait plus de trente hommes qui étaient tellement serrés qu'ils ne pouvaient ni s'asseoir ni même se retourner. Il faisait noir, il faisait atrocement chaud et le bruit était hideux. Les blessés gémissaient. Les hommes parlaient et criaient en diverses langues — il y avait beaucoup de Russes et de Polonais parmi eux — et sans répit, le capitaine, sourd aux cris des blessés qui le suppliaient de se rendre, tirait à la mitrailleuse par l'unique meurtrière.

Pendant un court répit, Häger et ses malheureux compagnons entendirent crier au-dehors :

— Ça va, Herman — autant sortir de là !

Rageusement, le capitaine lâcha encore une rafale. Quelques instants plus tard, la même voix reprit :

— Allez, rends-toi, Fritz !

Les âcres vapeurs de la poudre faisaient tousser les hommes et empuantissaient l'air déjà irrespirable. Chaque fois que le capitaine s'arrêtait pour recharger sa mitrailleuse, la même voix lui criait de se rendre. Enfin, une autre voix s'adressa à eux en allemand et Häger se souviendra toujours d'un blessé qui, utilisant sans doute les seuls mots anglais qu'il connût, se mit à répéter comme un perroquet :

— Hello, boys ! Hello, boys ! Hello, boys !...

Soudain, la fusillade et le tir cessèrent à l'extérieur. Tout le monde, pensa Häger, comprit en même temps ce qui allait se passer. Il existait un regard dans la coupole au-dessus de leur tête. Häger et quelques autres hissèrent un homme pour qu'il essayât de voir. A peine eut-il jeté un coup d'œil qu'il se mit à hurler :

— Des lance-flammes ! Ils apportent des lance-flammes !

Häger savait que les flammes ne parviendraient pas jusqu'à eux, parce que les chicanes en acier barraient l'orifice d'aération du bunker. Mais la chaleur pouvait les tuer tous. Brusquement, ils entendirent le « ouffff » du lance-flammes. Le bunker ne fut plus aéré que par l'étroite meurtrière par laquelle le capitaine s'entêtait à tirer, et par le petit trou du toit.

Peu à peu, la température monta. Certains soldats furent pris de panique. Poussant, griffant, hurlant « Laissez-nous sortir ! », ils tentèrent de passer entre les jambes de leurs camarades pour gagner la porte. Mais, serrés et coincés par la masse compacte des hommes, ils ne purent même pas se mettre à quatre pattes. Tout le monde se remit à supplier le capitaine de se rendre. Il ne se retourna même pas, et continua de tirer. L'air devint de plus en plus irrespirable. Un lieutenant s'en mêla et ordonna :

— Nous allons tous respirer à mon commandement ! Une, aspirez, deux, expirez... Une... Deux... Une... Deux...

Häger vit le revêtement d'acier du conduit d'aération passer du rose au rouge, puis au blanc incandescent.

— Une... Deux... Une... Deux... ! criait le lieutenant.

— Hello, boys ! Hello, boys ! ressassait le blessé.

Et Häger entendait le radio dans un coin, penché sur son micro qui répétait :

— A vous, Epinard... A vous, Epinard...

— Mon capitaine ! glapit le lieutenant. Les blessés suffoquent ! Il faut nous rendre !

— Pas question, grinça le capitaine. Nous allons nous battre pour sortir de là ! Comptez les hommes et leurs armes !

— Non ! Non ! crièrent des voix dans tous les coins du blockhaus.

Ferdi se tourna vers Häger :

— Tu es le seul avec le capitaine à posséder une mitrailleuse. Ce cinglé va te faire sortir le premier, moi, je te le dis.

Par défi, les hommes commençaient à arracher les culasses de leurs fusils et à les jeter à terre.

— J'irai pas, affirma Häger, t'en fais pas.

Il arracha aussi la culasse de son arme.

Des hommes perdaient connaissance sous l'effet de la chaleur. Les genoux repliés, têtes ballottantes, ils restaient quand même debout : il leur était impossible de tomber par terre tant ils se trouvaient comprimés. Le jeune lieutenant continuait de supplier le capitaine, en vain. Personne ne pouvait approcher de la porte, car la meurtrière était juste à côté et le capitaine était là avec sa mitrailleuse.

Soudain, le capitaine cessa de tirer et, se tournant vers l'opérateur de radio, lui demanda :

— Vous les avez contactés ?

— Non, mon capitaine.

Ce fut alors que le capitaine jeta un regard autour de lui, comme s'il voyait le blockhaus pour la première fois. Il parut interloqué et confondu. Puis il jeta sa mitrailleuse au sol et soupira :

— Ouvrez la porte.

Häger vit un soldat qui faisait glisser par la meurtrière une crosse de fusil à laquelle était attaché un mouchoir blanc. Une voix, de l'extérieur, leur cria :

— Compris, Fritz. Dehors. Un par un.

Suffoqués, éblouis, les hommes chancelèrent hors du blockhaus. S'ils ne lâchaient pas assez vite leurs armes et leurs casques, les Anglais, rangés de part et d'autre de la tranchée, leur tiraient dans les talons. Quand ils atteignaient l'extrémité de la tranchée, les vainqueurs leur arrachaient leurs ceinturons, leur ôtaient leurs lacets, coupaient les boutons de leurs tuniques et de leurs pantalons. Puis ils les faisaient coucher à plat ventre dans le pré.

Häger et Ferdi coururent dans la tranchée, les bras levés. En coupant le ceinturon de Ferdi, un officier anglais lui dit :

— Dans quinze jours, on verra tes petits copains à Berlin, Fritz.

Ferdi, sanguinolent et bouffi, voulut plaisanter. Il répliqua :

— A ce moment-là, nous serons en Angleterre !

Il voulait dire qu'ils seraient dans un camp de prisonniers, mais l'Anglais se méprit et rugit :

— Emmenez-moi ces types sur la plage !

Soutenant leurs pantalons, les soldats allemands se mirent en marche, et passèrent devant le char calciné et les trois vaches qui n'avaient pas cessé de ruminer paisiblement dans leur pâturage.

Un quart d'heure plus tard, Häger et ses compagnons travaillaient sur les obstacles à en ôter les mines. Ferdi fit observer à Häger :

— Je parie que quand tu plantais ces trucs-là, tu ne te doutais pas que tu les enlèverais un jour [1] !

---

1. Je n'ai jamais pu retrouver le capitaine fanatique qui essaya de tenir le bunker, mais Häger croit qu'il s'appelait Gundlach et que le jeune officier était le lieutenant Lutke. Vers le milieu de la journée, Häger retrouva son copain disparu, Saxler, qui travaillait lui aussi à déminer les obstacles. Ce même soir, ils furent envoyés en Angleterre et, six jours plus tard, Häger et cent cinquante autres prisonniers allemands atterrirent à New York avant d'être expédiés dans un camp de prisonniers au Canada.

☆

Le soldat Aloysius Damski n'avait pas le cœur à se battre. Damski, Polonais versé de force dans la 716e division, avait décidé depuis bien longtemps que si le débarquement avait lieu, il se précipiterait sur la première embarcation venue et se rendrait. Mais Damski n'en eut pas l'occasion. Les Britanniques débarquèrent sous la protection d'un tel bombardement, tant naval qu'aérien, que le commandant de la batterie de Damski, en position à l'extrémité ouest de Gold Beach, ordonna promptement le repli. Damski comprit qu'il courait à une mort certaine s'il se portait vers les Anglais. Mais, dans le désordre de la retraite, il s'enfuit vers Tracy, petit village dans lequel il avait un billet de logement chez une vieille dame, pensant qu'il pourrait y rester, et se rendre à la prise du village.

Alors qu'il allait à travers champs, Damski rencontra un sergent endurci de la Wehrmacht, à cheval, précédé d'un simple soldat à pied, un Russe. Le sergent baissa les yeux sur Damski et lui demanda avec un large sourire :

— Tiens, et où vas-tu comme ça, mon bonhomme, tout seul ?

Les deux hommes se dévisagèrent un moment en silence, et Damski comprit que le sergent avait deviné qu'il s'enfuyait. Sans cesser de sourire, le sous-officier reprit :

— Tu ferais mieux de venir avec nous, va.

Damski n'en fut pas surpris. Tout en marchant, il songea amèrement qu'il n'avait jamais eu de chance et que ça ne changeait pas.

Quinze kilomètres plus loin, aux environs de Caen, le soldat Wilhelm Voigt, d'un groupe mobile de transmissions, se demandait lui aussi comment se rendre. Voigt avait vécu dix-sept ans à Chicago, mais il ne s'était jamais fait naturaliser. En 1939, sa femme, qui était allée voir sa famille en Allemagne, dut y rester pour soigner sa mère malade. En 1940, contre les conseils de tous ses amis, Voigt partit la chercher. Incapable de gagner l'Allemagne en guerre par les chemins normaux, il effectua un voyage tortueux à travers le Pacifique jusqu'au Japon, puis de Vladivostok à Moscou par le Transsibérien. De là, il gagna la Pologne, et enfin l'Allemagne. Cela lui demanda près de quatre mois. Une fois arrivé, Voigt ne put plus repartir. Sa femme et lui étaient pris au piège. En ce Jour J, pour la première fois depuis quatre ans, il entendait dans ses écouteurs des voix américaines. Depuis des heures, il préparait la phrase qu'il dirait en apercevant les premiers soldats américains. Il courrait au-devant d'eux et leur crierait :

— Salut, les copains, je suis de Chicago !

Mais son unité était trop loin du front. Il avait accompli presque le tour du monde, rien que pour revenir à Chicago — et maintenant il ne pouvait rien faire, que de rester assis dans son camion pour écouter ces voix, si proches, qui, pour lui, signifiaient « patrie » [1].

☆

Derrière Omaha Beach, le major Werner Pluskat haletait au fond d'un fossé. Il était presque méconnaissable, son casque perdu, son uniforme en lambeaux, sa figure meurtrie et sanglante. Depuis plus d'une heure et demie qu'il avait quitté son blockhaus de Sainte-Honorine pour regagner son P.C., Pluskat rampait à travers un *no man's land* d'apocalypse. Des centaines de chasseurs, volant en rase-mottes au-dessus des dunes, tiraient sur tout ce qui remuait, et les grosses pièces de la marine ne cessaient de canonner le secteur. Sa Volkswagen se trouvait quelque part derrière lui, amas de ferrailles tordues et fumantes. De la fumée s'élevait en tourbillons des haies et des cultures incendiées. Çà et là, Pluskat avait vu des tranchées pleines de cadavres de soldats, fauchés par l'artillerie ou mitraillés par les avions. Lui aussi avait été mitraillé. Il pensait avoir couvert à peine seize cents mètres et se trouver à cinq kilomètres de son P.C. d'Etreham. Péniblement, il avançait. Devant lui, il aperçut une ferme. En l'atteignant, pensa-t-il, il bondirait de son fossé, traverserait la cour de ferme au galop et mendierait un verre d'eau aux habitants. En approchant, il fut stupéfait de voir deux Françaises tranquillement assises sur le pas de leur porte, comme si la mitraille ne pouvait les atteindre. Elles le

1. Voigt ne revit jamais Chicago. Il habite toujours en Allemagne, où il travaille à la Pan-American Airways.

regardèrent et l'une d'elles, avec un rire méprisant, lui lança :

— *C'est terrible, n'est-ce pas*[1] *?*

Pluskat passa en rampant, le rire sonnant à ses oreilles. A cet instant, il haïssait les Français, les Normands et toute cette sacrée guerre.

☆

Le caporal Anton Wuensch, du 6e régiment de parachutistes, vit le parachute accroché aux branches d'un arbre. Il était bleu et un grand sac de toile se balançait dessous. On entendait au loin un tir de mitrailleuse nourri, mais si éloigné que Wuensch et son unité n'avaient rien vu de l'ennemi. Ils marchaient depuis près de trois heures et se trouvaient alors dans un petit bois, au-dessus de Carentan, à une quinzaine de kilomètres au sud-ouest d'Utah Beach.

Le caporal Richter regarda le parachute et dit :

— Ça, c'est aux Américains. Ça doit contenir des munitions.

Le soldat Fritz « Fridolin » Wendt, lui, pensait que ce devait être de la nourriture, et il mourait de faim. Wuensch leur conseilla de rester dans le fossé pendant qu'il ramperait devant. C'était peut-être une ruse; il pouvait y avoir une embuscade, l'objet pouvait être miné.

Wuensch effectua une reconnaissance prudente. Puis, sûr que le secteur était calme, il fixa deux grenades à l'arbre et arracha les goupilles. L'arbre s'écrasa au sol entraînant le container du parachute. Wuensch attendit, mais les explosions n'avaient pas l'air d'avoir attiré l'attention. Il fit signe à ses camarades et leur cria :

— Voyons un peu le cadeau des oncles d'Amérique !

Fridolin courut en avant, le couteau à la main, et déchira vivement la toile. Son visage s'illumina :

— *Mein Gott !* De quoi manger ! C'est de la mangeaille !

Pendant une demi-heure, les sept parachutistes endurcis se crurent au paradis. Ils trouvèrent des boîtes d'ananas et de jus d'orange, du chocolat et des cigarettes, et tout un assortiment de victuailles dont ils avaient oublié l'exis-

1. En français dans le texte.

tence. Fridolin se goinfra. Il essaya même d'avaler du Nescafé et de le faire passer avec du lait condensé.

— Je sais pas ce que c'est, dit-il, mais c'est rudement bon.

Enfin, sourd aux protestations de Fridolin, Wuensch déclara qu'ils feraient mieux de « se remuer et de rejoindre la guerre ». Rassasiés, les poches pleines de cigarettes, Wuensch et ses hommes sortirent du bois et se dirigèrent en file indienne vers le bruit de la fusillade. Quelques minutes plus tard, ce fut la guerre qui les rejoignit. Un des hommes de Wuensch tomba, une balle dans la tempe. Ils se ruèrent tous à l'abri, tandis que les balles sifflaient autour d'eux.

Soudain, un des hommes montra un arbre du doigt.

— Regardez ! Je suis sûr que j'ai vu un tireur là-haut !

Wuensch prit ses jumelles, les braqua sur la cime des arbres et fouilla méthodiquement le feuillage. Il crut discerner un léger mouvement dans un arbre, mais il n'en était pas certain. Longuement, sans bouger, il examina l'endroit. Le feuillage s'agita encore. Il prit son fusil et s'écria :

— On va bien voir !

Il tira. Au début, Wuensch crut qu'il l'avait manqué car le tireur semblait descendre de son arbre. Wuensch visa encore, en grommelant à haute voix :

— Cette fois, mon garçon, je ne te raterai pas.

Il vit les jambes du tireur, puis son torse. Wuensch tira, tira encore, et encore. Très lentement, le tireur se renversa et tomba de l'arbre. Les soldats de Wuensch poussèrent des vivats et se précipitèrent tous vers le cadavre. Ils se penchèrent sur le premier parachutiste américain qu'ils voyaient. « Il était brun, très beau et très jeune », rappelle Wuensch.

Le caporal Richter fouilla les poches du mort et trouva dans son portefeuille deux photos et une lettre. Wuensch se souvient que l'une des photos représentait « le soldat assis à côté d'une fille et nous en conclûmes tous que ce devait être sa femme ». L'autre cliché représentait « le jeune homme et la fille assis sous un véranda avec d'autres personnes, sans doute la famille ». Richter voulut empocher les photos et la lettre. Wuensch lui demanda :

— Qu'est-ce qui te prend ?

— Je pensais que je pourrais renvoyer tout ça à l'adresse qu'il y a sur l'enveloppe, après la guerre.

Wuensch lui dit qu'il était fou.

— On va peut-être être faits prisonniers par les Américains et s'ils trouvent ces trucs-là sur toi...

Il acheva sa phrase d'un geste significatif, du doigt passé en travers de la gorge et ajouta :

— Laisse ça pour les toubibs, et tirons-nous de là.

Tandis que les hommes s'éloignaient, Wuensch demeura un moment penché sur l'Américain, inerte et flasque « comme un chien écrasé ». Puis il courut après ses hommes.

☆

A quelques kilomètres de là, une voiture d'état-major allemande, son fanion noir-blanc-rouge flottant au vent, fonçait, le long d'une route secondaire, vers le petit village de Picauville. Il y avait presque sept heures que le général Wilhelm Falley, de la 91e division aéroportée, se trouvait dans sa Horch, avec son aide de camp et son chauffeur, depuis le moment où il était parti pour Rennes et les manœuvres, un peu avant une heure du matin. A un moment donné, vers trois ou quatre heures, le vrombissement continu des avions et les lointains éclatements de bombes avaient inquiété Falley et l'avaient poussé à faire demi-tour.

Ils n'étaient plus qu'à quelques kilomètres du QG, au nord de Picauville, quand une rafale de mitrailleuse fit éclater le pare-brise. Falley vit son aide de camp, assis à côté du chauffeur, tomber en avant. La voiture fit une embardée, dérapa et alla s'écraser contre un mur bas. Les portières s'ouvrirent sous la violence du choc, le chauffeur et l'aide de camp furent éjectés. Le fusil du général lui glissa des genoux. Le chauffeur, secoué et commotionné, vit plusieurs Américains qui se précipitaient vers l'auto. Falley hurlait : « Ne tirez pas ! Ne tuez pas ! », mais il continuait néanmoins de ramper vers son fusil. Un coup de feu claqua, Falley s'effondra sur la route, une main tendue vers le fusil.

Le lieutenant Malcolm Brannen, de la 82e aéroportée américaine, se pencha sur le cadavre. Puis il ramassa la casquette. A l'intérieur, le cuir portait un nom à l'encre « Falley ». L'Allemand portait un uniforme gris-vert avec une bande rouge le long de la culotte. Il avait des épaulettes d'or et des écussons rouges à feuilles de chêne d'or au col de son dolman. Une Croix de Fer pendait au cou, fixée sur un large ruban noir. Brannen n'en fut pas certain, mais il eut bien l'impression d'avoir tué un général.

☆

Sur le terrain d'aviation près de Lille, le lieutenant-colonel aviateur Joseph Priller et le sergent Heinz Wodarczyk coururent vers leurs deux chasseurs solitaires FW-190. Le P.C. du 2e Corps d'aviation de chasse avait téléphoné pour annoncer :

— Priller, le débarquement est commencé. Vous feriez bien d'y aller en vitesse.

— Ça, c'est le bouquet ! avait explosé Priller. Bougres d'ânes ! Qu'est-ce que vous voulez que je foute avec deux taxis ? Où est mon escadrille ? Vous ne pouvez pas me la rappeler ?

L'officier d'opérations ne s'était pas démonté. D'une voix apaisante, il avait répondu :

— Nous ne savons pas encore très bien où votre escadrille s'est posée, Priller, mais nous allons la diriger sur le terrain de Poix. Transférez-y immédiatement tout votre personnel de base. En attendant, vous feriez bien d'aller faire un tour dans le secteur du débarquement. Bonne chance, Priller.

Aussi calmement que le lui permettait sa fureur, Priller demanda :

— Est-ce que ça vous ennuierait beaucoup de me dire où a lieu ledit débarquement ?

Toujours aussi imperturbable, l'officier répondit :

— En Normandie, mon cher. Quelque part du côté de Caen.

Il fallut près d'une heure à Priller pour préparer le transfert de son personnel à terre. A ce moment, Wodarczyk et lui étaient prêts — prêts à partir pour l'unique contre-attaque de la Luftwaffe du Jour J contre l'invasion [1].

Juste avant de monter dans les avions, Priller s'approcha de son sergent et lui déclara :

— Ecoutez, mon vieux, nous ne sommes que deux. Nous ne pouvons pas nous permettre de nous séparer. Pour l'amour du ciel, faites exactement comme moi. Volez derrière moi et suivez mes moindres mouvements.

Il y avait bien longtemps qu'ils faisaient équipe ensemble, et Priller jugea qu'il devait préciser la situation. Aussi ajouta-t-il :

— Nous y allons seuls — et je ne pense pas que nous en reviendrons.

Ils décollèrent à 9 heures (8 à l'heure allemande), et foncèrent vers le sud, à basse altitude. A la verticale d'Abbeville, très haut dans le ciel au-dessus d'eux, ils virent les premiers chasseurs alliés. Priller remarqua qu'ils ne volaient pas en formations serrées, comme ils auraient dû. Il se souvient d'avoir pensé : « Si seulement on avait des avions, ils seraient cuits. » En approchant du Havre, Priller monta au-dessus des nuages. Ils volèrent encore pendant quelques minutes, puis piquèrent à nouveau. Quand ils surgirent des nuages un spectacle fantastique se présenta à leur vue. Au-dessous d'eux s'étalait une flotte incroyable — des centaines de navires de toutes tailles et de toutes sortes, qui s'étiraient, semblait-il, à travers toute la Manche. De longues colonnes d'embarcations débarquaient des troupes sur le rivage; Priller put voir les panaches blancs des explosions jusqu'au-delà des dunes. Les plages étaient couvertes de soldats, de chars et de matériel. Priller remonta à l'abri des nuages pour réfléchir. Il y avait tant d'avions, tant de bâtiments de guerre au large, tant d'hommes à terre que, pensa-t-il, il pourrait tout au plus effectuer un survol avant d'être abattu.

Le silence à la radio n'avait plus sa raison d'être. Pres-

---

1. Certains récits prétendent que huit bombardiers JU-88 attaquèrent les plages pendant le débarquement initial. Des bombardiers survolèrent les plages dans la nuit du 6 au 7 juin, mais je n'ai pu découvrir aucun rapport de raids autres que celui de Priller, dans la matinée du Jour J.

que joyeux, le cœur léger, Priller empoigna son micro et s'écria :

— Quel cirque ! Non, mais quel spectacle ! Il y a de tout là-dessous, de tout, dans tous les coins. Croyez-moi, mon vieux, c'est le débarquement ! Wodarczyk ! On y va ! Bonne chance, mon vieux !

Ils piquèrent vers les plages britanniques, dans un hurlement aigu, à plus de six cents à l'heure, jusqu'à moins de trente mètres. Priller n'avait pas le temps de viser. Il appuya simplement sur son bouton de contrôle et sentit ses mitrailleuses crépiter. Rasant les têtes des soldats, il aperçut des visages levés, stupéfaits.

A Sword Beach, le commandant Philippe Kieffer, du commando français, vit arriver Priller et Wodarczyk. Il se jeta à l'abri. Six prisonniers allemands profitèrent du désordre pour tenter de s'enfuir. Les hommes de Keiffer les fauchèrent promptement. A Juno Beach, le soldat Robert Rogge, de la 8e brigade d'infanterie canadienne, entendit le hurlement des avions et les vit venir « si bas que je pouvais voir la tête des pilotes ». Il se jeta à plat ventre, comme tout le monde, mais fut suffoqué de voir un homme « tout tranquillement debout, qui leur tirait dessus avec sa Sten ». A l'extrémité est d'Omaha, l'enseigne de vaisseau américain William J. Eisemann ne put retenir une exclamation quand les deux FW-190, mitrailleuses crépitantes, piquèrent « à moins de quinze mètres et foncèrent à travers le barrage de ballons ». A bord du croiseur *Dunbar,* le chauffeur Robert Dowie regarda avec ahurissement tous les canons antiaériens de la flotte ouvrir le feu sur Priller et Wodarczyk. Les deux chasseurs passèrent sans dommage à travers les projectiles, virèrent vers la côte et se perdirent dans les nuages.

— Fritz ou pas, murmura Dowie, incrédule, je vous souhaite bonne chance. Vous ne manquez pas de cran !

CHAPITRE IV

TOUT au long de la côte normande, l'offensive faisait rage. Pour les Français, pris dans la bataille, ce furent des heures de chaos, de jubilation et de terreur. Autour de Sainte-Mère-l'Eglise, alors sérieusement bombardée, les parachutistes de la 82e virent des paysans travailler tranquillement aux champs comme si rien ne se passait. De temps en temps, il en tombait un, mort ou blessé. Dans la petite ville, d'autres paras regardèrent le coiffeur du pays décrocher de sa boutique un panneau sur lequel on lisait « Friseur », pour le remplacer par son enseigne habituelle.

A quelques kilomètres de là, dans le petit hameau de La Madeleine, Paul Gazengel souffrait et se sentait affreusement amer. Non seulement le bombardement avait emporté le toit de son épicerie-buvette, mais il avait été blessé, et maintenant les troupes de la 4e division l'emmenaient vers Utah Beach, en même temps que sept autres hommes.

— Pourquoi emmenez-vous mon mari ? demanda sa femme au jeune lieutenant qui commandait.

— Pour l'interroger, Madame, répondit l'officier dans un français impeccable. Nous ne pouvons pas le faire ici, aussi les emmenons-nous en Angleterre.

Mme Gazengel n'en crut pas ses oreilles.

— En Angleterre ! Mais pourquoi ? Qu'est-ce qu'il a fait ?

Le jeune officier se sentit gêné. Il expliqua patiemment qu'il ne faisait qu'obéir aux ordres. Mme Gazengel se mit à pleurer.

— Mais si mon mari se fait tuer dans les bombardements ? gémit-elle.

— Il y a quatre-vingt dix chances sur cent pour que cela n'arrive pas, Madame, lui affirma le petit lieutenant.

Gazengel embrassa sa femme et partit. Il ne comprenait pas du tout de quoi il s'agissait — et il ne devait jamais l'apprendre. Deux semaines plus tard, il serait de retour en Normandie, renvoyé par ses ravisseurs américains avec l'excuse boiteuse que « c'était une erreur ».

Jean Marion, chef de secteur de la Résistance de la ville balnéaire de Grandcamp, rongeait son frein et se sentait volé. Il voyait la flotte au large d'Utah Beach, à sa gauche, et devant Omaha, à sa droite, et savait que des troupes débarquaient. Mais Grandcamp paraissait oublié. Toute la matinée, il attendit en vain l'arrivée des soldats. Son cœur s'allégea cependant quand sa femme lui montra un destroyer qui évoluait lentement pour se mettre en position de tir devant la localité.

— Le canon ! s'exclama Marion. Le canon que je leur ai signalé !

Quelques jours plus tôt, il avait prévenu Londres qu'une petite pièce d'artillerie avait été mise en place en bordure du littoral, avec un champ de tir limité à ce qui était devenu Utah Beach. Marion eut la certitude que son message avait bien été reçu, car il vit le destroyer manœuvrer habilement dans l'angle mort du canon et se mettre à tirer. Les larmes aux yeux, Marion faisait un bond chaque fois que le destroyer crachait son feu.

— Ils ont reçu le message ! criait-il. Ils l'ont reçu !

Le destroyer — peut-être le *Herndon* — lançait obus sur obus. Soudain, il y eut une violente explosion quand les munitions de la petite pièce sautèrent.

— Merveilleux ! s'exclama Marion au comble de la surexcitation. Magnifique !

A Bayeux, à une vingtaine de kilomètres plus loin, Guillaume Mercader, chef du service de renseignements de la Résistance dans le secteur d'Omaha Beach, se tenait à la fenêtre de son salon avec sa femme Madeleine. Mercader avait du mal à refouler ses larmes. Après quatre années terribles, le gros des troupes allemandes logées en ville avait l'air de décamper. Il entendait au loin la canonnade et savait que de durs combats se livraient. Il mourait d'envie de rassembler ses maquisards et de bouter dehors le reste des Nazis. Mai à la radio, on leur avait enjoint le calme et répété qu'il ne devait y avoir aucun soulèvement. C'était difficile, mais Mercader avait appris à savoir attendre.

— Nous serons bientôt libérés, dit-il à sa femme.

A Bayeux, tout le monde semblait éprouver les mêmes sentiments. Bien que les Allemands eussent placardé des affiches ordonnant aux habitants de rester chez eux, les gens se rassemblaient ouvertement dans la cour de la cathédrale pour écouter un prêtre qui donnait des nouvelles du débarquement. De son poste d'observation, il pouvait nettement voir les plages : les mains en porte-voix, il hurlait du haut de son clocher.

Parmi ses auditeurs, il y avait eu Anne-Marie Broeckx, la petite jardinière d'enfants, de dix-neuf ans, qui allait trouver un mari parmi les premiers envahisseurs américains. A sept heures du matin, elle avait tranquillement enfourché sa bicyclette pour se rendre à la ferme de son père, à Colleville, derrière Omaha Beach. Pédalant furieusement, elle dépassa des nids de mitrailleuses allemandes et croisa des troupes qui marchaient vers la côte. Des soldats lui firent gaiement signe, d'autres lui conseillèrent de ne pas aller plus loin, mais personne ne l'arrêta. Elle vit des avions passer en rase-mottes en lâchant des rafales de mitrailleuse; des Allemands s'abritèrent, mais Anne-Marie, les cheveux flottant au vent, la jupe en corolle autour des cuisses, poursuivit son chemin. Elle n'avait pas peur. Il ne lui vint pas à l'idée qu'elle pût être en danger.

Elle arriva ainsi à un kilomètre de Colleville. Les routes étaient désertes. Des nuages de fumée se rabattaient vers l'intérieur des terres. Çà et là, des broussailles brûlaient. Puis elle vit les ruines de plusieurs fermes. Pour la première fois, Anne-Marie fut saisie d'effroi. Elle appuya de plus belle sur les pédales. Quand elle atteignit le carrefour aux abords de Colleville, elle était complètement affolée. Le tonnerre de la bataille roulait tout autour d'elle et la région tout entière lui paraissait abandonnée. La ferme de son père se trouvait entre Colleville et la plage. Anne-Marie décida de poursuivre à pied. Elle prit sa bicyclette sur son épaule et partit à travers champs. Puis, en escaladant un monticule, elle aperçut la ferme paternelle — intacte. Elle courut tout le restant du chemin.

Tout d'abord, Anne-Marie crut la ferme abandonnée,

car elle ne voyait aucun signe de vie. Elle se précipita dans la cour en appelant ses parents. Les vitres de la maison avaient été soufflées. Une partie du toit s'était effondrée et il y avait un grand trou dans la porte. Soudain, le battant déchiqueté s'ouvrit et elle aperçut son père et sa mère. Elle se jeta dans leurs bras.

— Fillette, lui dit son père, c'est un grand jour pour la France.

Anne-Marie éclata en sanglots.

A huit cents mètres de là, un soldat de première classe de dix-neuf ans, Leo Heroux, luttait pour sa vie dans l'enfer d'Omaha Beach. C'était l'homme qui devait épouser Anne-Marie [1].

Pendant que l'offensive alliée faisait rage en Normandie, un des principaux chefs de la Résistance pestait dans un train aux abords de Paris. Leonard Gille, chef-adjoint du service de renseignements militaire de Normandie, se trouvait dans le train depuis plus de douze heures. Le voyage lui semblait interminable. Le convoi avait rampé dans la nuit, s'arrêtant à toutes les gares. Et maintenant, par une ironie du sort, le chef du service de renseignements apprenait le débarquement par un porteur ! Gille n'avait aucune idée du lieu où ce débarquement s'était produit, mais il avait grand-hâte de rentrer à Caen. Il était furieux qu'après quatre années de lutte et de travail dans l'ombre, ses supérieurs eussent justement choisi ce jour entre tous pour l'envoyer dans la capitale. Et ce qui l'enrageait plus encore, c'était qu'il ne pouvait descendre de ce train. Le prochain arrêt était Paris.

A Caen, cependant, sa fiancée Janine Boitard s'affairait depuis qu'elle avait appris la nouvelle. A sept heures, elle réveilla les deux pilotes de la R.A.F. qu'elle cachait.

— Dépêchons-nous, leur dit-elle. Je vous emmène dans une ferme, à Gavrus. C'est à douze kilomètres.

Les deux Anglais se montrèrent navrés en apprenant leur destination. La liberté n'était qu'à dix kilomètres d'eux, et voilà qu'on les éloignait vers l'intérieur. Gavrus

1. Anne-Marie est une épouse de guerre qui n'est pas allée en Amérique. Leo Heroux et elle continuent de vivre à l'endroit où ils ont fait connaissance le 8 juin — à la ferme Broeckx, à Colleville, près d'Omaha Beach. Ils ont trois enfants et Heroux dirige une auto-école.

se trouvait au sud-ouest de Caen. Un des Anglais, le lieutenant-colonel K.T. Lofts, pensait qu'ils devraient tenter leur chance et pousser vers le nord, au-devant de leurs troupes.

— Patience, leur dit Janine. La région entre ici et la côte est infestée d'Allemands. Il est plus raisonnable d'attendre.

Peu après sept heures, ils se mirent en route à bicyclette, les deux Anglais vêtus comme des paysans. Le trajet s'effectua sans histoires. Bien qu'ils fussent arrêtés à plusieurs reprises par des patrouilles allemandes, leurs faux papiers d'identité soutinrent ces épreuves et ils purent passer. A Gavrus, la responsabilité de Janine s'arrêtait — elle avait sauvé deux pilotes de plus. Elle aurait aimé poursuivre la route avec eux, mais elle devait retourner à Caen, pour attendre les prochains pilotes abattus qui emprunteraient la route de l'évasion, et la libération qu'elle savait proche, à présent. Elle leur fit un dernier salut de la main, enfourcha sa bicyclette et s'éloigna.

Dans la prison de Caen, Amélie Lechevalier, qui attendait l'heure de son exécution pour avoir contribué à sauver des pilotes alliés, entendit un murmure quand son écuelle de soupe fut glissée par le judas.

— Espérez, dit la voix. Espérez. Les Anglais ont débarqué.

Mme Lechevalier se mit à prier. Elle se demanda si Louis, son mari, dans une cellule voisine, avait entendu la nouvelle. Des explosions s'étaient fait entendre toute la nuit, mais elle avait cru à un simple bombardement. Maintenant, ils avaient une chance; peut-être seraient-ils sauvés avant qu'il ne fût trop tard.

Soudain, Mme Lechevalier entendit du bruit dans le corridor. Elle se glissa à genoux contre la porte, colla son oreille à la rainure et entendit les mots « *Raus ! Raus !* » inlassablement répétés. Puis il y eut un grand brouhaha de pas, des claquements de portes de cellules, et le silence retomba. Quelques minutes plus tard, au-dehors, elle entendit un tir de mitrailleuse prolongé.

Les gardiens, tous de la Gestapo, étaient pris de panique. En apprenant le débarquement, ils avaient installé deux mitrailleuses dans la cour de la prison. Par groupes de dix, les prisonniers masculins furent tirés de

Quelques minutes avant l'heure H. On aperçoit déjà Omaha Beach. Giflés par l'embrun, les hommes sont accroupis dans la péniche de débarquement des Coast Guards qui se rue à l'assaut de la plage.

703

[CI-DESSUS] *Une vague d'assaut de petites embarcations fendant les vagues, devant le croiseur* USS Augusta. *Sur le pont du croiseur* [CI-CONTRE, EN HAUT] *le général Omar N. Bradley, avec des lunettes, commandant la 1re* Armée U.S., *regarde les embarcations se diriger vers leur pont de débarquement à Omaha Beach. A ses côtés, le contre-amiral Alan Kirk, commandant de l'opération Overlord.* [CI-CONTRE, AU MILIEU] *Une péniche de débarquement est frappée de plein fouet et prend feu devant Omaha Beach. Les survivants d'une autre embarcation endommagée gagnent la terre difficilement, à bord d'un radeau pneumatique* [CI-CONTRE, EN BAS].

10

[CI-CONTRE, EN HAUT A GAUCHE] *L'heure H, à Omaha Beach. Les troupes d'assaut barbottent dans les vagues, entre les obstacles, sous le feu de l'ennemi. Cette photo, prise par le regretté Bob Capa de Life, est probablement la photo la plus souvent reproduite du Jour J* WIDE WORLD

[CI-CONTRE, AU MILIEU] *L'heure H, plus quinze minutes. Terrassés par le feu ennemi, les hommes cherchent refuge derrière les obstacles.* COLLECTION JOHN T. O'NEIL

[CI-CONTRE, EN BAS] *25 minutes après l'heure H. Les hommes du Génie du Groupe d'Assaut 10 avancent. Remarquez les soldats courbés derrière les obstacles et se mettant à l'abri derrière un tankdozer du Génie.* COLLECTION JOGN T. O'NEIL

[CI-DESSOUS]. *Les blessés d'Omaha Beach à l'abri derrière le «Mur de l'Atlantique», attendant d'être évacués.*

Headquarters 1st Infantry Division
APO # 1, U. S. Army
G-3 Journal
Appendix V

From 0001B

Date; 6 June 1944

Time:

To.: 2400B

CP Location: USS ANCON, ENGLISH CHANNEL
off Coast of France

Time	No.	From	Synopsis	Rec'd Via	Disposition #
0230	1		Arrived in Transport Area at 0230.		
0251	2		Dropped Anchor at 0251.		
0630	3	CG	Land CT 115 at H/4 unless otherwise directed.		Comdr CTF 124
0708	4		1st wave landed 0635 2d wave landed 0636	Rad	J
0830	5		16 Inf and 116 Inf touched down 060635.	Rad	J
0630	6	Talley	It 1 DUKW No one waterborne	Rad	V Corps & J
0636	7	Talley	It 3 Dog Dogs Lauached Saw empty LCT returning.	Rad	V Corps & J
0655	8	PC552	NK First wave foundered.	Rad	Navy & J
0702	9	Javelin	LCA unit is landing half on DOG GREEN half on CHARLIE.	Rad	Navy & J
0700	10	Talley	Brilliant white flare seen near POINTE DE HOE.	Rad	V Corps & J
0641	11	PC 552	Entire first wave foundered.	Rad	Chase & J
0807	17	Thomas Jefferson	Returning boats report floating mines near beach endangering landings. Many boats have swamped because of them. Many persons in water.	Rad	COMTRANSDIV 3 & J
0730	23	DC/S V Corps	LCIL 94 and 493 landed 0740. Firing heavy on beach.	Rad	V Corps & J
0838	24	Control Vessel Dog Red	The obstacles are mined. No chance of destroying mines by demolition yet.	Rad	J
0816	25	LCT 535	There are DUKWS in distress between here and the beach.	Rad	Ancon & J
0710	27	CTG 124.4 (Rngr Co)	Two LCTS knocked out by enemy btry back of center of Beach Dog Green.	Rad	Ancon & J
0809	28	Control Craft	All of DD Tks for Fox Green beach sank between disembarkation point and line of departure.	Rad	CG, G-3, J
0824	29	CTG 124.9	Btrys at MAISY still in commission. Being kept under fire.	Rad	CG, G-3, J
0830	30	50th Div	Request progress of your trs. Progress of 50th Div going according to plan.	Rad	CG, G-3, J
0833	31	LCT 538	Failed to unload due to indirect fire of 88's. Hit. 5 Army casualties.	Rad	PC 617, G-3, J

0843	32	V Corps	Wave Claude & Eric touched down at 0720. Obstacles not breached. Four tks held up by enemy fire, heavy this area. Wave E & C forced to withdraw. Casualties appeared heavy.	Rad	CG V Corps, CG, G-3, J.
0849	34	1st Bn 116Ct	Held up by enemy MG fire. Request fire support.	Rad	Co CT 116, CG, G-3, J
0859	35	Rngr Co	Brit Off reports on Dog Green Beach. Heavy MG fire. Obstacles not cleared.	Rad	CG, G-3, J.
0910	36	Rngr Co	Tide rising rapidly. Obstacles still on beach. Need demolition squad.	Rad	CG, G-3, J.
0909	44	CG	Enemy btry back of center of beach Dog Green. Find and Silence.	Rad	CTG, 124. 9
0930	46	Prince Leopold	Rngrs landed safely. Heavy opposition. Beach not cleared of obstruction. Very dangerous for LCA's.	Rad	Prince Charles, CG, G-3, J.
	48	Control Vessel	Do not know whether firing on beach is friendly or enemy. Keeping LCI'S from landing.	Rad	USS Chase, CG, G-3, J.
0945	49	Div Bat 5	Btrys at MAISY completely destroyed.	Rad	CG, G-3, J.
0946	50	CG	Firing on Beach Easy Red is keeping LCI's from landing.	Rad	CTG 124.8, J.
0950	52	ACG	Beach too many vehs. Send combat trs.	Rad	CG, G-3, J.
0955	63	CTG 124.8	Control vessel reports many wounded at DOG RED beach needing immediate evacuation. Many LCTS standing by bouy but cannot unload because of heavy shell fire on beach.	Rad	CTF 124 ... ~~V Corps & J.~~
1040	75	CG 1st Div	Reinforce 2d Bn 16th Inf at once.	Rad	Co. CT 18, & J
	76	Beachmaster Easy Red	Send in H Plus 195 wave at once.	Rad	Ancon & J
1115	93	Comdesron 18	Inf advancing send reinforcements. Also Dog Green needs inf.	Rad	CG & CTG 124.9, G-3 & J
1137	99	Thomas Jefferson	Fire support on Easy Green beach reported excellent. Germans reported leaving positions and surrendering to American soldiers.	Rad	Comtransdiv 3, CG, G-3, J.
1320	154	CG	16th Inf at COLLEVILLE SUR MER 687882. Other units progressing slowly- Beaches not yet clear of fire 061315.	Rad	50 Div & J.
1341	155	Navy	Beaches DOG GREEN WHITE RED are entirely clear of opposition and ready for landing trs. No opposition on beach. EASY GREEN AND RED trs ashore apparently waiting infantry reinforcements. All fire support ships are waiting on Army for target assignments. Request you get this info to Army ashore.	Rad	CG & J.

Fac-similé des pages du Journal d'opérations de la 1re Division U.S. donnant minute par minute le récit des sept heures critiques d'Omaha Beach, jusqu'au moment où les troupes commencèrent d'avancer vers l'intérieur, à treize heures environ. On peut remarquer que, pendant les premières vingt-cinq minutes du débarquement, le Patrouilleur 552, dans les messages numérotés 8 et 11, signale que toute la première vague d'assaut avait été anéantie. COLLECTION DE L'AUTEUR

[CI-DESSUS] *Des hommes de la 4ᵉ Division U.S. avançant dans l'eau vers Utah Beach. Les premières vagues n'eurent à souffrir que de légères pertes, mais plus tard dans la matinée, l'artillerie lourde pilonna la plage.*
[CI-DESSOUS] *Des médecins militaires de la 4ᵉ Division soignent les blessés sur le sable.*

« Écoutez, mon vieux, on n'est rien que nous deux. On ne peut pas se permettre de se séparer. Alors, pour l'amour de Dieu, faites exactement comme moi. Volez derrière moi, et imitez mes moindres mouvements. On va y aller tous les deux, seuls — et je doute qu'on en revienne. » Telles furent les instructions données par le commandant d'escadrille Josef Priller [CI-CONTRE] *à son subordonné, le sergent Heinz Wodarczyk, avant de décoller pour l'unique attaque de la Luftwaffe effectuée pendant le premier débarquement allié.*

COLLECTION DE L'AUTEUR

Des obus allemands de 88 éclatent au milieu des troupes d'assaut à Utah Beach. Au premier plan, à droite, les hommes se tassent à l'abri contre le « Mur de l'Atlantique ».

Des Rangers conduisent des prisonniers allemands le long d'un sentier de la falaise, après la relève des forces du colonel Rudder au Jour J + 2. Le drapeau américain a été placé là pour éviter que les troupes soient mitraillées ou bombardées par leurs propres hommes.

Le général Raymond O. Barton [AU CENTRE] *commandant la 4e Division, tient conférence à son premier P.C., à 300 mètres d'Utah Beach, à l'intérieur des terres. A sa droite, en bonnet de laine, les mains dans les poches, le général de brigade Theodore Roosevelt, commandant de division adjoint, qui débarqua avec la première vague d'assaut. A sa gauche, le lieutenant-colonel Clarence G. Hupfer, commandant le 76e Bataillon de chars.* COLLECTION GÉNÉRAL BARTON

[A GAUCHE] *L'héroïque général de brigade Norman Cota, adjoint au commandant de la 29e Division, qui, méprisant totalement le feu de l'ennemi, arpenta calmement la plage d'Omaha, tête haute, et fouetta l'avance de la 29e Division vers l'intérieur.*

[A DROITE] *Le major Werner Pluskat, commandant la batterie allemande d'Omaha Beach, qui aperçut le premier l'immense flotte alliée, de son Bunker avancé situé au centre même de la future tête de pont alliée.*

COLLECTION DE L'AUTEUR

Les troupes britanniques débarquent sous les obus et la mitraille. Le nom de la plage n'est pas précisé, mais il doit s'agir de Gold Beach. A noter, sur la gauche, les blessés dans l'eau et d'autres hommes en train de s'abattre tandis que, sur la droite, un soldat marche tranquillement sur le sable. Cette photo est une des plus authentiquement humaines du Jour J, car elle montre ce qui est resté gravé dans la mémoire de tous ceux qui ont participé au débarquement — la mort subite d'une part, et une fausse sécurité d'autre part. WIDE WORLD

[EN HAUT] *Des troupes canadiennes serrées dans une péniche de débarquement filant vers Juno Beach. Sur la gauche de la photo, on peut voir les bicyclettes démontables.* [EN BAS] *Précédées de tanks amphibies, leur « ceinture de sauvetage » pneumatique maintenant dégonflée, des troupes britanniques se ruent à l'assaut d'une plage non identifiée — probablement la moitié ouest de Sword Beach.*

Cette photo rarissime est historique. Elle est absolument inédite et montre le colonel Ernest R. Dupuy, chef du service de presse d'Eisenhower, se levant pour apprendre au monde par radio la nouvelle que tout l'univers attend — le débarquement allié en Europe. Il était exactement neuf heures trente-trois du matin, le 6 juin 1944.
COLLECTION ERNEST DUPUY

[CI-CONTRE] *Le plus grand succès américain du Jour J fut le débarquement d'Utah Beach. Les troupes de la 4e Division avancèrent vers l'intérieur plus vite qu'on n'avait jamais osé le rêver. On voit sur ce cliché, les soldats pataugeant à travers les régions inondées vers le point de ralliement avec les parachutistes. Au bord de la route, un spectacle qui devait devenir trop familier, à mesure que la bataille de Normandie progressait — des cadavres de soldats, tant alliés qu'allemands.*

[EN HAUT] *Au crépuscule du Jour J, les troupes d'Utah Beach regardent passer les trains de planeurs venus renforcer les troupes aéroportées encore encerclées.*

Le commencement de la fin, pour le Troisième Reich d'Hitler. Une colonne de prisonniers allemands descendant vers Omaha Beach.

TOUS LES CLICHÉS, A PART CEUX PORTANT UNE SPÉCIFICATION, SONT DUS A LA COURTOISIE DU DÉPARTEMENT DE LA DÉFENSE DES ÉTATS-UNIS [MINISTERE DE LA GUERRE].

leurs cellules, plaqués contre un mur et exécutés. Ils avaient été arrêtés pour des motifs divers, parfois faux, parfois bien fondés. Parmi eux se trouvaient Guy de Saint-Pol et René Loslier, cultivateurs; Pierre Audige, dentiste; Maurice Primault, vendeur; le colonel en retraite Antoine de Touchet; Anatole Lelièvre, secrétaire de mairie; Georges Thomine, pêcheur; Pierre Menochet, agent de police; Maurice Dutacq, Achille Boutrois, Joseph Picquenot et son fils, tous cheminots; Albert Anne; Désiré Lemière; Roger Veillat; Robert Boulard... 92 en tout, dont 40 seulement faisaient partie de la Résistance. En cette première journée de la libération française, ces hommes, sans explications, sans jugement, sans interrogatoire, furent massacrés. Parmi eux se trouvait le mari de Mme Lechevalier, Louis.

Le tir dura une heure. Dans sa cellule, Mme Lechevalier se demandait ce qui se passait.

CHAPITRE V

En Angleterre, il était 9 h 30. Toute la nuit, le général Eisenhower avait arpenté le plancher de sa roulotte, attendant les premiers rapports. Il avait essayé de se détendre à sa façon habituelle, en lisant des récits du Far-West, mais sans grand succès. Enfin, les premiers messages arrivèrent. Ils étaient décousus, mais bons dans l'ensemble. Ses commandants de l'Air et de la Marine étaient plus que satisfaits du progrès des troupes sur les cinq plages. Bien que la tête de pont fût encore précaire, il n'aurait pas à rendre public le communiqué qu'il avait calmement rédigé vingt-quatre heures plus tôt. En cas d'échec de l'offensive, Eisenhower avait écrit : « Notre tentative de débarquement dans la région Cherbourg-Le Havre ayant échoué, j'ai ordonné le repli des troupes. Ma décision d'attaquer à cette date et en ce lieu reposait sur les meilleurs renseignements possibles. Les hommes, les forces aériennes et la Marine ont fait preuve d'une bravoure et d'un sens du devoir remarquables. Si une faute a été commise, et si quelqu'un doit en être blâmé, c'est moi et moi seul. »

Mais, certain désormais que ses troupes avaient pris pied sur les plages de débarquement, Eisenhower autorisa la diffusion d'un tout autre communiqué. A 9 h 33, son attaché de presse, le colonel Ernest Dupuis, annonça la nouvelle au monde entier :

— Sous le commandement suprême du général Eisenhower, les forces navales alliées, soutenues par de puissantes forces aériennes, ont commencé ce matin à débarquer des armées alliées sur la côte nord de la France.

C'était l'instant qu'attendait le monde libre, et maintenant que le grand jour était arrivé, les peuples l'accueillirent avec un curieux mélange de soulagement, d'enthousiasme et d'anxiété. Dans son éditorial du Jour J, le *Times* de Londres écrivit : « Enfin, la tension est brisée. »

La majorité des Anglais apprirent la nouvelle pendant leur travail. Dans certaines usines de guerre, le communiqué fut donné par les haut-parleurs. Ouvriers et ouvrières abandonnèrent leurs machines-outils pour entonner le *God Save the King*. Les églises de villages ouvrirent toutes grandes leurs portes. Des inconnus s'adressèrent la parole dans les trains de banlieue. Dans les villes, des civils arrêtèrent des soldats américains pour leur serrer la main. De petits groupes s'agglutinaient aux coins des rues et levaient le nez pour voir passer dans le ciel la plus forte circulation aérienne qu'on eût jamais vue en Angleterre.

Naomi Coles Honour, lieutenant de WREN, la femme du commandant du *X-23*, apprit la nouvelle et sut immédiatement où se trouvait son mari. Un peu plus tard, elle reçut un coup de téléphone d'un des officiers du QG de la Marine :

— George va bien, mais vous ne devinerez jamais ce qu'il fabriquait.

Naomi avait bien le temps de l'apprendre; l'essentiel était qu'il fût en vie.

La mère du matelot breveté de dix-huit ans Ronald Northwood, du navire amiral *Scylla*, se montra tellement surexcitée qu'elle courut chez sa voisine, Mrs. Spurdgeon, pour lui dire que son « Ronald devait être là ». Mais Mrs. Spurdgeon ne se tenait pas pour battue. Elle avait « un parent à bord du *Warspite* » et elle était certaine qu'il y était aussi. (A quelques détails près, la même conversation se tenait à travers toute l'Angleterre.)

Grace Gale, femme du soldat John Gale, qui avait débarqué à Sword Beach avec la première vague, était en train de donner le bain au plus jeune de ses trois enfants quand elle entendit le communiqué. Elle essaya de refouler ses larmes, et ne le put. Elle était sûre que son mari était en France. « O, mon Dieu, murmura-t-elle, ramenez-le-moi. » Puis elle dit à sa fille aînée Evelyn de tourner le bouton de la radio.

— Il ne faut pas déshonorer ton père en nous faisant du souci, dit-elle.

Dans l'atmosphère quasi religieuse de la Westminster Bank à Bridgeport, dans le Dorset, Audrey Duckworth travaillait assidûment et elle n'apprit la nouvelle que bien plus tard dans la journée. C'était aussi bien. Son mari américain, le capitaine Edmund Duckworth, de la 1re division, avait été tué en mettant le pied sur la plage d'Omaha. Il y avait cinq jours qu'ils étaient mariés.

Le général sir Frederick Morgan se rendait en voiture au quartier général d'Eisenhower à Portsmouth quand il entendit le speaker de la BBC prévenir les auditeurs de garder l'écoute pour un communiqué spécial. Morgan dit à son chauffeur de s'arrêter un moment et d'augmenter le volume de la radio. Et l'auteur du plan de débarquement original apprit ainsi la nouvelle de l'offensive.

Aux Etats-Unis, il faisait encore nuit partout quand la nouvelle fut diffusée. Il était 3 h 33 sur la côte de l'Atlantique et 0 h 33 sur le Pacifique. La plupart des gens dormaient. Parmi les premiers à apprendre la nouvelle, il y eut les milliers d'ouvriers des équipes de nuit, les hommes et les femmes qui s'étaient appliqués à fabriquer les canons, les chars, les navires et les avions utilisés pour le débarquement. Dans toutes les immenses usines bourdonnantes, le travail s'arrêta pour une minute de méditation solennelle. Dans un chantier naval de Brooklyn, sous la lumière crue des lampes à arc, des centaines d'hommes et de femmes s'agenouillèrent sur le pont des Liberty ships en construction et récitèrent le *Notre Père.*

Par tout le continent, dans les villes et les villages endormis, des lumières jaillirent. Les rues silencieuses résonnèrent soudain de milliers de radios tonitruantes. Les gens réveillaient leurs voisins pour leur apprendre la nouvelle et il y en eut tant qui téléphonèrent à leurs parents et à leurs amis que les standards furent affreusement embouteillés. A Coffeyville, dans le Kansas, des hommes et des femmes en vêtements de nuit s'agenouillèrent sur le pas des portes et prièrent en chœur. Dans un train, entre Washington et New York, un pasteur fut prié de célébrer un service impromptu. A Marietta, en Georgie, les gens envahirent les églises à quatre heures du matin. La Cloche de la Liberté carillonna à Philadelphie et, à travers toute la Virginie historique, berceau de la 29ᵉ division, les cloches de toutes les églises sonnèrent dans la nuit, comme pendant la Révolution. A Bredfort, en Virginie, petit bourg de 3 800 habitants, la nouvelle prenait une signification particulière. Presque tout le monde avait un fils, un frère, un fiancé ou un mari dans la 29ᵉ. On ne le savait pas encore à Bedford, mais tous les hommes du pays avaient débarqué à Omaha Beach. Sur les quarante-six Bedfordiens du 116ᵉ régiment, il n'en reviendrait que vingt-trois.

Loïs Hoffman, enseigne des WAVE (auxiliaires féminines de la marine américaine), et femme du commandant du *Corry,* était de service à la base navale de Norfolk, en Virginie, quand elle apprit le débarquement. De temps à autre, elle suivait vaguement les déplacements de son mari, grâce à des amis officiers qui avaient accès à la salle des opérations. La nouvelle ne la toucha pas personnellement. Elle croyait que le destroyer de son mari escortait un convoi de munitions dans l'Atlantique Nord.

A San Francisco, Mrs. Lucille M. Schultz, infirmière à l'Hôpital militaire de Fort Miley, se trouvait de service de nuit quand le communiqué lui parvint. Elle aurait bien voulu rester auprès de la radio pour savoir si l'on parlerait de la 82ᵉ division aéroportée; car elle soupçonnait fort que cette division prendrait part à l'offensive. Mais elle craignait aussi d'énerver son malade, un ancien combattant de la Grande Guerre, cardiaque. Il voulait écouter les nouvelles.

— J'aimerais bien y être, soupira-t-il.

— Vous avez eu la vôtre de guerre, lui dit l'infirmière Schultz en tournant le bouton de la radio.

Assise dans la pénombre, les joues ruisselantes de larmes silencieuses, elle se mit à dire son chapelet pour un parachutiste de vingt et un ans, son fils Arthur, plus connu dans le 505ᵉ régiment sous le sobriquet de Dutch Schultz.

Dans sa demeure de Long Island, Mrs. Theodore Roosevelt avait eu un sommeil agité. Vers trois heures, elle se réveilla et ne put se rendormir. Elle brancha machinalement la radio, juste à point pour entendre l'annonce officielle du Jour J. Connaissant son mari, elle fut certaine qu'il s'était arrangé pour être au beau milieu de la bataille. Elle ignorait qu'elle était sans doute la seule femme de la nation à avoir un mari à Utah Beach et un fils — le capitaine de vingt-cinq ans Quentin Roosevelt, de la 1ʳᵉ division — à Omaha Beach. Elle s'assit dans son lit, ferma les yeux, et récita une vieille prière familière et familiale : « Seigneur, soutenez-nous en ce jour... jusqu'à ce que les ombres s'allongent et que le soir tombe. »

Au Stalag 17 B, près de Krems en Autriche, la nouvelle fut accueillie avec une joie difficilement contenue. Des aviateurs américains prisonniers avaient capté le communiqué électrisant sur de minuscules postes à galène, certains construits de façon à tenir dans un étui à brosse à dents, d'autres camouflés en gros crayons. Le sergent James Lang, qui avait été abattu au-dessus de l'Allemagne plus d'un an auparavant, avait presque peur d'y croire. Le « comité de coordination des nouvelles » du camp tenta de calmer l'optimisme débordant des quatre mille prisonniers en répétant : « Ne vous permettez pas de trop espérer. Donnez-nous le temps de vérifier et de confirmer ou de démentir. » Mais dans tous les baraquements, les hommes étaient déjà fébrilement occupés à dessiner des cartes de Normandie sur lesquelles ils avaient l'intention de noter l'avance victorieuse des armées alliées.

A ce moment-là, les prisonniers militaires en savaient plus long que les Allemands. Jusque-là, l'homme de la rue n'avait rien appris officiellement. Cela ne manquait pas d'être ironique, d'ailleurs, car Radio-Berlin, battant le communiqué d'Eisenhower de trois heures, avait été le premier à annoncer des débarquements de troupes alliées. Depuis six heures du matin, la radio allemande déversait sur un monde quelque peu incrédule une surprenante série d'émissions. Ces émissions sur ondes courtes ne pouvaient être entendues du peuple. Cependant, des milliers de gens avaient appris le débarquement autrement. Bien que l'écoute des stations étrangères fût formellement interdite et passible de prison, certains Allemands écoutèrent des stations suédoises, suisses ou espagnoles. La nouvelle se répandit rapidement. Beaucoup se montrèrent sceptiques. Mais d'autres, surtout les femmes dont les maris se trouvaient en Normandie, ne purent cacher leur inquiétude. Parmi celles-ci se trouvait Frau Pluskat.

Elle avait eu l'intention d'aller au cinéma cet après-midi-là avec une amie, Frau Sauer, également femme d'officier. Mais quand elle apprit que le bruit courait d'un débarquement allié en Normandie, elle s'affola. Elle téléphona immédiatement à Frau Sauer, qui avait aussi entendu parler de l'offensive, et annula son rendez-vous.

— Il faut que je sache ce qui est arrivé à Werner ! Je ne le reverrai peut-être plus jamais !

Frau Sauer se montra très sèchement prussienne :

— Vous n'avez pas honte ! s'écria-t-elle. Vous devez avoir confiance en notre Führer et vous conduire comme une bonne épouse d'officier !

Suffoquée, Frau Pluskat lui lança avant de lui raccrocher au nez :

— Je ne vous adresserai plus jamais la parole ! [1]

A Berchtesgaden, on aurait pu croire que l'entourage d'Hitler attendait le communiqué allié officiel avant d'oser lui annoncer la nouvelle. Il était 10 heures (9 à l'heure allemande), quand l'amiral Karl Jesko von Puttkamer téléphona au bureau de Jodl pour lui demander le dernier rapport. Il lui fut répondu qu'il y avait « des indices

1. Paris apprit la nouvelle en se réveillant, de bouche à oreille, sans très bien savoir comment. Personne ne pouvait rien dire, personne n'osait en parler à haute voix. Mais, comme par hasard, les marchandes de fleurs en plein vent, aux coins des rues, n'avaient que des bleuets, des œillets rouges et des marguerites. (N. d. T.)

certains permettant de penser qu'un important débarquement avait eu lieu ». Rassemblant tous les renseignements qu'il put trouver, Puttkamer et son état-major préparèrent une carte en toute hâte. Puis le général Rudolf Schmundt, aide de camp d'Hitler, alla réveiller le Führer. Celui-ci sortit de son appartement en robe de chambre, écouta calmement le rapport et envoya quérir le feld-maréchal Wilhelm Keitel, chef de l'OKW, et Jodl. Quand ces officiers se présentèrent, Hitler était habillé et les attendait — au comble de la surexcitation.

La conférence qui suivit fut, d'après les souvenirs de Puttkamer, « extrêmement agitée ». Les renseignements étaient flous, mais, se basant sur le peu que l'on savait, Hitler se persuada que ce n'était pas là la véritable offensive, et ne cessa de le répéter. La conférence ne dura que quelques minutes et se termina de façon abrupte, à en croire Jodl, quand Hitler se mit soudain à glapir à l'adresse de Jold et de Keitel :

— Alors, est-ce l'invasion, oui ou non ?

Puis il tourna les talons et quitta la salle.

L'attribution des réserves blindées à von Rundstedt ne fut même pas évoquée.

A 10 h 15, le téléphone sonna dans la maison du feld-maréchal Erwin Rommel, à Herrlingen. C'était son chef d'état-major qui l'appelait pour lui faire le premier rapport complet sur le débarquement[1]. Rommel écouta sans mot dire, bouleversé et stupéfait.

Ce n'était pas un raid du « genre de Dieppe ». Tout son instinct rusé — qui l'avait si bien servi tout au long de son existence — criait à Rommel que le jour qu'il attendait était venu, celui qui, avait-il dit, serait « le plus long ».

1. Le général Speidel m'a dit qu'il avait téléphoné à Rommel « vers six heures du matin, par fil privé ». Il dit la même chose dans son livre *Invasion 1944*. Mais le général Speidel s'est un peu embrouillé dans les heures et les dates. Dans son livre, par exemple, il précise que le feld-maréchal a quitté La Roche-Guyon le 5 juin — au lieu du 4, comme l'affirment le capitaine Hellmuth Lang et le colonel Hans George von Tempelhof, ainsi que les archives du Groupe d'Armées B. Le même registre ne signale qu'un coup de téléphone de Speidel à Rommel, le jour J : l'appel de dix heures quinze. On peut lire à cette date : « Speidel met le feld-maréchal Rommel au courant de la situation par téléphone. Le commandant en chef du Groupe d'Armées B va regagner son quartier général aujourd'hui. »

Il attendit patiemment que Speidel eût achevé son rapport, puis il murmura calmement, sans la moindre note d'émotion dans la voix :

— Suis-je bête ! Suis-je bête !

Il raccrocha et se retourna. Frau Rommel vit que « cet appel l'avait transformé... il était terriblement tendu ». Au cours des trois quarts d'heure suivants, Rommel téléphona deux fois à son aide de camp, le capitaine Hellmuth Lang, alors chez lui, près de Strasbourg. Chaque fois, il donna à Lang une heure différente pour leur retour à La Roche-Guyon. Cela suffit pour inquiéter Lang; cette indécision ne ressemblait pas au feld-maréchal. « Au téléphone, il paraissait atrocement déprimé, rappelle Lang, et cela non plus ne lui ressemblait pas. » Enfin, l'heure du départ fut arrêtée :

— Nous partirons à une heure précise de Freudenschaft, dit Rommel.

En raccrochant, Lang se dit que Rommel retardait le départ afin de pouvoir s'entretenir avec Hitler. Il ignorait qu'à Berchtesgaden, personne, hormis le général Schmundt, ne savait que Rommel se trouvait en Allemagne.

CHAPITRE VI

A UTAH BEACH, le grondement des camions, des chars, des half-tracks et des jeeps couvrait presque les sifflements sporadiques des 88 allemands. C'était le tumulte de la victoire. La 4e division avançait vers l'intérieur, plus vite que personne n'avait pu l'imaginer.

A la Sortie 2, sur l'unique chaussée aboutissant à la plage, deux hommes, debout, canalisaient les véhicules. Deux généraux : Raymond O. Barton, commandant la 4e division, d'un côté, l'exubérant et toujours jeune Teddy Roosevelt de l'autre. Quand le major Gerden Johnson, du 12e R.I., avança, il vit Roosevelt « allant et venant sur la route poudreuse, appuyé sur sa canne et fumant sa pipe, presque aussi calme que s'il s'était trouvé au milieu de Times Square ». En apercevant Johnson, Roosevelt lui cria :

— Salut, Johnny ! Tenez votre droite, ça va aller ! Belle journée pour la chasse, pas vrai ?

Roosevelt connaissait sa minute de triomphe. Sa décision de faire débarquer la 4e à deux mille mètres de la plage prévue aurait pu être désastreuse. A présent, il contemplait les interminables colonnes de véhicules et de soldats avançant vers l'intérieur avec une satisfaction intense [1].

Mais Barton et Roosevelt, en dépit de leurs airs insouciants, partageaient la même crainte secrète : si la 4e n'était pas tenue sans cesse en mouvement, elle risquait de se trouver arrêtée net dans son élan, par une contre-attaque allemande décidée. Sans relâche, les deux généraux démêlaient les embouteillages. Les camions en panne étaient poussés sans ménagements dans les fossés. Çà et là des véhicules en flammes, victimes du tir ennemi, menaçaient de ralentir l'avance. Les chars les écrasaient et les rejetaient dans les prés inondés où les troupes pataugeaient. Vers 11 heures, Barton reçut un bonne nouvelle. La Sortie 3, à quinze cents mètres à peine, était ouverte. Pour éclaircir la cohue, Barton expédia immédiatement ses chars en direction de la nouvelle chaussée libérée. La 4e roulait, se ruant pour établir la liaison avec les parachutistes harcelés.

Lorsqu'elle eut lieu, cette prise de contact n'eut rien de spectaculaire. Des hommes isolés se rencontraient dans des endroits imprévus, de façon souvent humoristique ou émouvante. Le caporal Louis Merlano, de la 101e, fut sans doute le premier soldat aéroporté à rencontrer des hommes de la 4e division. Avec deux autres parachutistes, Merlano, qui était tombé parmi les obstacles de la plage originale d'Utah, s'était péniblement démené pour avancer le long de la côte sur presque trois kilomètres. Il était fatigué, sale

1. Roosevelt reçut, pour sa conduite à Utah Beach, la Médaille d'Honneur du Congrès. Le 12 juillet, le général Eisenhower le confirma au commandement général de la 90e division. Roosevelt ne connut jamais cette distinction. Il mourut ce soir-là d'une crise cardiaque.

et dépenaillé quand il se trouva nez à nez avec les soldats de la 4e. Il les regarda un moment et finit par s'écrier :

— Mais qu'est-ce que vous avez donc foutu, vous autres?

Le sergent Thomas Bruff, de la 101e, vit un éclaireur de la 4e descendre de la chaussée près de Pouppeville « portant son fusil comme une carabine à écureuils ». L'éclaireur regarda le malheureux Bruff épuisé et lui demanda :

— Où est la guerre ?

Bruff, qui était tombé à douze kilomètres du point pévu et s'était battu toute la nuit avec un petit groupes d'hommes sous le commandement du général Maxwell Taylor, grommela :

— Ça commence ici, jusqu'à perpète. Continue tout droit, papa, tu la trouveras bien.

Près d'Audouville-la-Hubert, le capitaine Thomas Mulvey, de la 101e se hâtait vers la côte, le long d'un chemin de terre, quand « un soldat, armé d'un fusil, surgit d'un buisson, à vingt, vingt-cinq mètres devant moi ». Les deux hommes plongèrent simultanément vers un abri. Ils en sortirent prudemment, lentement, prêts à tirer et se dévisagèrent en observant un silence soupçonneux. L'autre homme demanda à Mulvey de jeter son arme et d'avancer les bras en l'air. Mulvey proposa à l'inconnu d'en faire autant. « Ce truc-là, dit Mulvey, a continué comme ça un bon moment, et personne ne voulait céder. » Finalement Mulvey, s'apercevant enfin que l'autre portait l'uniforme américain, se montra. Les deux hommes se retrouvèrent au milieu de la route, se serrèrent la main et se donnèrent de grandes claques dans le dos.

A Sainte-Marie-du-Mont, Pierre Caldron, le boulanger, vit des parachutistes, juchés au sommet du clocher, agiter un immense panonceau orange. Au bout de quelques instants, une longue colonne d'hommes marchant à la file indienne remonta la route. Quand la 4e division traversa le village, Caldron hissa son petit garçon sur ses épaules. L'enfant n'était pas encore remis de son opération des amygdales, mais le boulanger ne voulait pour rien au monde que son fils fût privé de ce spectacle. Soudain, Caldron s'aperçut qu'il pleurait. Un gros soldat américain trapu sourit à Caldron et lui cria en français :

— Vive la France !

Caldron sourit à son tour, hocha vigoureusement la tête, mais ne put articuler un son.

Dans toute la région d'Utah Beach, la 4e division envahissait les terres. Ses pertes étaient légères : 197 hommes, dont 60 perdus en mer. De terribles combats l'attendaient, la semaine suivante, mais cette journée fut son jour de gloire. Au soir, 22 000 hommes et 1 800 véhicules avaient débarqué. Avec l'aide des parachutistes, la 4e division tenait solidement la première grande tête de pont américaine en France.

☆

Farouchement, pas à pas, mètre par mètre, les hommes se frayaient un passage à travers Omaha la Sanglante. De la mer, la plage offrait un incroyable spectacle de mort et de destruction. La situation était si critique qu'à midi le général Omar Bradley, à bord de l'*Augusta,* commença d'envisager une évacuation éventuelle et le détournement des vagues d'assaut suivantes vers Utah et les plages britanniques. Mais au moment même où Bradley cherchait la solution de son problème, les hommes d'Omaha, en plein cataclysme, avançaient.

Le long de Dog Green et Dog White, un général sec et noueux de cinquante et un ans nommé Norman Cota marchait de long en large sous une grêle de fer et de feu, agitant un 45 et criant à ses hommes de quitter la plage. Contre un bourrelet de galets, dans l'herbe sèche des dunes, au pied des escarpements, les soldats se pressaient, épaule contre épaule, écarquillant les yeux devant le général, refusant de croire qu'un homme pouvait se tenir debout, dans cet enfer, et ne pas être tué.

Un groupe de Rangers se pelotonnait près de la sortie de Vierville.

— Montrez-nous le chemin, Rangers ! leur lança Cota.

Les hommes se levèrent un par un. Un peu plus loin, un bulldozer bourré de TNT était abandonné sur le sable. Exactement ce qu'il fallait pour faire sauter le mur antichar à la sortie de Vierville.

— Qui est-ce qui conduit ce foutu machin ? tonna Cota.

Personne ne répondit. Les hommes étaient paralysés par

le tir impitoyable qui balayait la plage. Cota commença à perdre patience. La moutarde lui monta au nez.

— Alors, quoi ? Personne n'est assez gonflé pour conduire ce truc-là ? rugit-il.

Un soldat roux se leva lentement et, très posément, marcha vers le général.

— J'y vais, dit-il simplement.

Cota lui donna une grande claque dans le dos.

— Bravo, mon garçon ! Et maintenant, quittons cette plage !

Il s'éloigna sans se retourner. Derrière lui, les soldats commencèrent à se remuer.

Le général de brigade Cota, commandant adjoint de la 29e division, constituait un exemple presque depuis le moment où il avait mis le pied sur la plage. Il assumait le commandement de la moitié droite du secteur de la 29e, le colonel Charles D. Canham, commandant le 116e, avait pris la moitié gauche. Canham, un mouchoir sanglant entourant un poignet blessé, poussait des groupes en avant.

— Ils nous assassinent ici, dit-il. Allons plutôt nous faire assassiner à l'intérieur des terres !

Le soldat de première classe Charles Ferguson regarda passer le colonel d'un air ahuri et demanda :

— Qu'est-ce que c'est que cet enfant de salaud ?

Mais il se leva, et se dirigea vers les dunes. Ceux qui l'entouraient l'imitèrent.

Dans la partie d'Omaha Beach dévolue à la 1re division, les anciens combattants de Sicile et de Salerne furent les premiers à se remettre du choc initial. Le sergent Raymond Strojny rallia ses hommes et les conduisit vers les dunes à travers un champ de mines. Au sommet, il détruisit une *pillbox* au bazooka. Strojny était alors « un petit peu en colère ». Cent mètres plus loin, le sergent Philip Streczyk en eut assez, lui aussi, d'être cloué au sol. Certains soldats se rappellent qu'il fit presque avancer ses hommes à coups de pied dans le derrière jusqu'aux dunes minées, où il pratiqua une brèche dans les barbelés. Un moment plus tard, le capitaine Edward Wozenski rencontra Streczyk sur un sentier qui dévalait la dune. Il fut horrifié de le voir poser le pied sur une mine Teller. Streczyk lui dit calmement :

— Elle a pas sauté non plus quand je suis monté, mon capitaine.

Arpentant le secteur de la 1re division de haut en bas, insouciant du tir d'artillerie et de mitrailleuse qui rasait le sable, le colonel George A. Taylor, commandant le 16e régiment, se démenait et criait :

— Il y a deux sortes d'individus qui restent sur la plage ! Les morts et ceux qui vont mourir ! Foutons le camp d'ici en vitesse !

Partout, des meneurs d'hommes intrépides, simples soldats ou généraux, montraient le chemin, encourageaient les hommes, leur faisaient quitter la plage. Une fois lancées, les troupes ne s'arrêtèrent plus. Le sergent William Wiedefeld enjamba le corps de centaines de ses amis et, la figure figée, gravit la dune parmi les champs de mines. Le sous-lieutenant Donald Anderson, grièvement blessé — il avait reçu dans le cou une balle qui était ressortie par la bouche — fit une constatation qu'il exprime ainsi : « J'eus le courage de me lever, et à cet instant précis je cessai d'être un civil mobilisé pour devenir un combattant. » Le sergent Bill Courtney, du 2e Rangers, escalada un monticule et cria à sa compagnie :

— Montez donc ! Amenez-vous ! Les enfants de p... sont foutus, maintenant !

Au moment même où les troupes commençaient d'avancer, quelques chalands restés jusque-là au large se mirent à aborder directement à la plage, en s'ouvrant un passage à travers les obstacles. Les patrons des autres, voyant que la chose était possible, suivirent le mouvement. Certains destroyers, appuyant cette avance, s'approchèrent du rivage au risque de s'échouer pour tirer à bout portant sur les positions ennemies. Sous ce tir de couverture, les techniciens du Génie purent achever leur travail de démolition commencé presque sept heures plus tôt. Dans tous les secteurs d'Omaha, la machine se remit en marche.

Quand les hommes s'aperçurent qu'il leur était possible d'avancer, leurs terreurs et leur impuissance firent place à une monumentale colère. Non loin du sommet de la butte de Vierville, le Ranger Cal Weast et le capitaine George Whittington, son commandant de compagnie, aperçurent un nid de mitrailleuses servi par trois Allemands.

Comme Weast et le capitaine en faisaient prudemment le tour, un des trois Allemands se retourna brusquement, vit les Américains et hurla :

— *Bitte ! Bitte ! Bitte !* (S'il vous plaît !)

Whittington les tua tous les trois. Puis, se tournant vers Weast, il lui dit :

— Je me demande ce que ça peut bien vouloir dire, *Bitte ?*

Hors de cet enfer qu'avait été Omaha Beach, les hommes se déversèrent à l'intérieur des terres. A 1 h 30, le général Bradley reçut le message suivant : « Les troupes jusqu'ici clouées au sol sur les plages Easy Red, Easy Green et Fox Red progressent au-delà des hauteurs dominant les plages. » A la fin du jour, les soldats des 1re et 29e divisions avaient avancé de près de deux kilomètres à l'intérieur. Le prix d'Omaha ? On l'estima à 2 500 morts, blessés et disparus.

CHAPITRE VII

Il était 13 heures quand le major Werner Pluskat arriva à son P.C. d'Etreham. L'être qui s'encadra dans la porte ne ressemblait guère au commandant que connaissaient ses officiers. Pluskat frissonnait, tremblait de tous ses membres et ne savait que répéter : « Du cognac, du cognac. » Quand on lui en donna, ses mains tremblaient tellement qu'il eut du mal à prendre le verre.

Un de ses officiers lui dit que les Américains avaient débarqué. Pluskat lui jeta un regard furieux et l'écarta d'un geste. Son état-major se pressait autour de lui, un seul problème en tête, mais capital. Les batteries, annoncèrent les officiers, allaient se trouver bientôt à court de munitions. Le régiment en avait été informé, lui dit-on, et le lieutenant-colonel Ocker avait promis d'en envoyer, mais rien n'était encore arrivé.

Pluskat appela Ocker au téléphone.

— Comment, mon cher Plus, susurra la voix nonchalante d'Ocker au bout du fil, vous n'êtes pas encore mort ?

Pluskat ne répondit pas à la question.

— Et mes munitions ? demanda-t-il sèchement.

— Elles sont en route.

Le calme du lieutenant-colonel irritait Pluskat. Il glapit :

— Quand ? Quand arriveront-elles ? Vous n'avez pas l'air de vous rendre compte de ce qui se passe ici !

Dix minutes plus tard, Ocker rappela Pluskat.

— Mauvaise nouvelle, annonça-t-il. Je viens d'apprendre que le convoi de munitions a été anéanti. Nous ne pouvons rien vous faire parvenir avant la nuit.

Pluskat n'en fut pas étonné; sa propre expérience lui avait appris que rien ne pouvait se déplacer sur les routes. Il savait aussi qu'au rythme auquel ses batteries tiraient, elles se trouveraient sans munitions à la tombée de la nuit. La question était de savoir qui, des Américains ou des munitions, arriveraient les premiers. Pluskat donna l'ordre à ses troupes de se préparer à des corps à corps, puis il erra sans but à travers le château. Il se sentait soudain inutile et seul. Il eût donné beaucoup pour savoir où se trouvait son chien Harras.

CHAPITRE VIII

A CETTE HEURE, les Anglais qui avaient livré la première bataille du Jour J se cramponnaient à leurs prises, les ponts sur l'Orne et le canal de Caen, depuis plus de treize heures. Bien que les troupes du major Howard eussent été renforcées par d'autres soldats de la 6e aéroportée à l'aube, leur nombre allait s'amenuisant régulièrement sous le tir incessant des mortiers et des armes automatiques. Les hommes d'Howard avaient bloqué plusieurs petites contre-attaques ennemies. A ce moment, les soldats, épuisés et anxieux, terrés dans les positions allemandes capturées, de part et d'autre des ponts, attendaient impatiemment les renforts qui devaient venir de la mer.

Dans son terrier, devant le pont sur le canal de Caen, le soldat Bill Gray consulta sa montre une fois de plus. Les commandos de lord Lovat avaient déjà plus d'une heure et demie de retard. Il se demanda ce qui s'était passé sur les plages. Gray ne supposait pas que la bataille eût pu être là-bas aussi dure qu'aux ponts. Il avait presque peur de dresser la tête. Le tir des tireurs d'élite lui semblait de plus en plus précis.

Ce fut au cours d'une légère accalmie que le soldat John Wilkes, camarade de Gray, allongé à côté de lui, observa soudain :

— Tu sais pas, il me semble que j'entends la cornemuse.

Gray lui jeta un regard méprisant.

— T'es dingue, dit-il simplement.

Quelques secondes plus tard, Wilkes se tourna encore vers son ami et insista :

— Je t'assure que j'entends la cornemuse.

Gray tendit l'oreille. Il l'entendit aussi.

Les soldats de lord Lovat défilaient sur la route, droits et fiers sous leurs bérets verts. En tête de la colonne marchait Bill Millin, avec sa cornemuse, qui claironnait toujours *Blue Bonnets over the Border.* Dans les deux camps la fusillade se tut brusquement, tous les soldats contemplant ce spectacle. Mais la surprise ne dura pas. Au moment où le commando atteignait les ponts, les Allemands se remirent à tirer. Bill Millin se souvient qu'il « se fiait à sa chance pour ne pas être touché, parce qu'il ne pouvait pas entendre grand-chose d'autre que sa cornemuse ». Arrivé au milieu du pont, Millin se retourna vers lord Lovat. « Il marchait tranquillement comme s'il se promenait sur ses terres, et il me fit signe de continuer », rappelle Millin.

Sans se soucier du tir nourri, les parachutistes se ruèrent à la rencontre des commandos. Lovat s'excusa « d'avoir quelques minutes de retard ». Pour les troupes vannées de la 6e aéroportée, ce fut un instant émouvant. Bien que les troupes anglaises dussent mettre plusieurs heures pour atteindre les positions les plus avancées tenues par les parachutistes, les premiers renforts étaient arrivés. Les bérets rouges et les bérets verts se mêlèrent, et aussitôt les cœurs s'allégèrent. Le soldat Bill Gray, qui n'avait que dix-neuf ans, « se sentit rajeuni de plusieurs années ».

CHAPITRE IX

En cette journée fatale pour le IIIe Reich, tandis que Rommel se ruait frénétiquement vers la Normandie, tandis que ses officiers du front de l'Atlantique tentaient désespérément de freiner l'offensive alliée, tout reposait en ce moment sur les blindés : la 21e Panzer Division, déjà en arrière des plages britanniques, et la 12e S.S. toujours tenue en réserve par Hitler, avec la *Panzer Lehr.*

☆

Le feld-maréchal Rommel regardait le ruban blême de la route se dérouler devant lui et poussait son chauffeur.

— *Tempo ! Tempo ! Tempo !* répétait-il.

Daniel écrasa l'accélérateur et la voiture bondit en avant. Ils avaient quitté Freudenstadt deux heures plus tôt, et depuis, Rommel avait à peine ouvert la bouche. Le capitaine Lang, assis à l'arrière, n'avait jamais vu le feld-maréchal si déprimé. Il aurait voulu parler du débarquement, mais Rommel ne se montrait pas enclin à la conversation. Pourtant Rommel se retourna soudain et dit :

— J'ai toujours eu raison. Depuis le début. J'avais raison.

Puis il fixa de nouveau la route.

☆

La 21e Panzer Division ne pouvait plus traverser Caen.

Le colonel Hermann von Oppeln-Bronikowski, commandant le régiment de chars, remontait et redescendait le long de la colonne, en Volkswagen. La ville était en ruine. Elle avait été bombardée un peu plus tôt et les bombardiers avaient fait du beau travail. Les décombres bloquaient les rues, Bronikowski eut l'impression que « toute la ville était en mouvement et cherchait à fuir ». Les routes étaient embouteillées d'hommes et de femmes à bicyclette. Les panzers perdirent tout espoir. Bronikowski décida de se replier pour essayer de contourner la ville. Ce mouvement lui ferait perdre des heures, mais il n'y avait pas moyen de faire autrement. Où était le régiment qui devait en principe soutenir son attaque, une fois qu'il serait passé ?

☆

Le soldat de dix-neuf ans Walter Hermes, du 192e régiment de la 21e Panzer, n'avait jamais été aussi heureux. C'était enthousiasmant ! Il connaissait son jour de gloire ! Il menait l'attaque contre les Anglais ! A califourchon sur sa motocyclette, Hermes filait en tête de l'avant-garde. Ils se dirigeaient vers la côte, bientôt ils retrouveraient les chars et la 21e rejetterait l'envahisseur à la mer. Tout le monde l'affirmait. A côté de lui, sur d'autres motos, se tenaient ses amis, Tetzlaw, Mattusch et Schard. Tous s'attendaient à être attaqués plus tôt par les Anglais, mais rien ne s'était passé. Un fait demeurait cependant bizarre : ils n'avaient pas encore rejoint les chars. Mais Hermes pensait que ceux-ci se trouvaient devant eux, attaquant déjà sur la côte. Hermes accélérait joyeusement, dirigeant la compagnie d'avant-garde à travers la brèche de douze kilomètres que les Anglais n'avaient pas encore colmatée entre les plages de Juno et de Gold. Les chars auraient pu profiter de cette brèche pour détruire les têtes de pont britanniques et compromettre le débarquement tout entier — si seulement le colonel von Oppeln-Bronikowski en avait eu connaissance.

☆

Près de Paris, au QG de von Rundstedt, le général Blumentritt appela Speidel au QG de Rommel. L'unique phrase de la conversation a été dûment transcrite dans le journal d'opérations du groupe d'Armées B.

— L'OKW, annonça Blumentritt, nous octroie la 12e S.S. et la *Panzer Lehr*.

Il était 15 h 40. Les deux généraux savaient qu'il était alors trop tard. Hitler et son état-major avaient retenu ces deux divisions blindées pendant plus de dix heures. Aucune n'avait plus le moindre espoir d'atteindre le secteur d'invasion en cette journée décisive. La 12e S.S. n'arriva devant la tête de pont qu'au matin du 7 juin. La *Panzer Lehr*, décimée par des attaques aériennes continuelles, ne se présenta que le 9. Seule la 21e Panzer pouvait encore intervenir en ce 6 juin.

☆

Vers 19 heures, la Horch de Rommel s'arrêta à Reims. A la kommandantur de la ville, Lang demanda La Roche-Guyon au téléphone. Rommel s'entretint un quart d'heure avec son état-major. Lorsque le feld-maréchal sortit du bureau, Lang comprit que les nouvelles étaient mauvaises. La voiture repartit, dans un silence complet. Quelque temps après, Rommel frappa sa paume de son poing ganté et s'exclama amèrement :

— Mon ennemi amical, Montgomery !

Un peu plus tard, ce fut :

— Mon Dieu ! Si la 21e Panzer arrive à temps, nous pourrons encore les repousser en trois jours !

☆

Au nord de Caen, Bronikowski donna l'ordre d'attaquer. Il envoya 35 chars en avant, sous le commandement du capitaine Wilhelm von Gottberg, pour s'emparer des hauteurs de Périers, à six kilomètres de la côte. Lui-même comptait attaquer la crête de Biéville, à trois kilomètres, avec 25 autres chars.

Le général Edgar Feuchtinger, commandant la 21e Panzer, et le général Marcks, commandant le 84e Corps, étaient venus voir comment la contre-offensive se présentait. Marcks s'approcha de Bronikowski et lui dit :

— Oppeln, mon cher, il se peut fort que l'avenir de l'Allemagne repose sur vos épaules. Si vous ne rejetez pas les Anglais à la mer, nous avons perdu la guerre.

Bronikowski claqua des talons, salua et répondit :

— Mon général, je ferai de mon mieux.

Comme ils avançaient, les chars déployés à travers champs, Bronikowski fut arrêté par le général Wilhelm Richter, commandant la 716e division, et s'aperçut que celui-ci était « presque fou de douleur ». Les larmes aux yeux, Richter dit à Bronikowski :

— Mes troupes sont perdues. Toute ma division est anéantie.

— Que puis-je faire, mon général ? demanda Bronikowski. Nous allons vous aider de notre mieux. Où sont leurs positions, mon général ? ajouta-t-il en dépliant une carte. Pourriez-vous me les montrer ?

Mais Richter hocha la tête et murmura :

— Je ne sais pas... Je ne sais pas...

☆

Rommel se retourna à demi sur le siège avant de la Horch et dit à Lang :

— J'espère qu'il n'y a pas un second débarquement en Méditerranée à ce moment même.

Il se tut un long moment, et ajouta d'un ton rêveur :

— Vous savez, Lang, si je commandais les forces alliées je crois bien que je pourrais mettre fin à la guerre en quinze jours.

Se redressant, il recommença à contempler la route fixement. Lang l'observait, malheureux, incapable de l'aider. La Horch fonçait dans le crépuscule.

☆

Les chars de Bronikowski grondaient sur la crête de Biéville. Jusque-là, ils n'avaient rencontré aucune résistance. Puis, au moment où le premier des chars modèle IV atteignait le sommet, il y eut un soudain rugissement de canons ouvrant le feu à courte distance. Impossible de dire s'ils venaient de se jeter contre des chars anglais ou si le tir venait de canons antichars. Mais la canonnade était précise et meurtrière. Elle paraissait venir d'une demi-douzaine d'endroits à la fois. Le char de tête sauta sans avoir pu tirer. Deux autres ouvrirent le feu. Mais ils ne semblèrent faire aucune impression sur les tireurs anglais. Bronikowski ne tarda pas à comprendre pourquoi. Les canons britanniques paraissaient jouir d'une incroyable portée. L'un après l'autre, les chars de Bronikowski furent mis hors de combat. En moins d'un quart d'heure, il en perdit six. Jamais il n'avait essuyé de tir semblable. Bronikowski ne pouvait plus rien. Il arrêta la contre-attaque et donna l'ordre de repli.

☆

Le soldat Walter Hermes ne comprenait toujours pas où pouvaient se trouver les chars. L'avant-garde du 192e régiment venait d'atteindre la côte à Luc-sur-Mer, sans en découvrir aucune trace. Pas plus que des Anglais, d'ailleurs, et Hermes fut un peu déçu. Mais le spectacle de la flotte de débarquement lui offrit une compensation. Devant la côte, à gauche et à droite, Hermes vit des centaines de navires et d'embarcations aller et venir, et à un mille au large évoluaient des navires de guerre de toutes sortes. Il se tourna vers son ami Schard :

— C'est beau hein ? Aussi beau qu'une revue militaire.

Hermes et ses camarades s'étendirent sur l'herbe et allumèrent des cigarettes. Rien n'avait l'air de se passer, et personne ne leur avait donné d'ordres.

☆

Les Anglais étaient déjà solidement ancrés sur les hauteurs de Périers. Ils arrêtèrent les 35 chars du capitaine Wilhelm von Gottberg avant même que ceux-ci pussent ouvrir le feu à cause de la portée. En quelques minutes, Gottberg perdit dix chars. Le retard dans les ordres, le temps perdu à contourner Caen avaient permis aux troupes britanniques de consolider leurs positions sur ces hauteurs stratégiques. Gottberg maudit posément tous ceux auxquels il pensa. Il se replia à l'orée d'un bois, près du village de Lebissey. Là, il ordonna à ses hommes d'enfouir les chars profondément, en ne laissant émerger que les tourelles. Il était sûr que les Anglais marcheraient sur Caen dans quelques heures.

Mais, à la surprise de Gottberg, le temps passa, sans l'ombre d'une attaque. Un peu avant 21 heures, Gottberg vit un spectacle fantastique. Cela commença par un grondement de moteurs d'avions allant crescendo, puis, dans le lointain, se détachant sur le ciel pourpre du couchant, il aperçut des essaims de planeurs venant de la côte. Il y en avait des centaines, volant en formations serrées derrière leurs remorques. Sous ses yeux, les planeurs furent largués et, oscillant, se balançant sur l'aile du vent, en silence, ils atterrirent en quelque endroit, entre la côte et lui. Gottberg jura rageusement.

A Biéville, Bronikowski avait aussi fait enterrer ses chars. Debout au bord de la route, il regardait passer « des officiers allemands, conduisant des groupes de vingt à trente hommes chacun, qui s'éloignaient du front et se repliaient sur Caen ». Bronikowski n'arrivait pas à comprendre pourquoi les Anglais n'attaquaient pas. A son avis, « Caen et toute la région auraient pu être pris en quelques heures [1] ». A la queue du défilé, Bronikowski vit un sergent, les bras passés sur les épaules de deux grosses « souris grises ». Tous trois étaient « saouls comme des porcs, la figure sale, titubant de droite et de gauche ». Ils passèrent en trébuchant, indifférents à tout, en chantant à tue-tête le *Deutschland Uber Alles.* Bronikowski les suivit des yeux longtemps, et soupira à haute voix :

— La guerre est perdue.

☆

La Horch de Rommel ronronna à travers La Roche-Guyon, passant lentement devant les petites maisons qui s'épaulaient au bord de la route. La grosse voiture noire quitta la nationale, passa sous les seize tilleuls taillés en cubes et franchit les grilles du château des ducs de La

1. Bien que les Anglais eussent effectué les plus importantes avances du Jour J, ils ne réussirent pas à s'emparer de leur principal objectif : Caen. Bronikowski devait rester sur ses positions avec ses chars pendant plus de six semaines, jusqu'à ce que la ville finisse par tomber.

Rochefoucauld. Dès que l'auto stoppa, Lang sauta à terre et courut prévenir le général Speidel du retour du feld-maréchal. Dans le grand hall, il entendit les accents d'un opéra de Wagner venant du bureau du chef d'état-major. La musique s'enfla soudain quand la porte s'ouvrit, et Speidel parut.

Lang en fut furieux et choqué. Oubliant un instant qu'il s'adressait à un général, il s'écria :

— Comment pouvez-vous écouter un opéra dans un moment pareil ?

Speidel sourit et répondit :

— Mon cher Lang, vous ne pensez tout de même pas que c'est ma petite musique qui va nous empêcher de repousser l'envahisseur, j'imagine ?

Rommel avança à grand pas dans le hall, sanglé dans sa longue capote de campagne gris-bleu, son bâton de maréchal dans la main droite. Il entra dans le bureau de Speidel et, les mains derrière le dos, regarda la carte. Speidel referma la porte et Lang, sachant que la conférence durerait un bon moment, se rendit dans la salle à manger. Il se laissa tomber avec lassitude sur une chaise et demanda du café à l'ordonnance. Dans un fauteuil, un officier lisait le journal. Il leva la tête et demanda aimablement :

— Vous avez fait bon voyage ?

Lang le regarda fixement sans rien dire.

☆

Dans le Cotentin, près de Sainte-Mère-l'Eglise, le soldat Dutch Schultz, de la 82e aéroportée, s'adossa au talus de sa tranchée et tendit l'oreille vers la lointaine cloche d'église qui sonnait onze coups. Il avait peine à garder les yeux ouverts. Il était éveillé, calcula-t-il, depuis près de 72 heures — depuis la nuit du 4 juin, quand il était retourné jouer aux dés. Cela lui paraissait drôle, à présent, de s'être donné tant de mal pour reperdre ses gains. Rien ne lui était arrivé du tout. De fait, Dutch se sentait un peu honteux. Il n'avait pas tiré un seul coup de feu de la journée.

Derrière Omaha Beach, dans les dunes, le sergent infirmier Alfred Eigenberg se laissa tomber, épuisé, dans un trou d'obus. Il ne savait plus combien de blessés il avait soignés. Il était recru de fatigue, mais tenait à faire quelque chose avant de s'endormir. Eigenberg tira de sa poche une feuille de papier à lettres par avion froissée et, à la lueur d'une torche électrique, se mit en devoir d'écrire à sa famille. Il griffonna en haut « quelque part en France » et commença : « Chers papa et maman, je sais que vous êtes maintenant au courant du débarquement. Moi, je vais bien. » Puis le jeune infirmier de dix-neuf ans s'arrêta. Il ne trouvait plus rien à dire.

Sur la plage, le général de brigade Norman Cota regardait les « yeux de chat » des phares camouflés des camions et écoutait les cris des MP et des commandants de secteur qui faisaient avancer les hommes et les véhicules vers l'intérieur. Çà et là, des chalands de débarquement brûlaient encore, projetant des reflets sanglants dans la nuit. Les vagues s'écrasaient sur le sable et au loin, Cota perçut le crépitement solitaire d'une mitrailleuse. Soudain, le général se sentit affreusement las. Un camion s'avançait vers lui, et Cota lui fit signe. Il sauta sur le marchepied, se cramponna à la porte et jeta un dernier regard à la plage. Puis il dit au conducteur :

— Trimbale-moi là-haut, fils.

☆

Au QG de Rommel, Lang apprit comme tout le monde la mauvaise nouvelle : la contre-attaque de la 21ᵉ Panzer avait échoué. Il se tourna vers le feld-maréchal :

— Monsieur le maréchal, pensez-vous que nous pourrons les repousser ?

Rommel haussa les épaules, écarta les bras et répondit :

— Je l'espère, Lang. Jusqu'ici, j'ai toujours réussi.

Puis il posa sa main sur l'épaule de son aide de camp et ajouta :

— Vous avez l'air fatigué. Allez donc vous coucher. La journée a été bien longue.

Puis il se détourna et Lang le regarda suivre le couloir jusqu'à son bureau. La porte se referma doucement sur lui.

Au-dehors, rien ne bougeait dans les deux grandes cours d'honneur. La Roche-Guyon était silencieuse. Bientôt, ce village le plus occupé de France serait libéré et toute l'Europe avec lui. A dater de ce jour, le IIIe Reich n'avait même plus un an à vivre. Au-delà des grilles du château, la route s'étirait dans la nuit, large et déserte, les volets étaient clos aux fenêtres des petites maisons aux tuiles rouges. Au clocher de Saint-Samson, l'horloge sonna minuit.

ANNEXES

LES PERTES

Au cours des années, des chiffres vagues et contradictoires ont été donnés sur les pertes subies par les troupes alliées pendant les premières vingt-quatre heures du débarquement. Aucun ne peut être tenu pour véridique. On est réduit aux estimations, car la nature même de l'offensive rend impossible une évaluation exacte. En général, la plupart des historiens militaires s'accordent pour chiffrer les pertes à dix mille hommes; certains vont même jusqu'à douze mille.

Les pertes américaines seraient de 6 603 hommes. Ce chiffre est basé sur le premier rapport de la 1re Armée qui donne le détail suivant 1 465 tués, 3 184 blessés, 1 928 disparus et 26 prisonniers. Les pertes des 82e et 101e divisions aéroportées sont comprises dans ces chiffres. A elles seules, elles s'élevaient à 2 499 tués, blessés et disparus.

On compte 946 soldats mis hors de combat chez les Canadiens, dont 335 morts. Les Britanniques n'ont donné aucun chiffre, mais il est estimé à au moins 2 500 à 3 000. La 6e division aéroportée eut à elle seule 650 tués, blessés ou disparus.

Quelles furent les pertes infligées aux Allemands au Jour J ? Nul ne peut le dire. Au cours de mes entretiens avec des officiers généraux allemands, on me cita des chiffres allant de 4 000 à 9 000. A la fin de juin, Rommel devait signaler que ses pertes pour le mois étaient de « 28 généraux, 354 officiers supérieurs et environ 250 000 hommes ».

TÉMOIGNAGES DE RECONNAISSANCE

Les principales sources d'information de ce livre proviennent de survivants alliés ou allemands, de Résistants français et de civils, plus d'un millier en tout. Ils ont donné leur temps généreusement et librement, sans jamais se plaindre. Ils ont rempli des questionnaires et, quand ceux-ci ont été relus, vérifiés, comparés avec d'autres, ils ont volontiers donné de plus amples détails. Ils ont répondu à mes lettres et à mes questions, m'ont fourni des monceaux de documentation — cartes tachées d'humidité, vieux registres, rapports, livres de bord, cahiers de messages, registres de compagnies, listes de blessés, lettres personnelles et photos — et se sont prêtés à toutes les entrevues. Je suis profondément reconnaissant à tous ceux-ci. Le lecteur trouvera d'autre part une liste complète de tous les militaires et les Résistants français qui m'ont aidé. A ma connaissance, cette liste partielle des acteurs du Jour J est unique au monde.

Sur tous les survivants retrouvés — une tâche qui me prit près de trois ans — 700 furent interviewés aux Etats-Unis, au Canada, en Angleterre, en France et en Allemagne. 383 récits sont incorporés au texte. Pour diverses raisons — surtout pour éviter les répétitions — il fut impossible de publier tous les récits. Mais la charpente de ce livre est faite des renseignements fournis par tous les participants, auxquels viennent s'ajouter les rapports alliés ou allemands, les registres de guerre, les ouvrages d'historiens et autres rapports officiels, tels que les remarquables interviews des combattants réalisées pendant et après la guerre par le général de brigade S.L.A. Marshall, historien du théâtre d'opérations européen.

Tout d'abord, je tiens à remercier De Witt Wallace, directeur du *Reader's Digest,* qui m'a largement subventionné et qui a rendu possible la rédaction de ce livre.

Ensuite, je dois exprimer ma reconnaissance au secrétaire de la Défense U.S., le général Maxwell D. Taylor, jusqu'à ces derniers temps chef de l'état-major de l'armée U.S.; le major général H.P. Storke, chef du service de renseignements de l'Armée; le colonel G. Chesnutt, le lieutenant-colonel John S. Cheeseboro et le lieutenant-colonel C.J. Owen, du Magazine de l'Armée et du Service littéraire; le commandant Herbert Gimpel, du Magazine de la Marine et du Service littéraire; le major J. Sunderman et le capitaine W.M. Mack, du service de renseignements de l'Air; Mrs. Martha Holler, accréditée au Département de la défense et au Service des voyages; ainsi que tous les officiers public-relations en Europe et ailleurs qui m'ont aidé en toute circonstance. Tous ceux-là m'ont permis non seulement de retrouver des anciens combattants mais m'ont ouvert de nombreuses portes, me permettant de consulter des documents et des archives officiels, me fournissant des cartes détaillées, m'ont convoyé jusqu'en Europe, et m'ont obtenu des interviews.

Je dois également témoigner ma reconnaissance au docteur Kent Roberts Greenfield, jusqu'à ces derniers temps chef des services historiques de l'Armée, et aux membres de son bureau — le major William F. Heinz, M. Israel Wise, M. Charles Finke et M. Charles von Luttichau — qui m'ont permis de puiser dans la documentation et m'ont offert leur appui et leurs conseils. Je voudrais aussi mentionner ici le travail de Charles von Luttichau qui a consacré tous ses loisirs, pendant près de huit mois, à rechercher et à transporter des liasses de documents allemands et les indispensables registres de guerre de la Wehrmacht.

Parmi tous ceux qui ont contribué à ce livre, je tiens à remercier tout spécialement les suivants : le sergent William Petty qui a méticuleusement retracé pour moi l'action des Rangers à la Pointe du Hoc; le caporal Michael Kurtz de la 1re division; le sous-lieutenant Edward Gearing et le général de brigade Norman Cota de la 29e pour leurs descriptions vivantes d'Omaha Beach; le colonel Gerden Johnson, de la 4e division, pour sa liste détaillée du matériel transporté par les troupes de la première vague d'assaut; le colonel Eugene Caffey et le sergent Harry Brown pour leurs portraits du général de brigade Theodore Roosevelt à Utah Beach; le major général Raymond O. Barton, commandant la 4e division du Jour J, pour ses conseils précieux et pour m'avoir prêté ses cartes et papiers officiels; le général E.E.E. Cass, dont la 8e brigade britannique a mené l'attaque de Sword Beach, pour son mémorandum détaillé, ses papiers et les efforts qu'il fit pour tenter d'évaluer les pertes britanniques; Mrs. Theodore Roosevelt pour ses gentillesses, ses suggestions aimables et ses critiques; William Walton, autrefois à *Time* et à *Life*, le seul correspondant de guerre à sauter en parachute avec la 82e, pour avoir fouillé ses malles et son grenier et avoir retrouvé ses carnets et passé deux jours à recréer l'atmosphère de la bataille; le capitaine Daniel J. Flunder et le lieutenant Michael Aldworth, du 48e commando du Royal Marines, pour avoir peint le tableau de Juno Beach; et enfin le cornemuseux Bill Millin, des commandos de lord Lovat, pour ses patientes recherches qui ont permis de retrouver quels airs il avait joués ce jour-là.

Je tiens encore à exprimer ma gratitude au général Maxwell D. Taylor, qui me consacra un temps précieux et me fit revivre pas à pas l'attaque de la 101e aéroportée et qui, plus tard, prit encore le temps de lire mon manuscrit et d'y apporter des précisions. D'autres ont lu deux ou trois versions du manuscrit pour chercher les erreurs possibles. Ce sont le général sir Frederick Morgan, auteur du plan d'invasion Overlord, et le général James M. Gavin, qui commanda le lâcher des parachutistes de la 82e sur la terre normande.

Je dois encore beaucoup au général Omar N. Bradley qui commandait la 1re Armée, au général Walter B. Smith, qui était chef d'état-major du général Eisenhower; au général J.T. Crocker, qui commandait le 1er Corps britannique et au général sir Richard Gale, commandant la 6e division aéroportée britannique. Ces hommes ont répondu courtoisement à toutes mes questions, m'ont accordé des interviews ou m'ont permis de consulter leurs cartes d'état-major et leurs papiers.

Du côté allemand, j'aimerais remercier également la généreuse coopération du gouvernement de Bonn et les nombreuses associations d'anciens combattants qui ont retrouvé des participants du Jour J et m'ont obtenu des rendez-vous avec eux.

Parmi les nombreux Allemands qui m'ont apporté leur contribution et leur aide, je tiens à nommer tout particulièrement le général Franz Halder, ancien chef du Haut état-major allemand; le capitaine Hellmuth Lang, aide de camp de Rommel; le général Günther Blumentritt, chef d'état-major de von Rundstedt; le général Hans Speidel, chef d'état-major de Rommel; Frau Lucie Maria Rommel et son fils Manfred; le général Max Pemsel, chef d'état-major de la 7e Armée; le général Hans von Salmuth, commandant la 15e Armée; le général von Oppeln-Bronikowski de la 21ᵉ Panzer; le colonel Josef Priller, de la 26ᵉ escadrille de la Luftwaffe; le lieutenant-colonel Hellmuth Meyer de la 15ᵉ Armée et le major Werner Pluskat de la 352ᵉ division. Tous ceux-ci, et des centaines d'autres ont été assez aimables pour me recevoir et pour consacrer des heures à reconstruire les diverses phases de la bataille.

En plus des renseignements qui me furent donnés par les acteurs du Jour J, bien des ouvrages d'éminents historiens ont été consultés. Je voudrais exprimer ma reconnaissance à Gordon A. Harrison, auteur de l'histoire officielle du Jour J, *Attaque à travers la Manche,* et le professeur Forest Progue, auteur de *Commandement Suprême,* histoire de l'armée américaine, qui m'ont tous deux aidé de leurs conseils et permis de résoudre bien des problèmes de controverse. Leurs ouvrages se sont révélés inestimables et m'ont donné une vue d'ensemble de la situation politique et militaire précédant immédiatement le débarquement, ainsi que le détail du plan d'attaque. D'autres livres comme *L'Invasion de la France et de l'Allemagne,* de Samuel E. Morrison; *Omaha Beachhead,* de Charles H. Taylor; *De Utah à Cherbourg,* de R.G. Ruppenthal; *Rendez-vous avec le Destin,* de Leonard Rapport et Arthur Norwood Jr.; *Men against Fire,* du général S.L.A. Marshall et *l'Armée Canadienne 1939-1945* du colonel C.P. Stacey, m'ont été infiniment précieux.

Pour la recherche des anciens combattants, pour compulser les archives et pour les entrevues finales, j'ai été merveilleusement assisté par les services de documentation, les représentants généraux et les rédacteurs en chef du *Reader's Digest,* aux Etats-Unis, au Canada, en Grande-Bretagne, en France et en Allemagne. A New York, Miss Frances Ward et Miss Sally Roberts sous la direction de la rédactrice en chef Gertrude Arundel, ont plongé dans des piles de documents, de questionnaires et de correspondance sans s'y noyer. A Londres, Miss Joan Isaacs en fit autant et obtint aussi des interviews. Avec l'aide du War Office canadien, Shane Mac Kay et Miss Nancy Vail Bashant, du *Digest,* ont retrouvé et interrogé des douzaines d'anciens combattants canadiens. Le plus difficile fut le côté européen de l'entreprise, et je dois remercier pour ses conseils Max C. Shreiber, directeur de l'édition allemande du *Digest,* ainsi que le directeur adjoint George Revay, John D. Panitza et Yvonne Fourcade, de l'édition européenne du *Digest à Paris,* pour leur splendide travail de recherches et leurs interviews. Tous mes remerciements sincères vont aussi au directeur général adjoint du *Digest,* Hobart Lewis, qui a cru en mon projet le premier et qui m'a tenu la main pendant les mois de travail harassant.

Il y en a encore beaucoup d'autres envers qui j'ai des dettes de reconnaissance. Jerry Korn pour ses critiques pertinentes et son aide; Don Lassen pour ses nombreuses lettres au sujet de la 82ᵉ aéroportée; Don Brice de la Dictaphone Cᵒ et David Kerr qui m'ont aidé à interviewer le colonel John Verdon du magazine *Army Times;* Kenneth Crouch, du *Bedford Democrat,* Dave Parsons, de la Pan-American Airways, Ted Rowe, d'IBM et Pat Sullivan de la General Dynamics, qui m'ont tous aidé, à travers leurs compagnies et leurs services, à retrouver des survivants; Suzanne Gleaves, Theodore H. White, Peter Schwed et Phyllis Jackson pour leur lecture appliquée de toutes les diverses versions de cet ouvrage; Lillian Lang pour son parfait travail de secrétariat; Anne Wright, qui a classé, fiché et manipulé la correspondance et qui a tout dactylographié et, par-dessus tout, ma bien chère femme, Kathryn, qui a organisé les recherches, qui a aidé à la révision finale du manuscrit et qui y a contribué plus que tout autre — car elle a dû me supporter pendant tout ce temps-là !

C. R.

TABLE DES MATIÈRES

Cet ouvrage a été réalisé par la
SOCIÉTÉ NOUVELLE FIRMIN-DIDOT
Mesnil-sur-l'Estrée
pour le compte de France Loisirs
123, boulevard de Grenelle, Paris
en janvier 1994

Imprimé en France
Dépôt légal : janvier 1994
N° d'édition : 26190 – N° d'impression : 26063